菱田雅生・横山延男 共著

日建学院 監修

FP
3
級
攻略本

'24
/
'25
年版

ファイナンシャル・プランニング技能

JN071401

日建学院

NPO法人日本ファイナンシャル・プランナーズ協会（以下、「日本FP協会」という）が認定する資格には「CFP®・AFP」があります。これらの資格を取得するためには、日本FP協会または一般社団法人金融財政事情研究会が実施するFP技能検定に合格しなければなりません。

　3級FP技能検定の学科試験は2団体とも同一の試験問題で実施されますが、実技試験は異なります。なお、本書の実技試験（問題・解説編）は日本FP協会実施の試験内容に対応しています。

はじめに

　近年、社会人だけでなく学生や主婦の方々など、年代や立場を超えて多くの方々がFP資格の取得を目指しています。その中でも入門編にあたる3級FP技能士は、注目度の高い資格といえます。本書は、その3級FP技能士を取得しようと考えている方のためのテキスト＆問題集です。

　本書は、**3級FP技能士取得を目指す皆さんが、遠回りをせず、最短で合格に達することができるように、作成されています。**

　テキスト編では、実際に資格講座や企業研修など多くのステージで講義を担当している現役の講師が、最低限ここだけは勉強しておくべき部分として、優先すべきポイントを絞って解説を行っています。

　問題・解説編では、3回分の本試験問題を収録しています。演習を行うことで、**初学の方でも十分合格できる実力が最短で身に付きます。**

　あとは、あなたがスタートするだけです。一緒にがんばりましょう！
　本書が、皆さんの合格の助けになることを切に願っております。

2024年7月吉日

　　　　　　　　　　　　　　　　　　　　　　　菱田雅生、横山延男

法改正情報について

　本書は、2024年4月1日施行中の法令に基づいて編集されています。本書編集時点以降に発生しました法改正等につきましては、ホームページ内でご覧いただけます。

https://www.kskpub.com　➡　訂正・追録

本書の使い方

各セクションのポイントを押さえよう！
何を学ぶのか、大まかな目標を意識して学習しよう。

重要な項目は特に重点的に
試験によく出る内容が一目でわかるから、特によく学習してね。

Section 1 FPと倫理、関連法規

ここでは
ピーター・こどき
勉強するの？

❶ FPとは何か、職業倫理について理解しましょう。
❷ FPの領域にかかわる関連法規が頻出です。
❸ 特に、税理士法や金融商品取引法との関係を覚えましょう。

1 FPの定義と職業倫理

1. FPの定義

そもそも「FP」って何？

・ファイナンシャル・プランナー（FP）
＝ファイナンシャル・プランニングをする人
・ファイナンシャル・プランニング（FP）
＝顧客の収入、資産・負債などに関するあらゆる情報を集め、顧客の目標や希望を確認し、必要に応じて他の専門家の協力を得ながら、資産運用、保障（補償）設計、税金対策、相続などの包括的な視点からプランを立案し、その実行を援助すること。

2. FPの職業倫理

FPは、お金に関する"なんでも屋さん"のように、お客様からのさまざまな相談に応えていきますが、守るべき基本的ルールが2つあります。

① 顧客利益の優先

FPは、顧客の利益を最優先し、FPの利益を優先してはいけません。

② 顧客情報の守秘義務の厳守

FPが個人情報取扱事業者に該当しない場合でも、顧客から得た情報は外部に漏らしてはいけません。

---

2 他の専門家との関係、関連法規

 重要ですっ！

FPの守備範囲は非常に広いです。資産運用、保険、ローン、年金、不動産、税金、相続など、お金がかかわるところのすべてが守備範囲です。

ただし、さまざまな分野ごとに、その分野に特化した専門家がいますので、FPの資格だけで"できること"と"できないこと"の違いを覚えておきましょう。

ポイント講義

	専門分野の資格がないとできないこと	FP資格だけでできること
税理士法	税務代行行為、税務書類作成、個別具体的な税務相談（有償・無償は問わない）	一般的な税法の解説、仮定の事例に基づく計算
保険業法	保険の募集や販売	一般的な商品内容の説明、加入や解約のアドバイス
金融商品取引法	具体的な投資判断、個別具体的な商品提案、投資タイミングの提案	過去の高値・安値などの情報提供、経済指標や金融商品の一般的なしくみの説明
弁護士法	一般の法律事務、個別具体的な法律相談、法律の解釈や法律判断	法律の一般的な解説

ワンポイント

FPがお客様に個別具体的で細やかなアドバイスを行っていくためには、関連する法律（各種業法）を順守するとともに、各種専門家と協力関係を築いていくことが欠かせません。

ポイント講義で頭の整理を
特に大事なポイントを、表や図でビジュアル的に理解してね。

ワンポイントレクチャーも要チェック！
理解を助ける補足として、押さえるべき所はしっかり押さえよう。

ライフプランニングと資金計画
問題編

学科 ○×式

次の各文章を読んで、正しいものまたは適切なものには○を、誤っているものまたは不適切なものには×を、選びなさい。

○× FPと倫理、関連法規　　　解説・解説 p18

①
Check
'24-1
弁護士の登録を受けていないファイナンシャル・プランナー
が、民法および任意後見に関し顧客のために、将来、任意後見契約の受任者とすることは、弁護士法に抵触する。

②
Check
'23-9
ファイナンシャル・プランナーが顧客と投資顧問契約を締結し、当該契約に基づき金融商品取引法で定める投資助言・代理業を行うためには、内閣総理大臣の登録を受けなければならない。

③
Check
'23-5
弁護士の資格を有しないファイナンシャル・プランナーが、顧客に対して、法定後見制度と任意後見制度の違いについて一般的な説明を行う行為は、弁護士法に抵触する。

○× ライフプランニングの考え方・手法　　解説・解説 p18

④
Check
'23-9
住宅ローンの一部繰上げ返済では、返済期間を変更せずに毎月の返済額を減額する返済額軽減型よりも、毎月の返済額を変更せずに返済期間を短くする期間短縮型のほうが、他の条件が同一である場合、通常、総返済額は少なくなる。

2 【問題編】学科　○×式

便利な抜き取り式！

問題・解説は各科目、学科（○×式、三肢択一式）、実技の順に掲載しています。

チェック欄を上手に活用しよう！

間違えた問題は×印をつけ、ウイークポイント攻略！

①
Check
'24-1 ← 2024年1月試験出題という意味です。

解答・解説ページ（右下の例）

③ **問1** **正解 ①** 1

1．最も不適切
税理士資格を有していないFPは、税務代行為、税務書類作成行為、個別具体的な**税務相談を有償・無償に関わらず行うことはできない。**一般的な税法の解説や、仮定の事例に基づく計算等を行うことは問題ない。 ← ココが不適切

2．適切
社会保険労務士の資格を有しないFPは、労働社会保険諸法令に基づく申請書等の作成や手続きの代行などを行うことはできないが、公的年金制度の一般的な説明や公的年金の受給見込み額の試算を行うことは問題ない。

3．適切
投資助言・代理業の登録を受けていないFPは、顧客と資産運用に関する投資助言契約を締結し投資判断の基となる具体的な情報の提供などを行うことはできない。一般的な情報の提供や制度等に関する説明を行うことは問題ない。

ポイント整理 他の専門家との関係、関連法規

この表は、よ〜く覚えておきましょう

	専門分野の資格がないとできないこと	FP資格だけでできること
税理士法	税務代行為、税務書類作成、個別具体的な税務相談（有償・無償は問わない）	一般的な税法の解説、仮定の事例に基づく計算
保険業法	保険の募集や販売	一般的な商品内容の説明、加入や解約のアドバイス
金融商品取引法	具体的な投資判断、個別具体的な商品提案、投資タイミングの提案	過去の高値・安値などの情報提供、経済指標や金融商品の一般的な仕組みの説明
弁護士法	一般の法律事務、個別具体的な法律相談、法律の解釈や法律判断	法律の一般的な解説

どこが間違っているのか一目瞭然

○×式の解説では、問題文のどこが誤りなのかがすぐわかるようになっています。

ポイント整理で復習もバッチリ！

重要な内容は、図や表などで改めて整理しましょう。

Contents ——————————————————————————

第5章　不　動　産

第6章　相続・事業承継

問題・解説編は、抜き取ってつかえま～す♪

3 級 FP 技能士　受検案内

■ 受検資格
FP 業務に従事している者または従事しようとしている者。

■ 試験日
2024 年度より、学科試験および実技試験とも、全国で随時受験ができる CBT（Computer Based Testing）試験へ完全移行。

休止期間を除き、テストセンターの空いている日時から選択可能。受験可能な日時はテストセンターにより異なるため、予約時に要確認。詳しくは、日本 FP 協会ホームページをご確認ください。

https://www.jafp.or.jp/exam/schedule/

■ 出題形式
学科：試験時間 90 分、出題数 60 問、多肢選択式

実技：試験時間 60 分、20 問、多肢選択式

■ 合格基準点
学科：36 点以上（60 点満点）

実技：60 点以上（100 点満点）

■ 受検手数料（非課税）
学科試験：4,000 円

実技試験：4,000 円

■ 問合せ先
日本 FP 協会　試験事務課

TEL 03-5403-9890

■ 試験科目

学科試験	
A ライフプランニングと資金計画 1. ファイナンシャル・プランニングと倫理 2. ファイナンシャル・プランニングと関連法規 3. ライフプランニングの考え方・手法 4. 社会保険 5. 公的年金 6. 企業年金・個人年金等 7. 年金と税金 8. ライフプラン策定上の資金計画 9. ローンとカード 10. ライフプランニングと資金計画の最新の動向	**B リスク管理** 1. リスクマネジメント 2. 保険制度全般 3. 生命保険 4. 損害保険 5. 第三分野の保険 6. リスク管理と保険 7. リスク管理の最新の動向

C 金融資産運用	D タックスプランニング
1. マーケット環境の理解	1. わが国の税制
2. 預貯金・金融類似商品等	2. 所得税の仕組み
3. 投資信託	3. 各種所得の内容
4. 債券投資	4. 損益通算
5. 株式投資	5. 所得控除
6. 外貨建商品	6. 税額控除
7. 保険商品	7. 所得税の申告と納付
8. 金融派生商品	8. 個人住民税
9. ポートフォリオ運用	9. 個人事業税
10. 金融商品と税金	10. タックスプランニングの最新の動向
11. セーフティネット	
12. 関連法規	
13. 金融資産運用の最新の動向	
E 不動産	**F 相続・事業承継**
1. 不動産の見方	1. 贈与と法律
2. 不動産の取引	2. 贈与と税金
3. 不動産に関する法令上の規制	3. 相続と法律
4. 不動産の取得・保有に係る税金	4. 相続及び税金
5. 不動産の譲渡に係る税金	5. 相続財産の評価（不動産以外）
6. 不動産の賃貸	6. 相続財産の評価（不動産）
7. 不動産の有効活用	7. 不動産の相続対策
8. 不動産の証券化	8. 相続と保険の活用
9. 不動産の最新の動向	9. 相続・事業承継の最新の動向

実技試験	
1　関連業法との関係及び職業上の倫理を踏まえたファイナンシャル・プランニング	ファイナンシャル・プランナーと関連業法との関係や、ファイナンシャル・プランナーに求められる職業上の倫理を正しく理解したうえで、プランニングが行えること。ファイナンシャル・プランニングの現状を正しく理解したうえで、顧客に説明できること。
2　ファイナンシャル・プランニングのプロセス	ファイナンシャル・プランニングのプロセス全体に関わるポイントや概念を正しく理解していること。
3　顧客のファイナンス状況の分析と評価	顧客のデータを把握するとともに、顧客の生活設計上の希望や目標を正しく理解できること。

第1章
ライフプランニングと資金計画

個人や家族の生活設計のために、長期的、広範囲な視野で提案するには、FPの知識とスキルが不可欠なんだネ。

Section 1　FP と倫理、関連法規

ここでは
どーゆーことを
勉強するの？

❶ FP とは何か、職業倫理について理解しましょう。

❷ FP の領域にかかわる関連法規は頻出です。

❸ 特に、税理士法や金融商品取引法との関係を覚えましょう。

1　FP の定義と職業倫理

1. FP の定義

そもそも「FP」って何？

・ファイナンシャル・プランナー（FP）

　＝ファイナンシャル・プランニングをする人

・ファイナンシャル・プランニング（FP）

　＝顧客の収入、資産・負債などに関するあらゆる情報を集め、顧客の目標や希望を確認し、必要に応じて他の専門家の協力を得ながら、資産運用、保障（補償）設計、税金対策、相続などの包括的な視点からプランを立案し、その実行を援助すること。

2. FP の職業倫理

　FP は、お金に関する "なんでも屋さん" のように、お客様からのさまざまな相談に応えていきますが、守るべき基本的ルールが2つあります。

① 顧客利益の優先

　FP は、顧客の利益を最優先し、FP の利益を優先してはいけません。

② 顧客情報の守秘義務の厳守

　FP が個人情報取扱事業者に該当しない場合でも、顧客から得た情報は外部に漏らしてはいけません。

2 他の専門家との関係、関連法規

 重要ですう！

　FPの守備範囲は非常に広いです。資産運用、保険、ローン、年金、不動産、税金、相続など、お金がかかわるところのすべてが守備範囲です。

　ただし、さまざまな分野ごとに、その分野に特化した専門家がいますので、FPの資格だけで"できること"と"できないこと"の違いを覚えておきましょう。

ポイント講義

	専門分野の資格がないとできないこと	FP資格だけでできること
税理士法	税務代理行為、税務書類作成、個別具体的な税務相談（有償・無償は問わない）	一般的な税法の解説、仮定の事例に基づく計算
保険業法	保険の募集や販売	一般的な商品内容の説明、加入や解約のアドバイス
金融商品取引法	具体的な投資判断、個別具体的な商品提案、投資タイミングの提案	過去の高値・安値などの情報提供、経済指標や金融商品の一般的なしくみの説明
弁護士法	一般の法律事務、個別具体的な法律相談、法律の解釈や法律判断	法律の一般的な解説

ワンポイント

FPがお客様に個別具体的で細やかなアドバイスを行っていくためには、関連する法律（各種業法）を順守するとともに、各種専門家と協力関係を築いていくことが欠かせません。

Section 2 ライフプランニングの考え方・手法

ここでは
どーゆーことを
勉強するの？

❶ ライフイベント表やキャッシュフロー表を理解しましょう。

❷ 6つの係数の意味と計算の仕方は、ほぼ毎回出題されます。

❸ 住宅ローンの返済方法や金利タイプなどを覚えましょう。

1 ライフプランニングの目的と考え方

 なぜライフプランニングが大切なの？

　限りある収入や資産を上手にやりくりしていくことが、人生の夢や希望を叶えていくためにも欠かせないからです。

つまり、将来の目標を達成するために、計画を立てて実行していくことが大切だということですネ。

・ライフデザイン…人それぞれの価値観や生きがい、生き方
・ライフプラン…生涯生活設計。ライフデザインによって方向づけられる
　　　　　　　　もの、暮らし方

　そして、ライフプランの実現には、人生の3大資金とも言われる「住宅資金」「教育資金」「老後資金」など、お金の面の計画（マネープラン）が重要になります。

2 ライフイベント表の作成

 重要ですぅ！

　将来の夢や希望も、漠然としたままでは叶えることは困難です。そこで、**ライフイベント表**を作って、将来のライフプランを目に見えるかたちにしていきます。

 ポイント講義

＜ライフイベント表の例＞

		2024年	2025年	2026年	2027年	2028年	2029年	2030年	2031年	2032年	2033年
年齢	夫	42歳	43歳	44歳	45歳	46歳	47歳	48歳	49歳	50歳	51歳
	妻	41歳	42歳	43歳	44歳	45歳	46歳	47歳	48歳	49歳	50歳
	長男	14歳	15歳	16歳	17歳	18歳	19歳	20歳	21歳	22歳	23歳
	長女	11歳	12歳	13歳	14歳	15歳	16歳	17歳	18歳	19歳	20歳
各人のイベント	夫		繰上げ返済		課長に昇進予定						部長に昇進予定
	妻										
	長男			高校入学			大学入学				大学卒業就職
	長女			中学入学			高校入学			大学入学	
家族のイベント		国内旅行	車の買い替え		国内旅行			国内旅行	車の買い替え		海外旅行
予想必要額		50万円	200万円	120万円	50万円		200万円	50万円	100万円	120万円	100万円

ワンポイント

ライフイベント表とは、自分と家族の将来のイベント（結婚・進学・住宅取得等）に関する予定を一覧表形式で時系列にまとめたものです。

3 キャッシュフロー表の作成

　ライフイベント表で今後の予定がある程度わかってきたら、現在の家計の状況をもとに将来の家計がどうなっていくのかを予想する**キャッシュフロー表**を作成します。

<**キャッシュフロー表を作る際に利用する主な計算式3つ**>

　計算式
① **可処分所得＝年収－（所得税・住民税＋社会保険料）**
② **年間収支＝収入合計－支出合計**
③ **貯蓄残高＝前年の貯蓄残高×（1＋運用利率）＋その年の年間収支**

<**キャッシュフロー表の例**>

（単位：万円）

	年	変動率	2024	2025	2026	2027	2028	2029	2030	2031	2032
年齢	一郎様	—	33歳	34歳	35歳	36歳	37歳	38歳	39歳	40歳	41歳
	裕子様	—	32歳	33歳	34歳	35歳	36歳	37歳	38歳	39歳	40歳
	和夫様	—	4歳	5歳	6歳	7歳	8歳	9歳	10歳	11歳	12歳
収入	可処分所得	1.5%	411	417	423	430	436	443	449	456	463
	妻パート収入	—	0	0	0	60	60	60	60	60	60
	ローン控除	—	0	0	16	9	9	9	9	10	10
	一時的収入	—	0	0	0	0	0	0	0	0	0
	収入合計		411	417	439	499	505	512	518	526	533
支出	基本生活費	1%	144	145	147	148	150	151	153	154	156
	住居費	—	108	108	180	180	180	180	180	180	180
	保険料	—	29	29	29	29	29	29	29	29	29
	教育費	2%	35	36	36	46	47	48	49	50	51
	その他雑費	1%	59	60	60	61	61	62	63	63	64
	一時的支出	1%	0	404	0	0	104	0	0	64	0
	支出合計		375	782	452	464	571	470	474	540	480
年間収支			36	−365	−13	35	−66	42	44	−14	53
貯蓄残高		1%	560	200	189	226	162	205	251	239	294

4　個人バランスシートの作成

キャッシュフロー表で将来の収支状況や貯蓄状況を予想したら、キャッシュフロー表からは見えてこない家計の資産と負債のバランスを見るための個人バランスシート（貸借対照表）を作ります。

バランスシートは、左側に資産の時価を記入し、右上にローンなどの負債の残高を記入します。そして右下に資産から負債を差し引いた純資産を記入して作ります。

ポイント講義

＜個人バランスシートの例＞

≪資産≫		≪負債≫	
現預金	… 200万円	住宅ローン	… 1,500万円
株式等	… 300万円	自動車ローン	… 100万円
自　宅	… 2,000万円	（負債合計	… 1,600万円）
車	… 150万円	≪純資産≫	1,050万円
≪資産合計≫	2,650万円	≪負債・純資産合計≫	2,650万円

≪資産合計≫と≪負債・純資産合計≫は、常に等しくなります。

5 **6つの係数の活用**

 係数？　6つもあるの！？（汗）

　係数とは、一定の金額を「1」とした場合に、求めたい金額がいくらになるかを数値で示したもので、「一定の金額×係数」により、金額を求めることができます。

係数早見表

＜年利1.0％＞

	終価係数	現価係数	減債基金係数	資本回収係数	年金終価係数	年金現価係数
1年	1.010	0.990	1.000	1.010	1.000	0.990
2年	1.020	0.980	0.498	0.508	2.010	1.970
3年	1.030	0.971	0.330	0.340	3.030	2.941
4年	1.041	0.961	0.246	0.256	4.060	3.902
5年	1.051	0.951	0.196	0.206	5.101	4.853
6年	1.062	0.942	0.163	0.173	6.152	5.795

＜年利3.0％＞

	終価係数	現価係数	減債基金係数	資本回収係数	年金終価係数	年金現価係数
1年	1.030	0.971	1.000	1.030	1.000	0.971
2年	1.061	0.943	0.493	0.523	2.030	1.913
3年	1.093	0.915	0.324	0.354	3.091	2.829
4年	1.126	0.888	0.239	0.269	4.184	3.717
5年	1.159	0.863	0.188	0.218	5.309	4.580
6年	1.194	0.837	0.155	0.185	6.468	5.417

ワンポイント

試験のときは数字が示されるので、この表は覚える必要はありません。
ここでは、6つの係数を計算する際の表の見方をおさえておきましょう。

1. 終価係数（元利合計を求める係数）

終価係数は、**現在の元本から将来の元利合計を算出する**際に利用します。

> **計算式** 将来の金額＝現在の金額×終価係数

例 元本 100 万円を年 1％で複利運用した場合、5 年後の元利合計は？

100 万円× 1.051 ＝ 1,051,000 円

この数字を使います

	終価係数	現価係数	減債基金係数	資本回収係数	年金終価係数	年金現価係数
5年	1.051	0.951	0.196	0.206	5.101	4.853

2. 現価係数（元本を求める係数）

現価係数は、**将来の元利合計から現在の元本を算出する**際に利用します。

> **計算式** 現在の金額＝将来の金額×現価係数

例 年 1％で複利運用して 5 年後に 100 万円にするために今必要な元本は？

100 万円× 0.951 ＝ 951,000 円

この数字を使います

	終価係数	現価係数	減債基金係数	資本回収係数	年金終価係数	年金現価係数
5年	1.051	0.951	0.196	0.206	5.101	4.853

3. 年金終価係数（積立合計額を求める係数）

年金終価係数は、**毎年の積立額から将来の積立合計額を算出する**際に利用します。

> **計算式** 将来の積立合計額＝毎年の積立金額×年金終価係数

例 毎年 100 万円を年 1％で積立運用した場合、5 年後の元利合計は？

100 万円× 5.101 ＝ 5,101,000 円

この数字を使います

	終価係数	現価係数	減債基金係数	資本回収係数	年金終価係数	年金現価係数
5年	1.051	0.951	0.196	0.206	5.101	4.853

4. 減債基金係数（積立額を求める係数）

減債基金係数は、**将来の積立合計額から毎年の積立額を算出する**際に利用します。

> **計算式** 毎年の積立額＝将来の積立合計額×減債基金係数

例 年3％で積立運用して5年後に100万円にするための
毎年の積立額は？

$$100万円 × 0.188 = 188,000円$$

この数字を使います

	終価係数	現価係数	減債基金係数	資本回収係数	年金終価係数	年金現価係数
5年	1.159	0.863	(0.188)	0.218	5.309	4.580

5. 資本回収係数（受取年金額や年間返済額を求める係数）

資本回収係数は、**いまある年金原資（または借入額）から毎年の受取年金額（または年間返済額）を算出する**際に利用します。

> **計算式** 受取年金額（年間返済額）
> ＝年金原資（借入額）×資本回収係数

例 100万円を年3％で運用しながら5年間で取り崩す場合の毎年の受取額
（借入額100万円、借入金利3％、5年返済の場合の年間返済額）は？

$$100万円 × 0.218 = 218,000円$$

この数字を使います

	終価係数	現価係数	減債基金係数	資本回収係数	年金終価係数	年金現価係数
5年	1.159	0.863	0.188	(0.218)	5.309	4.580

6. 年金現価係数（年金原資や借入可能額を求める係数）

年金現価係数は、**毎年の受取年金額（または年間返済額）から必要な年金原資（または借入可能額）を算出する**際に利用します。

> **計算式** 年金原資（借入可能額）
> ＝受取年金額（年間返済額）×年金現価係数

例 年3%の運用で毎年100万円を5年間受け取るために必要な年金原資は？

（年間返済額100万円、年3%、5年返済の場合の借入可能額は？）

$$100万円 \times 4.580 = 4,580,000円$$

この数字を使います

	終価係数	現価係数	減債基金係数	資本回収係数	年金終価係数	年金現価係数
5年	1.159	0.863	0.188	0.218	5.309	4.580

6 住宅資金設計

1. 住宅ローンの仕組み

重要ですぅ！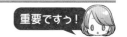

① 住宅ローンの返済方式（2つの返済方式）

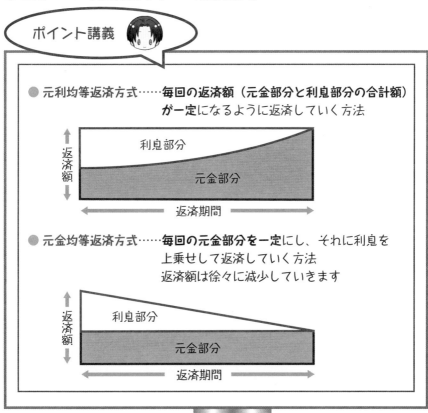

ポイント講義

● **元利均等返済方式**……**毎回の返済額（元金部分と利息部分の合計額）が一定**になるように返済していく方法

返済額 →

利息部分

元金部分

返済期間

● **元金均等返済方式**……**毎回の元金部分を一定**にし、それに利息を上乗せして返済していく方法

返済額は徐々に減少していきます

返済額 →

利息部分

元金部分

返済期間

「借入金額」「借入金利」「返済期間」という3つの条件をすべて同じにして比較した場合、元利均等返済よりも元金均等返済のほうが総返済額は少なくなります。

② 住宅ローンの金利タイプ

固定金利型	借入金利が返済終了まで変わらないタイプ。元利均等返済で固定金利型の場合、返済額も返済終了まで変わらない。適用金利の水準は最も高め。
変動金利型	通常、半年ごとに適用金利が見直されるタイプ。適用金利の水準は最も低いが、将来の金利上昇によって返済負担が重くなる可能性がある。
固定金利期間選択型	当初の一定期間だけ金利を固定するタイプ。固定期間終了後は、再び固定期間を選択するか変動金利型になる。固定期間が長くなるほど適用金利は高めになる。

③ 団体信用生命保険（団信）

　ローンを返済中に、死亡または高度障害の状態になったときにローン残高と相殺される生命保険です。保険料は借入金利に含まれる場合が多いです。

2.　住宅ローンの種類

① 財形住宅融資（公的融資の一種）

　財形貯蓄を1年以上続けていて、50万円以上の残高がある人が利用でき、財形貯蓄の残高の10倍（最高4,000万円）まで借りられます。5年ごとに金利が見直される**5年固定金利制**です。

② フラット35（民間融資の一種）

　住宅金融支援機構が作って民間金融機関等の窓口で取り扱われている住宅ローン商品です。

ポイント講義

<フラット35の特徴>

融資金額	100万円以上8,000万円以下で、建築費・購入価額の100％以内
適用金利	固定金利（**融資実行時点の金利**が適用）
返済期間	**最長35年**
担　保	住宅金融支援機構を抵当権者とする第1順位の抵当権を設定
保証人・保証料	不要
繰上げ返済	100万円以上から可能（インターネット経由は10万円以上）、手数料は無料
借り換え	ローンの借り換えにも利用可

ワンポイント

適用金利や手数料は取扱金融機関等によって異なります。
また、2015年から、返済期間が20年以内のものは、「フラット20」と呼ばれるようになりました。

3. 住宅ローンの見直し方法

① 住宅ローンの借り換え

　金利の高いローンから低いローンに借り換えると、総返済額を数百万円単位で減らすことができる場合もあります。ただし、借り換え時の手数料等の諸経費が数十万円かかる場合もあるので、諸経費を考慮したうえで効果があがるかどうかを見極める必要があります。

② 住宅ローンの繰上げ返済

　通常の返済とは別にローンの元金の一部を返済することです。ローンの元金部分に対応する利息部分を支払う必要がなくなるので、大きな利息の軽減効果が期待できます。

　フラット35では1回あたり100万円以上（インターネット上では10万円以上）で手数料は無料ですが、金融機関等によって繰上げ返済可能な最低金額や手数料が異なります。

繰上げ返済は、返済開始後、早い時期に行うほうが効果も大きくなります。

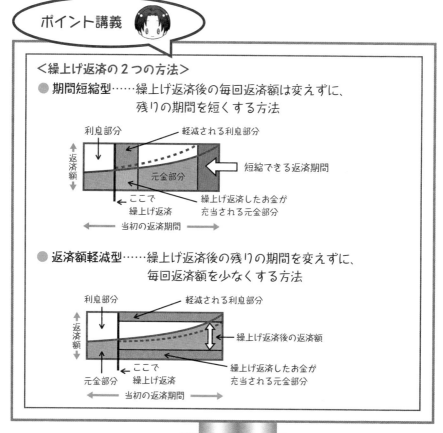

ワンポイント

利息の軽減効果としては「期間短縮型」のほうが大きくなります。

7 教育資金設計、老後資金設計

 教育資金って、どれくらい必要なのかなぁ？

1. 教育資金設計

① 教育資金の準備について

子供が幼稚園から大学を卒業するまでの間の教育費の合計は、1人あたり1,000万円から2,000万円はかかるといわれます。

財形貯蓄や積立定期預金などで積み立てたり、**学資保険**や**こども保険**などで準備する方法が一般的ですが、予定利率が低い昨今では、払込保険料の総額より満期学資金が少なくなる商品もあり、注意が必要です。

② 教育ローン

＜国の教育ローン（一般貸付）＞

取扱機関	日本政策金融公庫
借入資格	**保護者の所得要件**（年収要件）**あり**
借入限度額	学生・生徒1人につき **350万円**[※] まで
返済期間	**最長18年**
金利タイプ	**固定金利**
資金使途	学費、受験費用、住居費用だけでなく、学生の国民年金保険料などに充当することも可能

※海外留学、自宅外通学、修業年限5年以上の大学（昼間部）、大学院の場合は最高450万円まで

③ 奨学金制度

日本学生支援機構の奨学金制度は、親の収入基準を満たしている必要があり、学生本人が卒業後に返還していく**貸与方式**です。

ポイント講義

＜日本学生支援機構の奨学金制度＞

	利子（利息）	選考基準
第一種奨学金	無利息	厳しい基準を満たす必要がある
第二種奨学金	有利息 （在学中は無利息）	第一種よりも基準は緩やか

ワンポイント

- 国の教育ローンと併用することも可能です。
- 住民税非課税世帯の学生などに対する「給付型奨学金」（返済不要）制度もあります。

2. 老後資金設計

自助努力による老後生活資金の準備の必要性が日増しに高まっています。長い年月の間の物価の変動などによる貨幣価値の変化にも備えられるように、さまざまな資産運用の方法を考えていくことが重要です。

預貯金、投資信託、個人年金保険など、さまざまな商品がありますが、それぞれの商品のリスク・リターンの度合いや商品性についてのメリット・デメリットをきちんと理解してから利用すべきです。

なお、老後資金は、貯めるだけでなく、リタイア後に上手に取り崩して使っていくことも大切です。

Section 3 社会保険

❶ 健康保険の給付の種類を理解しましょう。
❷ 公的介護保険は被保険者の種類はきちんと覚えましょう。
❸ 雇用保険は基本手当を中心に覚えましょう。

1 公的医療保険

種　類	対　象　者
健康保険	民間の事業所（会社）の会社員とその被扶養者
国民健康保険	自営業者などとその家族
後期高齢者医療制度	75 歳以上の人

それぞれの特徴は？　どんな補償があるの？

1．健康保険

　適用事業所で働く被保険者とその被扶養者に対して、**業務外（業務上・通勤途上以外）の事由**による病気、ケガ、出産、死亡について保険給付を行う制度です。

　被保険者とは、保険の対象となる人のことです。被扶養者とは、被保険者に扶養されている家族のことです。原則として、**年間収入 130 万円（60歳以上は 180 万円）未満**で、**被保険者の収入の2分の1未満**であることが基準とされます。被扶養者は保険料負担がありません。

業務上・通勤途上によるものは、労災保険から給付を受けられます。

① 保険者

　全国健康保険協会管掌の**全国健康保険協会管掌**健康保険（協会けんぽ）と、健康保険組合管掌の**組合管掌健康保険（組合健保）**があります。

制度名	被保険者	保険者	窓　口
全国健康保険協会管掌健康保険	主として中小企業の会社員	全国健康保険協会	全国健康保険協会の都道府県支部、年金事務所
組合管掌健康保険	主として大企業の会社員	健康保険組合	健康保険組合

② 保険料（協会けんぽの場合）

> **計算式** 標準報酬月額及び標準賞与額 × 都道府県単位保険料率
> （労使折半）

会社が半分負担して、被保険者が半分負担します。

③ 主な給付内容

● 療養の給付・家族療養費

　病気やケガをしたとき、必要な医療を受けることができます。窓口で一定の自己負担が必要です。

＜自己負担割合＞

年　齢	所得層	2014年4月〜
0歳から小学校入学前まで		2割
小学校入学後から70歳未満		3割
70歳以上 75歳未満	現役並み所得者	3割
	一般所得者	2割

● **高額療養費**

医療費が自己負担限度額を超えた場合、その超えた分を請求すれば、後で健康保険から給付されます。事前に申請しておくことで、入院・通院ともに、同一月・同一医療機関の窓口での支払いは、自己負担限度額までとすることが可能です。

 ポイント講義

<自己負担限度額（70 歳未満の一般所得者※の場合）>

※一般所得者：標準報酬月額 28 万円～50 万円

計算式 自己負担限度額 = 80,100 円＋（医療費－267,000 円）×1％

（例）医療費が 100 万円かかった場合
・窓口で支払った金額…100 万円×3 割＝30 万円
・自己負担限度額…80,100 円＋（100 万円－267,000 円）×1％＝
87,430 円
・高額医療費として払い戻される額…30 万円－87,430 円＝212,570 円

● **傷病手当金** (しょうびょう て あてきん)

被保険者が病気やケガのため、**連続して 3 日以上仕事を休み給料をもらえない場合**に、**4 日目から通算 1 年 6 ヵ月間**、支給されます。支給される金額は、休業 1 日につき**平均日給の 3 分の 2 相当額**です。

● **出産育児一時金・家族出産育児一時金**

1 児ごとに **50 万円**支給されます（産科医療補償制度に加入しない医療機関等で出産したときは 48.8 万円）。双子の場合は 100 万円支給。

● 出産手当金

被保険者が、**出産のために仕事を休んで給料をもらえない場合**に、**出産の日以前 42 日間と出産の日後 56 日間**で仕事を休んだ日数分支給されます。支給額は、休業 1 日につき**平均日給の 3 分の 2 相当額**です。

● 埋葬料・家族埋葬料

被保険者が死亡したときは、埋葬を行った家族に対して一律**5 万円**の埋葬料が支給されます。被扶養者が死亡した場合は、被保険者に対して一律 5 万円の家族埋葬料が支給されます。

④ 健康保険の任意継続被保険者

退職すると健康保険の被保険者の資格を失いますが、被保険者期間が連続して**2 ヵ月以上**あった場合、資格喪失後 **20 日以内**に申請すれば、退職してから**2 年間**、退職前の健康保険に継続して加入することができます。

ただし、**任意継続期間中の保険料は、全額自己負担**となります。

保険給付の内容は、原則として在職中と同様ですが、傷病手当金と出産手当金は支給されません。

2. 国民健康保険（「国保」）

国民健康保険は、被用者保険の適用を受ける人（会社員や公務員など）と、生活保護を受けている世帯を除く、市区町村に住所を有するすべての住民を対象とした公的医療保険制度です。

主に自営業の人たちとその家族が対象となります。

① 保険者

国民健康保険の保険者は、市区町村と国民健康保険組合です。国民健康保険組合とは、同種の事業または業務に従事する者で組織される法人で、医師、建設業などに国民健康保険組合があります。

制度名	被保険者	保険者
国民健康保険	自営業者などと家族	市区町村
		国民健康保険組合

② 保険料（保険税）

各市区町村によって保険料（保険税）は異なり、前年の所得や家族構成等を基準に決められます。

③ 給付内容

健康保険と異なり、**業務上・通勤途上の病気・ケガも給付対象**になります。療養の給付の自己負担割合、高額療養費などは健康保険と同様です。ただし、傷病手当金を実施している市区町村はありません。

3. 後期高齢者医療制度（長寿医療制度）

75歳に達すると、それまで加入していた国民健康保険や被用者保険（健康保険等）から脱退し、後期高齢者医療制度の被保険者となります。

① 保険者

後期高齢者医療広域連合

※都道府県の区域ごとに、すべての市区町村が加入しています。

② 保険料

保険料率は、高齢者医療広域連合の条例で定めます。保険料は、原則として年金から天引して徴収されます。

③ 自己負担割合

1割（現役並み所得者は3割）です。なお、令和4年10月からは、現役並み所得者でなくても、一定以上の所得者は、2割負担になりました。

2 公的介護保険

 これからは介護も重要だよね？

　要介護者や要支援者に対して、それぞれ必要な介護給付や予防給付を行う制度で、保険者は市区町村です。

1. 被保険者の区分と内容

　被保険者は 40 歳以上の人で、**65 歳以上の者を第 1 号被保険者**、**40 歳以上 65 歳未満の医療保険加入者を第 2 号被保険者**といいます。

	第 1 号被保険者	第 2 号被保険者
被保険者	市区町村に住所を有する**65 歳以上の人**	市区町村に住所を有する **40 歳以上 65 歳未満の医療保険加入者**
保険料	市区町村が保険料を徴収 ※年金受給者は、**原則として年金から天引き**して徴収される	医療保険者が医療保険料に上乗せして徴収
受給権者	要介護者・要支援者 （原因を問わない）	老化に起因する一定の疾病によって、要介護者・要支援者となった者のみ
自己負担	原則 1 割※ （食費や施設での居住費は全額利用者負担）	

※一定以上の所得者は 2 割または 3 割

2．介護認定と給付

　公的介護保険の給付（サービス）を受けるには、市区町村に申請して要介護認定される必要があります。介護認定では、**「自立」「要支援1・2」「要介護1～5」** に分けられます。その介護度に合った給付（サービス）を利用することができます。

③　労働者災害補償保険（労災保険）

 病気になったりケガしたらどーする？

　労働者の業務上・通勤途上の病気、ケガ、障害、それに伴う介護、死亡等に対して保険給付を行う制度です。保険者は政府、窓口は労働基準監督署です。

1．保険料

　全額事業主負担です。

2．適用事業と労働者

　原則として、一人でも労働者を使用している事業者は強制加入で、アルバイト、パートタイマー、日雇労働者、外国人労働者などすべての労働者が適用労働者となります。

3．給付内容

保険事故	業務災害	通勤災害
病気・ケガ	療養補償給付 休業補償給付 傷病補償年金	療養給付 休業給付 傷病年金
障　害	障害補償給付（年金・一時金）	障害給付（年金・一時金）
介　護	介護補償給付	介護給付
死　亡	遺族補償給付（年金・一時金）	遺族給付（年金・一時金）

ワンポイント

「通勤災害」と認められるためには、合理的な経
路や方法による通勤でなければダメで、途中で
寄り道をした場合も原則として認められません。

4 雇用保険

 働くうえでの保障も大切だよネ？

　雇用保険は、労働者が失業した場合などの保障や、求職活動の促進と援
助、失業の予防、雇用状態の是正および雇用機会の増大、労働者の能力の開
発向上などを目的としています。保険者は政府、窓口はハローワーク（公共
職業安定所）です。

1．基本手当（失業手当）

　離職の日以前の２年間のうち、12ヵ月以上の被保険者期間のある被保険
者（特定受給者の場合は、半分の期間）が失業した場合に、**離職前６ヵ月の
平均賃金日額の約５〜８割**が基本手当（日額）として支給されます。

基本手当を受けられる期間は、原則として離職日の翌日から
１年間です。

計算式　**基本手当日額 ＝
賃金日額×賃金日額に応じた率（50%〜80%）**※

　※ 60歳以上の場合は、45%〜80%

　賃金日額とは、離職日前１年間のうち**最後の６ヵ月間に支払われた賃金総
額（賞与は除く）を 180 日で割った金額**です。
　基本手当を受けるには、ハローワークに雇用保険被保険者証、離職票、住
民票等と、所定事項を記入した「求職票」を提出する必要があります。

ただし、**7日間の「待期」**（待期期間）が必要で、待期の終了後、2〜3週間後に第1回目の失業の認定日が設定され、その後に基本手当が振り込まれるのが一般的です。

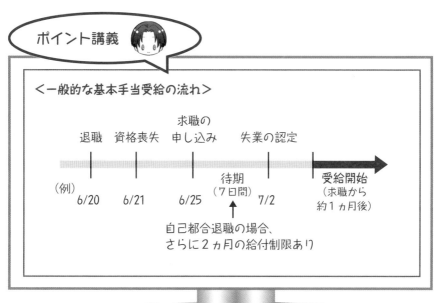

＜一般的な基本手当受給の流れ＞

退職　資格喪失　求職の申し込み　失業の認定

（例）
6/20　6/21　6/25　待期（7日間）　7/2　受給開始（求職から約1ヵ月後）

自己都合退職の場合、さらに2ヵ月の給付制限あり

ワンポイント

「自己都合」で辞めた場合はさらに原則2ヵ月間の「給付制限」を受けることになります。

● 所定給付日数

＜自己都合・定年退職等による離職者＞

区　分	被保険者であった期間			
	1年未満	10年未満	20年未満	20年以上
全年齢	－	90日	120日	150日

<特定受給資格者（倒産・解雇等、雇止めによる離職）>

離職時の年齢	被保険者であった期間				
	1年未満	5年未満	10年未満	20年未満	20年以上
30歳未満	90日	90日	120日	180日	－
35歳未満	90日	120日	180日	210日	240日
45歳未満	90日	150日	180日	240日	270日
60歳未満	90日	180日	240日	270日	330日
65歳未満	90日	150日	180日	210日	240日

2. 高年齢雇用継続給付

　60歳以上65歳未満の被保険者（被保険者期間**5年以上**）で、60歳到達時の賃金月額よりも**75%未満**の賃金月額で勤務している者に対して、最高で**賃金の15%が毎月支給**されます。

高年齢雇用継続基本給付金	60歳以降引き続き雇用されている者に支給
高年齢再就職給付金	基本手当を受給後に再就職した者に支給

3. 育児休業給付

　原則、**満1歳未満**の子を養育するために育児休業した者に「**育児休業給付金**」が支給されます。金額は休業開始後180日目までは休業開始前賃金の67%相当額、それ以降の期間は50%相当額で、その**全額が育児休業中に支給**されます。

4. 教育訓練給付

　受講開始前に雇用保険の被保険者期間が**3年以上（初めて支給を受けようとする人は1年以上）**の被保険者（退職者は、離職日の翌日から受講開始日までが1年以内）が、厚生労働大臣指定の教育訓練を受講・修了した場合、費用の**20%（上限10万円）**が支給されます。

　なお、専門的・実践的な教育訓練の場合は費用の50%（年間の上限40万円）が支給され、就職に結びついた場合は20%が追加支給されます。

Section 4 公的年金

ここでは
どーゆーことを
勉強するの？

❶ 国民年金の被保険者の種類は確実に覚えましょう。
❷ 公的年金の受給資格期間などの要件は重要です。
❸ 遺族年金や障害年金の仕組みを理解しましょう。

1 公的年金制度の仕組み

重要ですっ！

 年金はどのように成り立っているの？

　わが国の公的年金制度は、強制加入の制度で、加入者が保険料を負担し、受給者が受け取る世代間扶養の社会保険方式で成り立っています。すべての国民に加入義務がある**国民年金**（基礎年金）と、会社員や公務員がその上乗せとして加入する**厚生年金**があります。

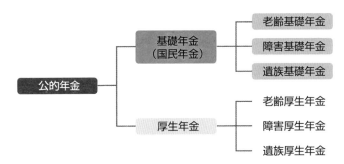

公的年金には、老齢、障害、死亡（遺族）という3つの保障があります。

ポイント講義

<現在の公的年金制度は２階建て（３階部分は企業年金等）>

	企業年金
3階	企業年金
2階	厚生年金
1階	国民年金（基礎年金）

	第１号被保険者	第２号被保険者	第３号被保険者
対象者	日本国内に住所のある第２号、第３号以外の人 （例：自営業者、学生など）	厚生年金保険加入者 （例：会社員、公務員など）	第２号被保険者の被扶養配偶者（原則、年収１３０万円未満） （例：会社員、公務員の妻など）
年齢	20歳以上60歳未満	年齢要件なし	20歳以上60歳未満
国民年金保険料	月額16,980円 （2024年度）	厚生年金の保険料として負担	負担なし

2　国民年金保険料の負担と免除

1．国民年金保険料の負担

　国民年金保険料を毎月支払う必要があるのは、自営業者などの国民年金の**第１号被保険者**だけです。第２号被保険者と、第３号被保険者は、厚生年金の全体から拠出金としてまとめて支払われています。

　滞納した場合、**過去２年分**までであれば遡って納めることができます。

2. 国民年金保険料の免除制度、猶予制度

　第1号被保険者には、下表のような一定要件にあてはまる人に対する保険料の免除または猶予の制度があります。

	主な要件	免除・猶予額
法定免除	障害給付や生活保護法による生活扶助を受けている場合（要届出）	全額
申請免除	本人、世帯主、配偶者の前年所得が一定額以下の場合（要申請）	全額、4分の3、半額、4分の1
学生納付特例	学生本人の前年所得が一定額以下の場合（要申請）	全額猶予
納付猶予	50歳未満で本人、配偶者の前年所得が一定額以下の場合（要申請）	全額猶予

　免除（猶予）された期間の保険料は、10年以内であれば追納することができます。追納した場合は、保険料納付済期間にカウントされますが、追納しなかった場合は、その分、年金額が少なくなります。法定免除と申請免除は、追納しなかった場合でも国庫負担分（2分の1）の年金額が受け取れますが、学生納付特例と納付猶予は追納しなかった場合は、その期間の国庫負担分の年金額も受け取れません。

3　厚生年金保険の被保険者と保険料

1. 厚生年金保険の被保険者

　5人以上の従業員のいる個人事業所（自営業など）と、法人（会社）などは厚生年金保険の適用事業所として、厚生年金保険に加入する必要があり、そこで働く70歳未満の人が強制加入被保険者となります。

2. 厚生年金保険の保険料

　月給（標準報酬月額）とボーナス（標準賞与額）の両方に同じ保険料率で計算された保険料を労使折半します。保険料率は、平成29年9月以降は18.30％で固定されています。

4 老齢基礎年金

 老後のライフプランとして老齢基礎年金って重要だよネ？

国民年金（基礎年金）に加入していた人が**65歳**から受け取れるのが老齢基礎年金です。

1. 受給資格期間

受給資格期間とは、年金を受け取る権利があるかどうかを判定するための期間です。従来はこの資格期間が25年以上ないと年金は1円も受け取れませんでしたが、2017年8月からは、「10年以上」に短縮されました。

計算式 受給資格期間＝
保険料納付済期間＋保険料免除期間＋合算対象期間（カラ期間）

保険料納付済期間	・第1号被保険者として保険料を納めた期間 ・第2号被保険者のうち20歳以上60歳未満の期間 ・第3号被保険者の期間
保険料免除期間	・保険料の免除を受けて追納しなかった期間 （追納した期間は保険料納付済期間となります）
合算対象期間 （カラ期間）	・第2号被保険者のうち、20歳未満、60歳以後の期間 ・学生納付特例や納付猶予を利用して追納しなかった期間（追納すれば保険料納付済期間となります） ・専業主婦などで昭和61年3月までに20歳以上で任意加入しなかった期間　など

保険料納付済期間は年金額にも全額が反映され、保険料免除期間は年金額に一定割合が反映され、合算対象期間は年金額には反映されません。

2. 老齢基礎年金の年金額

計算式

$$816,000\text{円} \times \frac{\text{保険料納付済月数（追納しない免除期間は一定割合減月）}}{\text{加入可能期間（480月）}}$$

（2024年度価額）

20歳から60歳になるまでの40年間（480ヵ月）、きちんと保険料を納めた人は、満額である年間816,000円の年金を受け取ることができます。

保険料を納めた月数が480月よりも少ない人や、保険料の免除を受けて追納しなかった人は、その分だけ年金額が減ります。

3. 老齢基礎年金の繰上げ支給、繰下げ支給

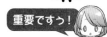

老齢基礎年金は65歳から支給というのが基本ですが、最大で60歳まで繰り上げたり、75歳まで繰り下げたりすることが可能です。

ポイント講義

	受給開始年齢	年金額
繰上げ支給	60歳0ヵ月～64歳11ヵ月 （月単位で繰上げ可）	1ヵ月につき0.4%減額 一生涯減額された年金を受給
繰下げ支給	66歳0ヵ月～75歳0ヵ月 （月単位で繰下げ可）	1ヵ月につき0.7%増額 一生涯増額された年金を受給

例：63歳0ヵ月で繰上げ支給を請求
　　　　➡ 0.4% × 24ヵ月 = 9.6% 減額

例：68歳0ヵ月で繰下げ支給を請求
　　　　➡ 0.7% × 36ヵ月 = 25.2% 増額

5 老齢厚生年金

厚生年金に加入したことのある人が65歳から老齢基礎年金の
上乗せとして受け取るのが老齢厚生年金です。

1. 支給開始年齢の引き上げ

重要ですっ！

　以前は年金の支給開始年齢は、国民年金が65歳、厚生年金は60歳でし
たが、昭和61年4月の年金制度の大改正のときに、すべて65歳支給開始
とされました。しかし、突然引き上げてしまうと大きな不公平が発生するの
で、生年月日に応じて徐々に支給開始年齢を引き上げていくことにしまし
た。それが、60歳台前半に受給できる**特別支給の老齢厚生年金**です。

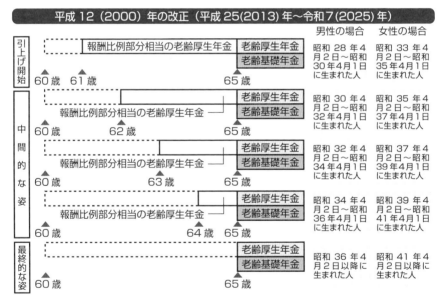

出典：厚生労働省

2．老齢厚生年金の年金額

① 特別支給の老齢厚生年金（60歳台前半）

厚生年金に**1年以上**加入し、老齢基礎年金の受給資格期間を満たしている人が受け取れます。

> **計算式**　特別支給の老齢厚生年金 ＝
> 　　　　　1）定額部分＋2）報酬比例部分＋（加給年金）

1）定額部分＝1,701円×生年月日に応じた乗率×被保険者月数（上限480月）

2）報酬比例部分＝A＋B

　A…平成15年3月までの期間分

　　平均標準報酬月額×生年月日に応じた乗率×平成15年3月までの被保険者月数

　B…平成15年4月以降の期間分

　　平均標準報酬額×生年月日に応じた乗率×平成15年4月以降の被保険者月数

② 老齢厚生年金（65歳以降）

厚生年金に**1ヵ月以上**加入し、老齢基礎年金の受給資格期間を満たしている人が受け取れます。年金額の計算式は、前述の2）報酬比例部分と同じです。

③ 加給年金

厚生年金保険の被保険者期間が原則20年以上ある人が、満額の年金を受け取り始めたときに65歳未満の妻や、18歳到達年度末までの子などがいる場合に支給されます。妻の場合は、妻が65歳になるまで支給されます。

ここでいう満額の年金とは、特別支給の老齢厚生年金（60歳台前半）の場合、定額部分と報酬比例部分の両方が出ている状態をいいます。

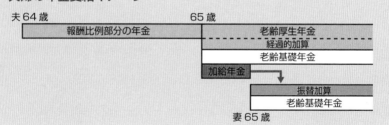

2020年度に60歳になった人（S35.4.2〜S36.4.1生）の
夫婦の年金受給イメージ

夫64歳　　　　　　　　　　　　65歳

| 報酬比例部分の年金 | 老齢厚生年金 |

経過的加算

老齢基礎年金

加給年金

振替加算

老齢基礎年金

妻65歳

ワンポイント

妻が65歳になって加給年金が出なくなると、妻
の年金に振替加算がつくようになります（昭和
41年4月1日までに生まれている女性の場合）。

3. 老齢厚生年金の繰上げ支給、繰下げ支給

　老齢基礎年金と同様に老齢厚生年金も繰上げ支給や繰下げ支給が可能です。その際の減額率・増額率は老齢基礎年金と同じです。

　ただし、繰上げ支給は、老齢基礎年金の繰上げ支給の請求と同時に行わなければなりませんが、繰下げ支給は、老齢基礎年金の繰下げ支給の請求と同時に行う必要はありません。

4. 在職老齢年金

　在職老齢年金とは、60歳以降も厚生年金に加入して働き続ける人が、得られる収入の額と受け取れるはずの年金額に応じて、年金の一部または全部が支給停止となる制度です。

計算式	総報酬月額相当額と基本月額の合計が **50万円**以下の場合 **全額支給**
	総報酬月額相当額と基本月額の合計が **50万円**を超える場合 **基本月額－（基本月額＋総報酬月額相等額－50万円）÷2** ※老齢基礎年金や経過的加算額は減額されない ※70歳以降は厚生年金保険料の負担はないが、在職老齢年金は適用される

6　遺族年金

 遺族の保障も大切だよネ？

　加入者が死亡したときに遺族に支給されるのが遺族年金です。国民年金から出るのが**遺族基礎年金**、厚生年金から出るのが**遺族厚生年金**です。

1.　遺族基礎年金

　遺族基礎年金は、亡くなった人に生計を維持されていた年金制度における「子」（18歳到達年度末までの子、または、1、2級の障害状態にある20歳未満の子）がいる場合に、「子のある配偶者」または「子」に対して支給されます。

【参考】
＜子のある配偶者が受け取る額＞

	基本額	加算額	合計
子が1人いる配偶者	816,000円	234,800円	1,050,800円
子が2人いる配偶者	816,000円	469,600円	1,285,600円
子が3人いる配偶者	816,000円	547,900円	1,363,900円

※3人目以降の子の分は、1人あたり78,300円を加算

＜子が受け取る額＞

	基本額	加算額	合計
子が1人	816,000円	0円	816,000円
子が2人	816,000円	234,800円	1,050,800円
子が3人	816,000円	313,100円	1,129,100円

※3人目以降の子の分は、1人あたり78,300円を加算

2. 遺族厚生年金

① 遺族厚生年金の仕組み

　厚生年金の加入者や老齢厚生年金の受給権者が死亡した場合に遺族厚生年金が支給されます。配偶者や子がいれば、第1順位として受給者になりますが、配偶者や子がいない場合は、父母（第2順位）、孫（第3順位）、祖父母（第4順位）といった順位で受給者になります。

ワンポイント

妻以外は年齢要件があります。子、孫は18歳到達年度末まで（障害者は20歳未満）。夫、父母、祖父母は、死亡当時55歳以上で支給は60歳からです。

　亡くなった人が受け取るはずだった老齢厚生年金の4分の3の額が支給されます。加入期間が25年（300月）に満たない人が亡くなった場合は、25年（300月）は加入していたものとして計算してくれます。

　なお、遺族厚生年金を妻が受け取る場合は年齢制限がなく、妻は一生涯受け取れるのが原則ですが、夫の死亡当時30歳未満で子のない妻については、5年間のみの支給となっています。

② 中高齢寡婦加算

　夫が死亡したときに40歳以上65歳未満で年金制度上の「子」のいない妻（夫の死亡後、40歳に達したときに「子」がいた妻も含む）に対して、遺族厚生年金の加算として、40歳以後65歳になるまで支給されます。中高齢寡婦加算の額は、年額612,000円です（老齢基礎年金の満額の4分の3）。ただし、遺族基礎年金が出ている間は支給されません。

③ 経過的寡婦加算

　昭和31年4月1日以前に生まれた妻の場合、65歳以降の自分の老齢基礎年金が、中高齢寡婦加算の額よりも少なくなってしまう可能性があるので、65歳になったあとに妻自身の老齢基礎年金の加算として支給されます。金額は妻の生年月日に応じて決められています。

3. 寄婦年金と死亡一時金

　自営業者などの国民年金の第1号被保険者が死亡した場合の独自給付として、寄婦年金や死亡一時金といった制度があります。これは、遺族が遺族基礎年金を受けられない場合の措置として用意されているものです。寄婦年金と死亡一時金は、どちらか一方を選択したものが支給されます。

① 寄婦年金

　国民年金の第1号被保険者として10年以上加入していた夫が死亡した場合、10年以上婚姻関係にあった妻に、60歳から65歳まで支給されます。金額は夫が受け取るはずだった老齢基礎年金の4分の3の額です。ただし、夫が障害基礎年金や老齢基礎年金を受けていた場合は出ません。

② 死亡一時金

　国民年金の第1号被保険者として3年以上加入していた人が、年金を一度も受け取らずに死亡した場合に、一定の遺族に対して支給されます。

7 障害年金

　加入者が初診日から1年6ヵ月を経過した日に一定の障害状態であったときに支給されるのが障害年金です。国民年金から出るのが障害基礎年金、厚生年金から出るのが障害厚生年金です。

1. 障害基礎年金

　1級または2級の障害状態にある場合に支給されるのが障害基礎年金です。支給額は次のとおりです。

> ＜障害基礎年金の年金額＞
> 1級…1,020,000円（2級の1.25倍）
> 2級…816,000円
> ※生計維持関係にある子がいる場合は、1人あたり
>   234,800円（3人目以降は78,300円）の加算がある。

2．障害厚生年金

　1級、2級の障害状態の場合は、障害基礎年金に上乗せして支給されます。また、3級の障害状態でも障害厚生年金が支給され、3級よりもやや軽い障害の場合は障害手当金（一時金）が支給されます。

Section 5 企業年金等、年金と税金

ここでは
どーゆーことを
勉強するの？

❶ 企業年金には確定給付型と確定拠出型があることを
知ろう。
❷ 確定拠出年金の仕組みや掛金の限度額を覚えましょ
う。
❸ 国民年金基金と付加年金の違いを理解しましょう。

1 企業年金等

　厚生年金の上乗せとして企業単位または業界単位などで任意に導入する制
度です。

1. 厚生年金基金

　厚生年金基金は、国に代わって厚生年金の一部の給付を行うと同時に、独
自の上乗せ給付も行う厚生年金に上乗せされる制度です。掛金は加入者も負
担しています。

　以前は、代行部分も含めて資金量を多くして運用するメリットがありまし
たが、近年は、運用環境の悪化とともに「代行部分」を返上して他の制度に
移ったり、解散したりする基金が増加しています。

2. 確定給付企業年金

　確定給付企業年金には、「基金型」と「規約型」の2種類があります。い
ずれも規約に定めることで、加入者が掛金の一部を負担することも可能で
す。

基金型	基金を設立して、基金が年金資金の管理・運用・給付を行う
規約型	年金規約に基づいて、企業と生命保険会社等が契約を結び、年金資金の管理・運用・給付を委託する

3. 確定拠出年金（DC）

　確定拠出年金の制度には、「企業型DC」と「個人型DC（愛称「iDeCo」（イデコ））」の2種類があります。

　勤め先の会社が確定拠出年金を導入し、そこで働く人が加入するのが「**企業型DC**」で、掛金はその企業が拠出します（規約で定めれば、企業の掛金に従業員が上乗せして拠出する「マッチング拠出」も可）。

　一方、ほぼすべての現役世代が加入できるのが「**個人型DC（iDeCo）**」です。個人型は取扱金融機関を通じて申し込み、加入者個人が拠出します。

　運用は提示された商品のなかから加入者が自分で選んで行います。商品には、元本確保型商品だけでなく、投資信託などの値動きのある商品もあり、運用に失敗すると大きく元本を割り込む可能性もあります。給付については、原則60歳以降に年金または一時金で受け取ることが可能です。

　確定拠出年金の大きなメリットとして挙げられるのは、離職・転職時の残高の持ち運び（ポータビリティ）が可能な点と、大きな税制優遇が受けられる点です。税制優遇としては、掛金拠出時（非課税または全額所得控除）、運用時（利息や利益が非課税）、受給時（公的年金等控除または退職所得控除）という3回の優遇が受けられるようになっています。

4. 中小企業退職金共済（中退共）

　一定の中小企業の従業員を対象とした退職金制度で、従業員が退職した際には、勤労者退職金共済機構から直接従業員に退職金が振り込まれるようになっています。会社の役員や個人事業主（自営業者等）、個人事業主の配偶者は加入できません。

　掛金は全額会社負担で、新規加入時には掛金の半額（上限あり）を1年間、国からの助成として受けられるようになっています。

2 自営業者等の制度

　公的年金としては国民年金にしか加入できない自営業者等（個人事業主）には、任意加入の上乗せの制度がいくつかあります。

1. 付加年金

国民年金の第1号被保険者が、毎月の国民年金保険料に400円の付加保険料を上乗せして納めることで、将来の老齢基礎年金に付加年金が加算されて受給できるようになります。ただし、国民年金保険料の免除を受けている期間や滞納期間は、付加保険料を納めることはできません。

> 付加保険料：月額400円
> 付加年金の額（年額）：200円×付加保険料納付月数

なお、老齢基礎年金の繰上げ支給や繰下げ支給を受けると、付加年金も同じ減額率・増額率で支給されます。

2. 国民年金基金

付加年金を補完するかたちで制度が作られた国民年金基金は、国民年金の第1号被保険者が将来の老齢基礎年金の上乗せの給付を受けるための任意加入の制度です。付加年金と同時に加入することはできません。

各都道府県に1つの地域型基金か、職種別の職能型基金の2種類があって、どちらかに加入することになります。

掛金の上限は、月額68,000円です（個人型の確定拠出年金の掛金と合算して、この上限額の範囲内にする必要があります）。年金の種類は、終身年金と確定年金がありますが、1口目は必ず終身年金にする必要があります。

3. 小規模企業共済

小規模企業の個人事業主（または会社等の役員）が加入することのできる制度で、事業を廃止した場合（または役員を退職した場合）に共済金を受け取ることができます。

掛金は、月額1,000円から70,000円までの範囲内で、全額が所得控除になります。

なお、小規模企業共済は、国民年金基金や個人型の確定拠出年金などと重複して加入することが可能です。

3 年金と税金

年金にかかわる税金は、保険料や掛金の取り扱い、給付時の取り扱いなどがよく出題されます。
しっかり覚えましょう。

1. 保険料・掛金の取り扱い

　個人が負担した保険料や掛金は、通常、所得控除の対象となり、計算上の所得が少なくなることで所得税や住民税の負担が軽くなります。

ポイント講義

社会保険料控除	国民年金保険料
	付加保険料
	国民年金基金の掛金
	厚生年金保険料
	厚生年金基金の掛金
小規模企業共済等掛金控除	小規模企業共済の掛金
	確定拠出年金の掛金
生命保険料控除	確定給付企業年金の掛金

2. 給付時の取り扱い

　ここまでに触れてきた制度（公的年金や企業年金等）は、任意加入のものであっても、いわゆる公的年金等に該当するものなので、年金として分割して受け取る場合は「公的年金等控除」の対象となり、一時金としてまとめて受け取る場合は「退職所得控除」の対象となるのが通常です。詳細は、タックスプランニングで解説します。なお、公的年金等の遺族給付や障害給付は、原則として非課税となっています。

第2章
リスク管理

貯蓄や公的保障ではまかなえない部分を保険でカバーするんだ。FP は幅広い情報を持っていないと、ニーズに対応できないよネ。

生命保険の仕組みと商品の種類

ここでは
どーゆーことを
勉強するの？

❶ 生命保険の基本的な仕組みをしっかり理解しましょう。
❷ 保険料を決める予定基礎率は3種類。
❸ 生命保険の代表的な商品の特徴を理解しましょう。

1 生命保険の仕組み

契約者、被保険者、保険金受取人の3者が契約の当事者になります。

契約者	生命保険会社と契約し、契約上の権利と義務を負う人 契約した保険の保険料を支払う人
被保険者	生死や病気などが保険給付の対象となる人
保険金受取人	保険金、給付金、年金などを受け取る人

　生命保険には、病気や災害による死亡時の遺族への保障だけでなく、病気やケガなどの医療・介護保障や、老後の生活などに対する老後保障などのさまざまな保障ニーズに対応できる数多くの保険商品があります。なかには、保障機能だけでなく貯蓄機能も併せもった商品もあります。

2 保険料の仕組み

1. 大数の法則と収支相等の原則

　サイコロを何百回、何千回と振っていくと、1つの目の出る確率が6分の1に近づいていきます。それと同じように、個々の事故は偶発的でも、繰り返し大量に観察すると一定の法則や傾向を見つけることができるというのが**大数の法則**です。

　契約者から払い込まれる保険料の総額と運用益の合計額が、保険会社の支払う保険金や給付金の総額と経費の合計額に等しくなるようにするのが**収支相等の原則**です。

2. 保険料計算の基礎

ポイント講義

<3つの予定基礎率と保険料との関係>

予定死亡率	過去のデータから計算された**予想死亡率**。この予想される死亡率をもとに保険料が計算される
予定利率	将来の**予想運用利回り**。将来の予想される運用収益分を割り引いて保険料が計算される
予定事業費率	将来にわたって保険事業を運営していくうえでかかると思われる**予想経費**。将来の経費も加味して保険料が計算される

予定基礎率の変化		保険料の変化	
予定死亡率	↗	死亡保険の保険料	→
		年金保険の保険料	→
	↘	死亡保険の保険料	→
		年金保険の保険料	→
予定利率	→		→
	→		→
予定事業費率	→		→
	→		→

- 予定死亡率が上がると、保険金の支払いが増えるので、死亡保険の保険料は高くなり、一方で年金支払いの額は減るので年金保険の保険料は安くなります。
- 予定利率が上がると、運用収益が多く得られる見通しになるので保険料を安くできます。
- 予定事業費率が上がると、経費が増えるので保険料を高くしなければ保険事業の運営ができなくなります。

生命保険料は、**純保険料**と**付加保険料**から構成されています。

生命保険料の額	
純保険料	付加保険料
将来の保険金支払いの財源となる部分 ・死亡保険料…死亡保険金支払いの財源 ・生存保険料…満期保険金支払いの財源	保険事業を維持・管理するための経費に充てる部分
予定死亡率と予定利率をもとに計算	予定事業費率をもとに計算

　純保険料などをもとに保険会社が将来のために積み立てているお金のことを**責任準備金**といいますが、すべての保険契約の純保険料の合計だけでなく、将来の危機に備えて保険会社が積み立てている部分もあるので、責任準備金の額は個別の契約ごとに明確になっているわけではありません。

4 剰余金と配当金

　保険会社は、毎年度末の決算時に予定基礎率と実際の数値との差から余り（剰余金）を計算します。

<剰余金が発生する原因（死差益、利差益、費差益）>

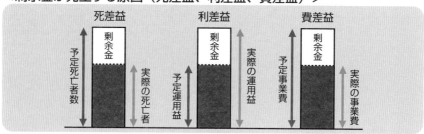

生命保険商品には、**有配当保険**、**利差配当付保険（準有配当保険）**、**無配当保険**という3つのタイプがあり、近年では保険料の安い無配当保険が増加傾向にあります。

保険のタイプ	保険料の水準	配 当 金
有配当保険	高	死差益、利差益、費差益のすべてから配当金が支払われる可能性がある
準有配当保険	中	利差益のみ配当金として支払われる可能性がある
無配当保険	低	配当金は支払われない

5 生命保険の分類

生命保険商品にはさまざまな種類がありますが、どんなときに保険金が出るのかという点で分類すると、以下の3つのタイプに大別できます。

死亡保険	被保険者が死亡または高度障害の状態になった場合に保険金が支払われるもの　　　　　　　　　**例** 終身保険、定期保険
生存保険	被保険者が生きている場合に満期保険金や年金が支払われるもの　　　　　　　　　　　　　　　　**例** 個人年金保険
生死混合保険	死亡保険と生存保険を組み合わせたもの。死亡または高度障害の状態で保険金が支払われるだけでなく、生きている場合にも満期保険金等が支払われるもの　　　　　　　**例** 養老保険

また、保障される金額が契約の時点で確定しているかどうかという点で分類すると、次の2つのタイプに大別できます。

定額保険	契約時点で保険金額が確定しているもの。一般的な生命保険商品の大半が該当するので、「定額」という言葉はつけずに呼ばれる　　　　　　　**例** 定額終身保険✕　→　終身保険○ ※運用は、**一般勘定**でまとめて行われる
変額保険	契約時点で保険金額が確定していないもの。運用成績によって保険金額が変動するタイプ（ただし、死亡・高度障害保険金については契約時の**基本保険金額が最低保証**される）で、「変額」という言葉をつけて呼ばれる 　　　　　　**例** 変額終身保険、変額個人年金保険 ※運用は、**特別勘定**で別個に行われる

生命保険にはどんな商品や特約があるの？

1. 定期保険

　一定の保険期間中に被保険者が死亡または高度障害の状態になった場合のみ保険金が支払われる死亡保険です。保険期間終了時に生存していても満期保険金はない**掛け捨て**タイプです。保険料が安い代わりに、途中で解約した際の解約返戻金もごくわずかな金額しか支払われないのが通常です。

ポイント講義

＜定期保険の種類＞

（平準）定期保険	保険金額が保険期間中一定であるタイプ。特に保険期間が長いものは「長期平準定期保険」と呼ばれる
逓減定期保険	保険期間の経過とともに一定率で保険金額が減っていくタイプ。ただし、**保険料は一定**で変わらない
逓増定期保険	保険期間の経過とともに一定率で保険金額が増えていくタイプ。ただし、**保険料は一定**で変わらない

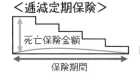

＜定期保険＞　　　　＜逓減定期保険＞　　　　＜逓増定期保険＞

死亡保険金額　　　　死亡保険金額　　　　　　死亡保険金額

保険期間　　　　　　保険期間　　　　　　　　保険期間

2. 終身保険

　一生涯保障の続く保険が**終身保険**です。解約しても期間の経過に応じた解約返戻金を受け取れることから、貯蓄性もあるといわれます。ただし、短期間で解約すると解約返戻金が払込保険料を下回るのが一般的で、保険料は比較的高めになっています。

　この終身保険を主契約として、特約に定期保険がついているものが**定期保険特約付終身保険**（定期付終身）です。一定期間ごとに更新する**「更新型」**と、保険料払込終了までの保険期間がもともとついている**「全期型」**があります。

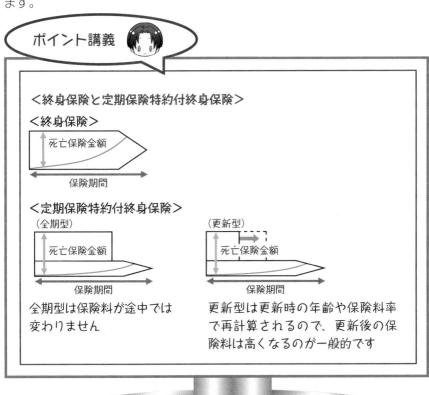

3. 養老保険

　定期保険同様、一定期間中に被保険者が死亡・高度障害状態になった場合に保険金が支払われるだけでなく、保険期間終了時に被保険者が生存していた場合にも**同額の満期保険金**が支払われます。貯蓄性のある保険だといえますが、その分、保険料は高くなっています。また、定期保険特約を上乗せし、死亡・高度障害状態の際の保障を厚くしたタイプもあります。

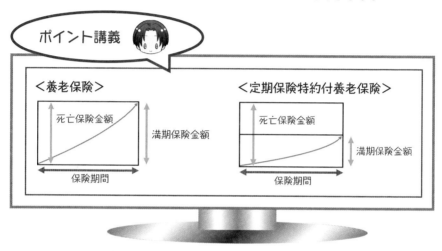

4. 利率変動型積立終身保険（アカウント型保険）

　近年、一部の保険会社で取り扱われるようになってきたのが利率変動型積立終身保険（アカウント型保険）です。この保険は、保険料払込期間中に積み立てた金額（アカウント部分）を、保険料払込満了後、終身保険に移行する仕組みになっています。積立期間中の保障（死亡保障や医療保障など）は特約で準備するかたちになります。

　特徴的なのは、予定利率が一定期間ごとに見直される点です（**最低保証があります**）。そして、積立部分（アカウント部分）と保障部分（特約部分）を一定の範囲内で自由に設定・変更したり、**積立金を途中で引き出し**たりすることができます。

5. 特定疾病保障保険（３大疾病保障保険）

　がん、**急性心筋梗塞**、**脳卒中**という特定疾病（３大疾病）によって所定の状態になったとき、**生前に**死亡保険金と同額の**特定疾病保険金**が支払われ、契約はその時点で消滅します。

　また、**特定疾病保険金を受け取ることなく**何らかの事故や特定疾病以外の病気などで亡くなった場合には、**死亡原因にかかわらず**死亡保険金が支払われます。定期保険タイプと、終身保険タイプがあり、いずれも満期保険金の支払いはありません。

6. こども保険（学資保険）

　こども保険は、**親を契約者**、**子どもを被保険者**として契約し、子どもの入学や進学に合わせて**祝い金**や**満期保険金**（18歳満期、22歳満期など）が支払われるものです。

　契約者である親が保険期間中に死亡または高度障害状態になった場合は、以後の**保険料の支払いが免除**されますが、契約はその後も継続し、祝い金や満期保険金が契約どおり支払われます。

　また、親の死亡後に育英年金が受け取れるようにする特約や、子どもがケガや病気などで入院をした際の入院給付金を受け取れるようにする特約などを付加できるものもあります。

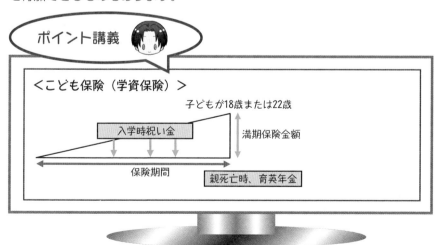

ポイント講義

＜こども保険（学資保険）＞

子どもが18歳または22歳

入学時祝い金

満期保険金額

保険期間

親死亡時、育英年金

7. 個人年金保険

契約時に定めた一定の年齢から一定額（年金）が支払われる保険です。

ポイント講義

<個人年金保険の分類>

受取方法の種類	受取方法
終身年金	被保険者が生きている限り一生涯にわたって年金を受け取れるタイプ。被保険者が死亡すると年金は終了
確定年金	被保険者の生死にかかわらず、契約時に決めた一定期間、年金が支払われる。10年確定年金なら、10年分は必ず年金が出るということ
有期年金	契約時に決めた一定期間のうち、被保険者が生きている間だけ年金が支払われるもの。残りの期間があっても被保険者が死亡した時点で年金は終了

ワンポイント

保証期間中や確定年金の受取期間中に被保険者が死亡した場合は、残りの期間に対応する金額が、年金または一時金として遺族に支払われるようになっています。

8. 変額保険

変額保険とは、**契約時点で保険金額が確定していないもの**です。契約時点で保険金額が確定している定額保険（通常の定期保険や終身保険、養老保険など）の資産は、一般勘定でまとめて運用されていますが、保険金額が変動する変額保険の資産は**特別勘定**において別個に運用されています。

① 有期型、終身型

　ともに運用実績にかかわらず、死亡保険金は基本保険金額が最低保証されます。ただし、満期保険金や解約返戻金には最低保証がなく、運用成績が悪いときには基本保険金額を下回ることがあります。

② 変額個人年金保険

　運用成績に応じて将来の年金額や解約返戻金が変動する個人年金保険です。運用するものを複数の特別勘定（国内外の株式や債券で運用されるファンドなど）から選べるタイプや、特別勘定は１つで選択肢がないものなどがあります。一般的に、運用期間中の**死亡給付金は、一時払保険料相当額の最低保証**がついています。将来の受取年金額や年金原資の額の最低保証をつけたタイプなどもあります。

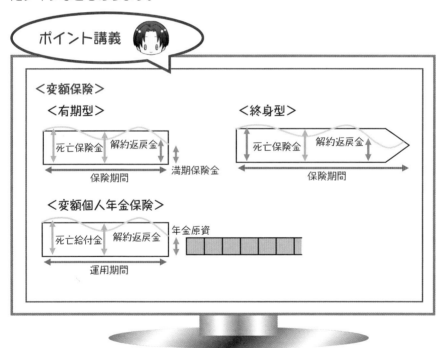

9. 代表的な特約

　保険契約の基本となる主契約（定期保険、終身保険など）に、オプションのようなかたちで付加するのが特約です。最も有名なものとしては入院時に給付金を受けられる医療特約が挙げられますが、医療特約は第三分野の保険として後述します。ここでは、その他の主な特約のポイントを押さえておきましょう。

ポイント講義

＜代表的な特約＞

特約の種類	特　徴
災害割増特約	一般的に、不慮の事故の日から180日以内に死亡または特定感染症で死亡したときに、主契約の死亡保険金に上乗せして災害保険金が支払われる
傷害特約	不慮の事故、または特定感染症で死亡したときに、主契約の死亡保険金に上乗せして災害死亡保険金が支払われる。また、不慮の事故で180日以内に所定の障害状態になったときには、障害の程度に応じて障害給付金が支払われる
リビング・ニーズ特約	原因を問わず**余命6ヵ月以内**と診断された場合に、**被保険者または指定代理請求人の請求**によって、死亡保険金の一部または全部が生前に支払われる。**特約保険料は無料**

※死亡時の補償は「災害割増特約」「傷害特約」とも同じなのに対し、障害については、「災害割増特約」が所定の高度障害状態となった場合に限定されているのに対して、「傷害特約」は、障害の程度に応じて給付金が支払われます。

＜保険証券の例①＞

重要ですぅ！

保険証券記号番号 ○○△△××□□	定期保険特約付終身保険		

保険契約者	日建　太郎　様		保険契約者印
被保険者	日建　太郎　様　契約年齢 42歳		
	1975（昭和 50）年 2月10日生まれ　男性		日建
受取人	（死亡保険金）	受取割合	
	日建　花子　様（妻）	10割	

◇契約日（保険期間の始期）
　2017年 3月 1日
　（平成 29年）
◇主契約の保険期間
　終身
◇主契約の保険料払込期間
　60歳払込満了

◆ご契約内容

❶	終身保険金額（主契約保険金額）	500万円
	定期保険特約保険金額	1,500万円
❷	生活保障特約年金年額	200万円
❶	特定疾病保障定期保険特約保険金額	300万円
	傷害特約保険金額	100万円
	災害入院特約［本人・妻型］入院 5日目から	日額 5,000円
	疾病入院特約［本人・妻型］入院 5日目から	日額 5,000円

不慮の事故や疾病により所定の手術を受けた場合、手術の種類に応じて（入院給付金日額の 10倍・20倍・40倍）手術給付金を支払います。

生活習慣病入院特約　入院 5日目から　　　　　　　日額 5,000円
リビングニーズ特約
※妻の場合は、本人の給付金の 6割の日額となります。

❷ 生活保障特約の年金種類　5年確定年金

◆お払込みいただく合計保険料

毎回	××,×××円
[保険料払込方法（回数）] 団体月払	

◇社員配当金支払方法
　利息をつけて積立
◇特約の払込期間および保険期間
　10年

❶ 日建太郎さんが 2024年中に、脳卒中で死亡（急死）した場合に支払われる死亡保険金は、一時金合計 2,300万円です。

❷ また、年金年額 200万円が 5年間支払われます。

7 契約手続きと保険約款について

契約の基本ルールって、どーなってるの？

1．告知義務

　生命保険の契約をする際、契約者や被保険者は、現在の職業や健康状態、過去（通常、5年以内）の傷病歴、障害の状態などを告知する義務があります。この告知義務に違反した場合、保険会社は契約を解除することができます。その際、解約返戻金があれば支払われます。

　なお、例えば、被保険者が最近がんの手術をしたことを告げずに契約し、その後、交通事故で亡くなったケースのような、告知義務違反と保険金支払

事由の発生との間に因果関係がない場合は保険金が支払われます。

　ただし、保険会社が告知義務違反であることを知ってから1ヵ月以内に契約の解除をしなかった場合や、契約締結時から5年を経過したときには解除できません。また、保険募集人によって告知しないことをすすめられたり、告知の妨害をされたりした場合も、保険会社は解除できません。

2. 責任開始日（期）

　保険会社の責任が始まる日（この日以降に保険金支払事由に該当する何らかの保険事故があった場合、保険会社は保険金を支払わなければなりません）のことを責任開始日または責任開始期と呼びます。

　この責任開始日（期）は、生命保険会社が承諾することを前提としますが、以下の**3つが完了したとき**となります。

> ● **申込み**
> ● **告知または医師による診査**
> ● **第1回保険料（充当金）の払込み**

例　申込日、告知…4月5日
　　　第1回保険料の払込み…4月10日
　　　保険会社の承諾日…4月13日
　　　　→　責任開始日＝4月10日

3. 保険料の払込みや失効について

　保険料の払込方法には毎月支払う方法と、ある程度まとめて支払う方法があり、払込期限には一定の猶予があります。その猶予を過ぎると契約は失効となりますが、一定条件のもとで復活することもできます。

① 保険料の払込方法

　月払い、**半年払い**、**年払い**、**一時払い**の中から選ぶのが一般的です。一般に、保険料はまとめて支払ったほうが安くなります。

＜保険料の合計額の比較＞

月払い ＞ 半年払い ＞ 年払い ＞ 一時払い

② 猶予期間

保険料を払い込まなければならない月のことを**払込期月**といいます。払込期月を過ぎても保険会社は一定期間であれば、保険料の払込みを待ちます。これを**猶予期間**といいます。猶予期間は、払込方法によって以下のように異なります。

月払い	払込期月の翌月初日から末日まで
半年払い 年払い	払込期月の翌月初日から翌々月の月単位の契約応答日※まで

※月単位の契約応答日とは、4月10日が契約日だったとすると、毎月10日が月単位の契約応答日となります。

③ 失効と復活

猶予期間が過ぎても保険料の払込みがないと、契約は**失効**し、保障が消滅します。しかし、失効後も一定の手続きをして保険会社が承諾をすれば、契約を**復活**させることができます。その際、**告知が必要**で、**失効期間中の保険料をまとめて支払う**必要があります。なお、復活後の保険料は、失効前のものと同額です。

Section 2

生命保険の見直し方法等と第三分野の保険

ここでは
どーゆーことを
勉強するの？

❶ 保険の見直し方法等について理解しましょう。
❷ 払済保険と延長保険についてしっかり覚えましょう。
❸ 第三分野の保険の種類と特徴を理解しましょう。

1 保障を続けながら保険料負担を減らす方法

 保険料の負担を減らしたいんだけど、どーしたらいいの？

1. 保険金額の減額

契約している保険の保険金額を減額すると、一部解約したものとされ、その部分に相当する解約返戻金を受け取れることもあります。減額後は、その分だけ保険料が下がることになります。

2. 払済保険、延長（定期）保険

 重要ですぅ！

ともに保険料の払込みを中止して、その時点の**解約返戻金**をもとに保障を継続する方法です。

① 払済保険

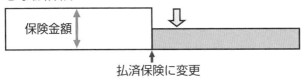

保険金額

払済保険に変更

払済保険に変更すると、残りの**保険期間は変わりません**が、**保険金額が少なくなります**。また、**特約は消滅します**。

② 延長（定期）保険

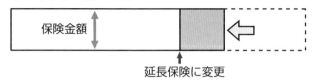

保険金額

延長保険に変更

延長保険は、保険金額を同じにした定期保険に変更することになるので、延長定期保険ともいわれます。延長保険に変更すると、**保険金額は変わりませんが、一般的に残りの保険期間は短くなります。特約は消滅します。**

3．自動振替貸付

　現在の契約の解約返戻金の範囲内で、保険会社が自動的に保険料の立て替えをする制度です。この自動振替貸付が行われている間は、契約が失効することはありませんが、立て替えられた保険料には一定の利息がかかるため、その貸付金（保険料と利息の合計額）が解約返戻金の額を超えると、その時点で契約は失効します。

2　保障の見直し方法

 保険の見直し、どーする？

保険（保障）の見直しとしては、現在の保険を解約して、新たな保険に加入する方法もありますが、契約転換制度を利用する方法もあります。

1．解約＋新規契約

　現在の契約を解約して、新たな保険に加入します。

2．契約転換制度

　同じ保険会社で新たな保険に切り替える方法です。現在の契約の責任準備金や積立配当金などを転換価格（下取り価格）として算出し、その金額で新

しい契約の一部を買うという方法で保険の切り替えを行います。

　転換価格が高ければ、その分、新たに加入する保険の保険料は安くなりますが、**転換時の年齢や保険料率で計算される**ため、必ずしも安くなるとは限りません。また、転換時には告知または診査が必要となります。

３ 第三分野の保険

　第一分野が生命保険、第二分野が損害保険、その中間的な存在が第三分野の保険です。保険法においては、「傷害疾病保険契約」といいます。代表的なものが医療保険やがん保険などで、生命保険会社と損害保険会社の両方が取り扱えるようになっています。

　一般的に、生命保険会社での取扱いは、単体の契約（主契約）として加入する場合と、特約として主契約に付加して加入する場合があります。

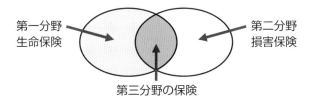

４ 医療保険（医療特約）

　比較的多くの人が単体もしくは特約で加入している医療保険（または医療特約）は、病気やケガで通院したり、入院したりしたときに、通院給付金や入院給付金が支払われるタイプです。手術をしたときの手術給付金や、亡くなったときの死亡保険金が支払われるタイプもあります。

　保険期間は、一定期間だけの保障となる定期タイプと、一生涯の保障となる終身タイプがあります。また、保険料の払込方法も、有期払い（60 歳までに払込みを終了する「60 歳払済み」など）や終身払いがあります。

　従来、医療特約などでは入院当初４日間は入院給付金が出ず（４日免責）、入院５日目からの保障となっているのが一般的でしたが、最近では、日帰り入院や１泊２日の入院から保障するタイプが増加傾向にあります。

また、一般的な入院給付金の支払日数には、１入院支払限度日数と通算入院支払限度日数というものがあります。

例

１入院支払限度日数：120日 … １回の入院で支払われる日数の限度

通算入院支払限度日数：700日 … 複数回の入院の合計で支払われる日数の限度

※退院後180日以内に同じ病気で再入院した場合、前回の入院と合わせて１回の入院とみなされる

ポイント講義

＜主な医療特約の種類＞

疾病入院特約	病気で入院したときに疾病入院給付金が支払われる
災害入院特約	不慮の事故等で180日以内に入院したときに災害入院給付金が支払われる
成人病入院特約 （生活習慣病入院特約）	がん、脳血管疾患、心疾患、高血圧疾患、糖尿病等の生活習慣病で入院したときに入院給付金が支払われる
先進医療特約	通常、全額自己負担となってしまう先進医療を受けた際に、その技術料に応じて先進医療給付金が支払われる

5 がん保険（がん特約）

一般的ながん保険は、がんと診断されたときに診断給付金が支払われ、がんで入院や手術をすると入院給付金、手術給付金が支払われます。亡くなったときには少額の死亡給付金が支払われるものもあります。

がん保険と通常の医療保険との大きな違いは、入院給付金の**支払限度日数に制限がない**ことです。ただし、契約から**3ヵ月または90日といった免責期間が設定**されているのが一般的です。

＜保険証券の例②＞

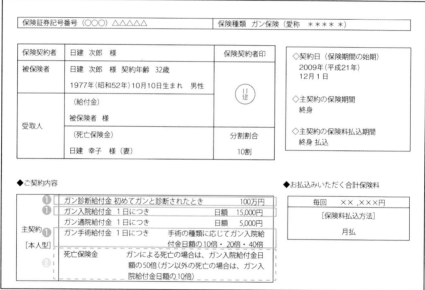

🔴 日建次郎さんが2024年中に初めてガン（悪性新生物）と診断され、その後100日間入院し給付倍率20倍の手術を1回受けた場合、支払われる給付金は、ガン診断給付金100万円、ガン入院給付金150万円、ガン手術給付金30万円の合計280万円です。

🔵 また、日建次郎さんが2024年中に交通事故で死亡（即死）した場合に支払われる死亡保険金は、15万円です。

6　その他の第三分野の保険

医療保険やがん保険のほかにも生損保各社が取り扱う第三分野
の保険には、以下のようなものがあります。

1. 介護保険（介護特約）

　常に介護が必要であるなどの所定の要介護状態になってしまったときに、
介護一時金や介護年金などが支払われます。

　要介護の判定は、公的介護保険の要介護認定と連動して行われるタイプ
と、保険会社が独自に基準を定めているタイプがあります。

2. 所得補償保険（所得補償特約）

　所得補償保険（所得補償特約）とは、病気やケガなどによって働くことが
できなくなってしまった場合の収入の減少をカバーするための保険です。入
院しているかどうかは関係なく、保険金が支払われます。

3. 医療費用保険、介護費用保険

　医療費用保険や介護費用保険は、医療費や介護費用のうち、実際に支出し
た金額をもとにその費用をカバーするための**実損てん補型**の保険です。

　医療費用保険では、公的医療保険（健康保険など）を利用して入院した際
に自己負担した治療費等に対して保険金が支払われます。介護費用保険で
は、所定の要介護状態が続いた場合に自己負担した費用等に対して保険金が
支払われます。

損害保険の仕組みと種類

ここでは
どーゆーことを
勉強するの？

❶ 損害保険の仕組みと生命保険との違いを理解しましょう。

❷ 火災保険と地震保険の特徴を覚えましょう。

❸ 自動車保険と傷害保険のポイントをおさえましょう。

1 損害保険の仕組み

 日常のリスクのために、損害保険も大事だよね。

　私たちの生活のなかには、さまざまなリスク（危険）が存在しますが、そのうちの火災や爆発、自動車事故、スポーツやレジャー中のケガ、そして、他人からの損害賠償請求などをカバーするものが損害保険です。

＜損害保険が対象とするリスク＞

物に関するリスク	火災や風水害などによる住宅や家財の焼失、倒壊、破損、盗難など。運転中の事故による車の破損など
人に関するリスク	事故、ケガによる死亡や後遺障害。入院・通院の出費など
賠償に関するリスク	交通事故や不注意で他人を傷つけたり、他人のものを破損させたりしたときの損害賠償など

　損害保険には、生命保険では使われない専門用語がいくつかあります。次の用語は、非常に基本的かつ重要な用語なので、しっかりと意味を理解しておきましょう。

ポイント講義

＜損害保険の用語＞

保険の目的	保険をつける対象のこと。火災保険における建物や家財、自動車保険における車など
被保険利益	損害保険契約が成立するための前提となるもの。対象となる物に発生した事故などで損害を被る人がいる場合、その人と物との間の利害関係ともいえる被保険利益が存在しないと損害保険は成り立たない
保険価額	被保険利益を金銭で評価した額。対象となる物の時価評価額であり、損害が発生した際の損害額の最高見積り金額となる
保険金額	損害保険契約における契約金額。保険事故が発生した際に保険会社が支払う保険金の限度額
実損てん補	保険金額を上限として、実際の損害額を保険金として支払うこと。実損てん補は損害保険の基本である
比例てん補	保険金額が保険価額よりも小さい場合に、保険価額に対する保険金額の割合に応じて保険金が減額して支払われること
通知義務	損害保険の契約後、契約内容に重要な変更が生じた場合（自動車保険で車を買い換えた場合など）に、保険会社へ通知をする義務

2 損害保険料の仕組み

　保険金支払いに充当される部分の**純保険料**と、保険会社の事務コストや代理店への支払い（代理店手数料）などに充当される部分の**付加保険料**に分けることが可能で、純保険料は予定損害率、付加保険料は予定事業費率に基づいて算出されています。

営業保険料（実際に支払う保険料）			
純保険料	付加保険料		
	事業費		
保険事故が生じたときに、保険会社が支払う保険金に充てられる部分	代理店手数料	人件費	事務処理費用

　損害保険商品には、掛け捨てタイプと積立タイプ（貯蓄タイプ）があり、積立タイプは保険期間中の補償があるだけでなく、満期返戻金や年金が支払われます。保険金の支払いが何度あっても、保険金額や満期返戻金額は減額されませんが、全損によって保険金額の全額が支払われて契約が終了する場合は、満期返戻金は支払われないのが一般的です。

3 火災保険の必要性

　マイホームを買ったら火災保険に入ったほうがいいとよく言われます。それは**失火責任法**（失火ノ責任ニ関スル法律）があるからです。失火責任法とは、軽過失の失火により隣家を焼失させた場合は、例外的に、民法上の賠償責任は負わなくていいというものです（重過失や故意による出火の場合は、賠償責任を負うことになります）。

1. マイホームを持っている人の場合

　間違って火を出してしまった人は、この法律のおかげで隣家に対する責任をとらなくてすむのですが、隣家の人からすると、この法律のせいで火を出した人からは何の補償も受けられません。これが火災保険の加入が必要な理由です。

2. 賃貸住宅に住んでいる人の場合

　賃貸住宅に住んでいる人の場合は、建物は家主のものなので、「もらい火」

に備える必要はありませんが、自分で間違って火を出してしまった場合は、原状回復の義務がある関係で、家主に対して民法上の賠償責任（債務不履行責任）を負います。したがって、借家人の場合は、**借家人賠償責任担保特約**のついた火災保険が必要になります。

4 火災保険の種類

火災保険は、建物と家財のそれぞれを別にして保険金額を設定して契約します。ただし、1個または1組の価額が **30万円**を超える貴金属、宝石、書画、骨董、彫刻物、その他の美術品などは別枠で契約します。

ポイント講義

<代表的な火災保険の商品>

代表的な火災保険の商品には、住宅火災保険、住宅総合保険などがあり、下表のように、補償内容が若干異なります。

損害の内容	住宅火災	住宅総合
火災、落雷、破裂・爆発、風災・ひょう災・雪災	○	○
水災（水害）	×	○
火災時の消火活動による水濡れ	○	○
給排水設備の事故による水濡れ	×	○
盗難	×	○
物体の落下・飛来・衝突・倒壊	×	○
地震、噴火、津波	×	×

○…補償対象、×…補償対象外

5 火災保険の保険金支払いの原則

火災保険の保険金の支払いは、保険金額が保険価額の 80%以上の場合が実損てん補、80%未満の場合が比例てん補となり、以下のように算出されます。

計算式

＜実損てん補＞保険金額が保険価額の 80%以上の場合
損害保険金※＝ 損害額

＜比例てん補＞保険金額が保険価額の 80%未満の場合

$$損害保険金※ ＝ 損害額 \times \frac{保険金額}{保険価額 \times 80\%}$$

※：保険金額が限度

6 地震保険

重要ですぅ！

通常の火災保険では、地震、噴火、津波による損害や、これらを原因として起こる火災による損害は補償されません。地震、噴火、津波を原因とする火災、損壊、埋没、流失などの損害を補償するためには地震保険への加入が必要になります。

地震保険は単独で加入することはできません。火災保険に付帯して契約するかたちになります。火災保険に、あとから付帯することもできます。

1．地震保険の保険金額

地震保険の保険金額は、**付帯する火災保険の保険金額の 30〜50%**の範囲内で、**建物は上限 5,000 万円、家財は上限 1,000 万円**となっています。

2．地震保険の保険料

建物の構造と所在地（都道府県）によって異なりますが、損害保険会社によって異なることはありません。地震保険料は、どの会社で契約しても同じです。なお、建物の構造などによる割引制度もあります。

3. 地震保険の保険金支払い

地震保険は、全損、大半損、小半損、一部損の場合に保険金が支払われます。全損が保険金額の100%、大半損は60%、小半損は30%、一部損は5％となっています。

7 自動車損害賠償責任保険

自動車損害賠償保障法（自賠法）によって、国内を運行するすべての車（原動機付自転車も含む）は、自動車損害賠償責任保険（自賠責保険）への加入が義務づけられていて、無過失責任に近い賠償責任を課しています。

1. 補償対象

対人賠償事故のみが対象で、対物賠償事故や運転者自身の傷害は対象外です。**無免許運転や酒酔い運転の場合も補償対象**となります。

2. 保険金の限度額

自賠責保険の保険金の限度額は、被害者1人あたりでは以下の金額になっています。

傷　害	120万円
死　亡	3,000万円
後遺障害	75万円 ～ 4,000万円

3. 自動車損害賠償保障事業

ひき逃げなどによって加害者から損害賠償を受けられない場合、被害者は政府による**自動車損害賠償保障事業**に対して保険金を請求することができます。保険金額等は、自賠責保険と同じです。

8 任意の自動車保険

任意の自動車保険には以下のような種類の補償があり、複数の補償を組み合わせて契約するのが一般的です。

 ポイント講義

対人賠償保険	他人を死傷させた場合の補償（**自賠責保険で支払われる金額を超える部分を補償**）
対物賠償保険	他人の物を壊した場合に損害額を補てん
搭乗者傷害保険	搭乗者が死傷した場合の補償（自賠責保険で支払われる金額にかかわらず死亡保険金等が支払われる）
無保険車傷害保険	搭乗者が死傷し、相手方が無保険車であるなど、十分な補償が受けられない場合に補償
自損事故保険	単独事故等、自賠責保険で補償されない事故で搭乗者が死傷した場合に補償
車両保険	衝突、接触、転覆、火災、爆発、盗難、台風、洪水、当て逃げなど、偶然の事故により生じた車両損害等を補償
人身傷害補償保険	被保険者が死傷した場合、**自己の過失割合にかかわらず、示談交渉を待たずに**保険金額の範囲内で損害額を補償

なお、**対人賠償保険と対物賠償保険は、無免許運転や酒酔い運転の場合も補償対象となります**。ただし、被害者が配偶者、父母、子の場合は補償対象となりません。

また、近年では、保険会社によって独自の割引制度などを導入するところが増えています。なかでも、**リスク細分型自動車保険**と呼ばれるタイプは、利用者のリスク度合いを細分化して、リスクの低い人は保険料がより安く、リスクの高い人は保険料がより高くなるように設定されています。

9 傷害保険の仕組み

　傷害保険は、日常生活におけるさまざまな原因によるケガや死亡などをカバーするものです。ただし、ケガの原因が「**急激かつ偶然な外来の事故**」によるものに限定しています。

　火災保険や自動車保険のように損害額によって支払われる保険金の額が変化するのではなく、保険事故の際にはあらかじめ決められた金額が支払われる「**定額てん補**」となっています。

「急激かつ偶然な外来の事故」とは…

● **急激**…突発的なもの。事故と傷害の発生が同時で、時間的な間隔がないものをいいます。
● **偶然**…予知できない出来事。原因もしくは結果が偶然なもので、原因と結果がともに偶然の場合は当然あてはまります。
● **外来**…身体の外からの作用。ケガの原因が、身体の外部にあるものをいいます。

　したがって、突発性が必要なので「靴ずれ」や「しもやけ」は、保険事故には該当しません。また、偶然性が必要なので、足の骨折治療中にサッカーをして悪化させた場合などは対象外になります。さらに、外来の事故であることが要件なので、身体の中に原因がある場合（例えば、脳疾患で卒倒し骨折したときなど）は補償の対象とはなりません。

10 傷害保険の種類

1. 普通傷害保険

　国内・国外を問わず、家庭内、職場内、通勤途上、旅行中など、日常生活におけるあらゆる傷害を補償する最も基本的な傷害保険です。

２．家族傷害保険

　ひとつの保険証券で家族全員を被保険者として普通傷害保険と同様の補償が得られるものです。本人（生計維持者）のほか、「配偶者」「本人または配偶者と生計をともにする同居の親族および別居の未婚の子」が自動的に被保険者となります。

３．年金払積立傷害保険

　保険期間中の事故に備える傷害保険と、年金払いの給付金をセットにした損保版個人年金商品です。加入後一定期間保険料を払い込むと、一定の年齢になった時点から年金が支払われます。これに加えて、保険の契約期間中にケガによる死亡・後遺障害が発生すると、年金受給期間中であっても保険金が支払われます。年金払いの種類には、「確定型」と「保証期間付有期型」の２つがあります。

４．国内旅行傷害保険

　日本国内の旅行行程中（旅行の目的をもって住居を出発してから住居に帰着するまで）に被った傷害を補償します。**細菌性食中毒も補償の対象**になっています。

５．海外旅行傷害保険

　海外旅行中に被った傷害はもちろん、特約により、疾病治療費用、疾病死亡、賠償責任、携行品損害、被保険者の傷害事故・盗難により被保険者等が支出を余儀なくされた費用損害などを総合的に補償します。**細菌性食中毒も対象**になり、**地震・津波・噴火による傷害も特約なしで補償**されます。

11 その他の損害保険商品

1．個人賠償責任保険

　個人が、居住する住宅の管理、および日常生活において生じた偶然の事故によって他人の身体・財物に損害を与え、法律上の損害賠償責任を負うことになった場合に保険金が支払われます。この保険は、1つの契約で家族全員が被保険者となります。

　自動車事故や他人から借りた物や預かった物に対する賠償事故、職務遂行中の賠償事故、同居親族に対する賠償事故などは対象外です。

2．生産物賠償責任保険（PL保険）

　製造・販売した商品などを他人に引き渡した後、または仕事を行い終了した後、その商品の欠陥や仕事の結果にともなって生じた偶然の事故により、他人の身体または財物に損害を与え、法律上の損害賠償責任を負うことによって被る損害に対して、保険金が支払われます。

3．受託者賠償責任保険

　事業者が第三者から預かった物（受託物）が火災で焼失したり盗難に遭ったり、破損などをすることで、その物について正当な権利を有する者に対して損害を与え、法律上の損害賠償責任を負った場合に被る損害に対して保険金が支払われます。

保険と税金、法人と保険

ここでは
どーゆーことを
勉強するの？

❶ 保険料や保険金と税金などのポイントを押さえましょう。

❷ 契約の仕方によって税金の種類が違ってくる部分は重要です。

❸ 法人契約の場合の経理処理について理解しましょう。

1 生命保険料控除

　一般的な生命保険や個人年金保険、医療保険などの保険料を支払うと、支払った保険料の額に応じて**生命保険料控除**という所得控除が受けられます。

　生命保険料控除は、従来、**一般の生命保険料控除**と**個人年金保険料控除**の2種類で、それぞれ年間10万円以上の保険料を支払っていた場合、所得税で最高5万円（住民税で最高3.5万円）、2種類合計で最高10万円（住民税で最高7万円）の控除が受けられましたが、平成24年1月1日以降に締結した契約から、新たに**介護医療保険料控除**が設けられ、合計3種類になりました。

　ただし、新たな制度である介護医療保険料控除を利用する場合、または、締結が平成23年12月31日までの旧契約と平成24年1月1日以降の新契約の両方について控除を利用する場合は、それぞれの控除額は所得税で最高4万円（住民税で最高2.8万円）、3種類合計で最高12万円（住民税で最高7万円）となります。

＜所得税（住民税）における控除限度額＞

	一般の生命保険料控除	個人年金保険料控除	介護医療保険料控除	合　計
旧契約のみ	5万円 （3.5万円）	5万円 （3.5万円）	―	10万円 （7万円）
新契約のみ	4万円 （2.8万円）	4万円 （2.8万円）	4万円 （2.8万円）	12万円 （7万円）
旧契約＋新契約	4万円 （2.8万円）	4万円 （2.8万円）	―	

2 地震保険料控除

地震保険料を支払った場合、生命保険料控除とは別枠で所得控除が受けられます。

地震保険料控除の金額は、所得税の場合で1年間に支払った地震保険料の全額（最高5万円）、住民税の場合で地震保険料の2分の1（最高2.5万円）となっています。

3 生命保険金と税金

 生命保険と税金の関係は、どーなってるの？

1. 死亡保険金と税金

 重要ですぅ！

 ポイント講義

<死亡保険金と税金>

契約者 （保険料負担者）	被保険者	受取人	税金の種類
A	A	Aの相続人	相続税（非課税枠あり）
A	A	Aの相続人以外の人	相続税（非課税枠なし）
A	B	A	所得税・住民税（一時所得）
A	B	C	贈与税

死亡保険金の非課税枠は、「500万円×法定相続人の数」
となっています。

ワンポイント

死んだ人から生きている人へお金が動く場合は**相続税**、自分のお金を自分で受け取る場合は**所得税**、生きている人から生きている人へお金が動く場合は**贈与税**になります。

2. 満期保険金・解約返戻金と税金

満期保険金や解約返戻金についての税金の取扱いは以下のとおりです。

契約者 （保険料負担者）	被保険者	受取人	税金の種類
A	—	A	所得税・住民税（一時所得）
A	—	B	贈与税

3. 個人年金保険と税金

個人年金保険に関する税金の取扱いは以下のとおりです。

契約者 （保険料負担者）	年金受取人	税金の種類	
		年金受取開始時	毎年の年金
A	A	—	所得税・住民税（雑所得）
A	B	年金受給権に対して贈与税課税	初年度非課税、2年目以降所得税・住民税（雑所得）

4. その他の保険金・給付金と税金

　入院給付金や通院給付金、手術給付金、高度障害保険金などを被保険者が受け取った場合は**非課税**になります。また、リビング・ニーズ特約保険金や特定疾病保険金も、被保険者または指定代理請求人が受け取った場合は**非課税**になります。

　なお、例えば、契約者が夫で、被保険者が妻、受取人が夫という生命保険契約で、夫が亡くなった場合に相続財産となる生命保険契約の権利の評価額は、原則として解約返戻金の額で評価されます。

4 損害保険金と税金

 損害保険と税金の関係は？

　損害保険から出る保険金や給付金は、損害をてん補するためのものというのが基本なので、所得（＝儲け、利益）が発生していないと考えられ、大半が**非課税**になります。

＜非課税となる保険金・給付金＞

> 対人・対物賠償保険金、人身傷害補償保険金、火災保険金、車両保険金、傷害保険金、後遺障害保険金、医療費用保険金、所得補償保険金など

　ただし、一部の保険金・給付金については、生命保険と同様の取扱いになって、課税対象とされるものもあります。それが、傷害保険、自損事故保険、搭乗者傷害保険などの死亡保険金、そして、満期保険金や解約返戻金、年金給付などです。

5 法人契約と経理処理

　法人による保険契約で経理処理を行う場合、基本的な考え方として、掛け捨てになる定期保険や特約の保険料は**損金算入**（定期保険料、特約保険料）となり、貯蓄性のある終身保険や養老保険の保険料は**資産計上**（保険料積立金）となります。ただし、**特定の役員や従業員のみ**を被保険者とする契約の保険料は**損金算入（給与）**となります。

＜定期保険＞

契約者	被保険者	保険金受取人	保険料の経理処理
法人	役員・従業員	法人	損金算入（保険料）
		被保険者の遺族	損金算入（保険料）

＜終身保険＞

契約者	被保険者	保険金受取人	保険料の経理処理
法人	役員・従業員	法人	資産計上
		被保険者の遺族	損金算入（給与）

＜養老保険＞

契約者	被保険者	死亡保険金受取人	満期保険金受取人	保険料の処理
法人	役員・従業員	法人	法人	資産計上
		被保険者の遺族	被保険者	損金算入（給与）
		被保険者の遺族	法人	1/2 損金算入 1/2 資産計上

保険制度全般と契約者保護

ここでは
どーゆーことを
勉強するの？

❶ 保険制度全般に関する事項を理解しましょう。

❷ クーリング・オフの制度を理解しましょう。

❸ 契約者保護の制度をしっかりと覚えましょう。

1 保険業法の募集禁止行為

重要ですぅ！

　保険業法には、生命保険や損害保険の募集を行う際の９つの禁止行為が規定されています。それぞれの内容を理解しておきましょう。

> ① **重要事項の説明義務（顧客への注意喚起）**
> 　保険契約に関する重要事項の説明だけでなく、顧客への注意喚起として、クーリング・オフやセーフティネットなどについて説明しなければいけないという規定。
>
> ② **不実告知を勧める行為の禁止**
> 　生命保険募集人が事実と異なることを告知するように勧めることはダメだということ。
>
> ③ **告知妨害・不告知を勧める行為の禁止**
> 　生命保険募集人が告知妨害をしたり、病気を告知しないように勧めたり、健康状態について知ったことを報告しなかったりするのはダメだということ。
>
> ④ **不当な乗換募集・契約転換の禁止**
> 　顧客に不利益な事実を告げずに乗換募集や契約転換を勧めることはダメだということ。
>
> ⑤ **特別利益提供の禁止**
> 　募集に際し、保険料の割引、割り戻し（あとで保険料を返すこと）、立替えなどの特別利益を提供（約束）してはダメだということ。

⑥ **不当な比較表示の禁止**

　他社商品と自社商品について、根拠の乏しい比較資料などを使用して、誤解を招くようなことはダメだということ。

⑦ **将来の金額が不確実な事項にかかる不当表示の禁止**

　将来の配当金の支払いなど、金額が不確実なものについて断定的な判断をしたり、誤解を招くようなことを告げたりすることはダメだということ。

⑧ **保険会社の特定関係者による特別利益提供の禁止**

　保険会社と特定の関係にある会社等が特別利益の提供を約束して保険募集をしてはいけないということ。

⑨ **保険契約者保護に欠けるおそれがある行為**

　例えば、業務上の地位を利用して強引に契約を申し込ませるなどの行為はダメだということ。

2　クーリング・オフ制度

　保険の契約者は、「契約申込日」または「クーリング・オフ（契約撤回）等の内容を記載した書面を交付された日」のどちらか**遅い日から起算**して（その日を1日目と数えて）、**8日以内（消印有効）**であれば、**文書**によって**申込みの撤回**ができます。

　ただし、医師の診査が終了している場合や、保険会社の営業所などの窓口に契約をするために出向いて契約をした場合などは、クーリング・オフができません。また、加入が法律上義務づけられている自賠責保険なども、クーリング・オフはできません。

保険会社の営業所などに別の目的で行った際に、勧められて保険に加入した場合はクーリング・オフが可能です。

3 ソルベンシー・マージン比率

ソルベンシー・マージン比率とは、保険会社の安全性を測るモノサシのひとつと言われるものです。大災害などの通常の予測を超えるリスクに備えた保険金の支払余力がどの程度あるのかを示しています。

200%以上というのが健全性の目安として考えられていて、200%を下回ると、金融庁はその保険会社を**早期是正措置**の対象とします。

4 保険契約者保護機構

保険会社が破綻した場合の契約者を保護するセーフティネットとしては、生命保険契約者保護機構と損害保険契約者保護機構があります。

ポイント講義

生命保険契約者保護機構	
高予定利率契約を除き、破綻時点の**責任準備金**の90%まで	
損害保険契約者保護機構	
自賠責保険、地震保険	**保険金**の100%
自動車保険、火災保険等	破綻後3ヵ月以内の事故：**保険金**の100% 破綻後3ヵ月経過後の事故：**保険金**の80%まで
疾病・傷害に関する保険	原則、**保険金**の90%まで （積立タイプの**積立部分**は80%まで）

各種共済や少額短期保険業者は、いずれの保険契約者保護機構にも加入していないため、保護の対象外となっています。

第3章
金融資産運用

ライフプランの目標を達成するには、資産を適切に運用・
管理する必要があるよね。FP としては、顧客の幅広いニー
ズに応えなきゃ。

Section 1　マーケット環境の理解

ここでは
どーゆーことを
勉強するの？

❶ 代表的な経済指標について覚えましょう。
❷ 金融市場の仕組みを理解しましょう。
❸ 金融政策の内容と効果を覚えましょう。

1 主な経済指標

1. GDP（国内総生産）

　内閣府が四半期ごとに調査・公表している最も基礎的かつ重要な指標です。GDPとは、一定期間内に国内で生産された財・サービスの付加価値の総計です。簡単に言えば、国内でどれだけお金が儲かったかということです。このGDPの値には、名目値と実質値があり、時価換算したものが**名目GDP**、名目値から物価変動分を除いたものが**実質GDP**です。実質GDPを求めるために使われている物価の指標が**GDPデフレーター**です。

2. 景気動向指数

　内閣府が毎月調査・公表しているもので、生産や雇用に関する指標など、景気に敏感な指標を統合して、景気の現状把握や将来の予測に役立てるために作られたものです。景気に先行して動く指標を「先行系列」、景気と一致して動く指標を「一致系列」、景気に遅れて反応する指標を「遅行系列」とし、それぞれ「**先行指数**」「**一致指数**」「**遅行指数**」を算出しています。

　景気動向指数には、**CI（コンポジット・インデックス）**と**DI（ディフュージョン・インデックス）**という2つの指標があります。

CI	景気変動の大きさや量感を測定するのに適している
DI	景気変動の方向性を見るのに適している

　現在、内閣府では、CIのほうを公表の中心に据えているので、景気の現状を見る際は、CIの一致指数を見るというのが基本になります。

3. 企業短期経済観測調査（日銀短観）

　日本銀行が全国約1万社の企業経営者に対して毎年3月、6月、9月、12月にアンケート調査を行い、翌月はじめ（12月調査のみ12月中旬）に公表しています。速報性が高く、マーケット関係者の注目度も非常に高い調査です。

　特に注目度が高いのが、**業況判断DI**で、これは、業況が「良い」と答えた企業の割合から「悪い」と答えた企業の割合を差し引いて求めます。

4. 物価指数

　GDPデフレーターも物価の指標ですが、物価指数といった場合、最も代表的なのは、**消費者物価指数（CPI）**と**企業物価指数（CGPI）**です。ともに毎月発表されています。

 ポイント講義

	消費者物価指数（CPI）	企業物価指数（CGPI）
官庁	総務省	日本銀行
特徴	一般の消費者が購入する商品やサービスの価格変動を見たもの。 公的年金の物価スライドや、物価連動国債に使用されている。企業物価指数よりも変動は小さく、少し遅れて反応する傾向にある	企業間で取引される財に関する物価変動を見たもの。サービス価格は対象外。国内企業物価指数、輸出物価指数、輸入物価指数から構成。原油価格や為替相場の影響も受けるため、消費者物価指数よりも変動が大きい傾向にある

5. マネーストック統計とマネタリーベース

　日本銀行が毎月調査・公表している市場のお金の流通量ともいえるのがマネーストックです。**一般法人、個人、地方公共団体など**（通貨保有主体）、いわゆる民間部門の保有する通貨量を示していて、**国や金融機関自身が保有する通貨量は含まれません。**

　同じく日銀が毎月調査・公表しているものに、**マネタリーベース**があります。これは、日本銀行が市場に流しているお金の量を見るもので、マネーストックとは異なり、金融機関自身が保有している通貨量も含まれます。

6. 雇用統計

	有効求人倍率	完全失業率
官庁	厚生労働省	総務省
特徴	有効求人数を有効求職者数で割って求めたもの。1倍を超えると人手不足、1倍を下回ると人手が余っていることを意味する。景気動向指数の一致系列に採用	完全失業者数を労働力人口で割って求めたもの。労働力人口とは、15歳以上で働いている人と完全失業者の数を合計したもの。景気動向指数の遅行系列に採用

7. 消費統計

	家計調査	消費動向調査
官庁	総務省	内閣府
特徴	家計の収入や支出の状況を把握するために行っている調査。「家計消費支出」を算出している	消費者の意識や支出予定等を把握しようとしている。「消費者態度指数」を算出している

2 金融市場の仕組み

　「金融」とは、「お金の貸し借り」です。それが行われている「市場（しじょう）」、いわゆるマーケットが金融市場です。国や金融機関、企業、個人投資家など、マーケット参加者はさまざまです。

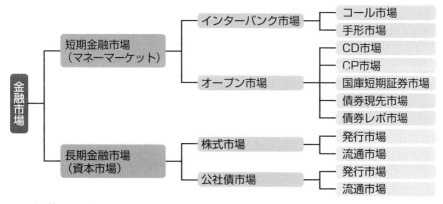

1. 短期と長期の違い

　取引される金融資産の満期までの期間が、1年以下（＝短期）か、1年超（＝長期）かで、短期金融市場と長期金融市場の2つがあります。

　短期金融市場には、市場参加者が**金融機関に限定**された「**インターバンク市場**」と、一般の企業（事業法人）なども参加できる「**オープン市場**」があり、長期金融市場には、原則として満期の定めのない「株式市場」や、一定の満期のある債券を取引する「公社債市場（債券市場)」があります。

2. インターバンク市場とオープン市場

　インターバンク市場は、さらにコール市場と手形市場に分けられますが、注目度が高いのはコール市場で、「**無担保コール翌日物レート**（オーバーナイト・レート)」が最も代表的な金利です。一方、オープン市場は、金融機関以外の一般の企業なども参加できる市場で、「CD（譲渡性預金）市場」「CP（コマーシャル・ペーパー）市場」などが代表的です。

3 金利の変動要因

　金利はさまざまな要因で上がったり下がったりしています。今後の金利見通しを立てるためにも、どのような要因の変化によって金利が上下するのかを理解しておきましょう。ただし、次の矢印の方向は、あくまでも教科書的な動きを示したもので、実際のマーケットでも常にそのような動きになっているかというと、一概には言えないので注意が必要です。

	①国内景気		②国内物価		③外国為替		④海外金利	
	好況	不況	上昇	下落	円安	円高	上昇	下落
金利の動き	↗	↘	↗	↘	↗	↘	↗	↘

1. 景気と金利

　一般に、景気がよくなると、設備投資などのお金を欲しがる人が増え、金利は上昇していきます。不景気の場合は、逆です。

2. 物価と金利

　一般に、物価が上昇すると、モノの値段が上がる前に借金をしてでも買おうとする人が増え、金利も上昇していきます。

3. 為替と金利

　一般に、円安になると輸入物価が上昇し、それが国内物価へと影響が及ぶと、円安は金利上昇、円高は金利低下という動きになります。

4. 海外金利と金利

　海外金利が上昇すると、円を外貨に替えて運用しようとする人が増えて円安になり、金利は上昇傾向になっていくと考えられます。逆に、海外金利が低下すると、外貨を円に戻して運用しようとする人が増えて円高傾向、そして金利低下傾向になると考えられます。

4 金利と債券市場・株式市場との関係

1. 金利と債券市場との関係

　金利が上がると債券価格は下落し、金利が下がると債券価格は上昇するのが通常です。また、債券価格が上昇すると債券の利回りは低下し、債券価格が下落すると債券の利回りは上昇します。なぜかというと、世界中に存在する債券の９割方が固定金利だからです。固定金利の債券は、世の中の金利が上がってしまうと魅力が減るので価格も下がる、世の中の金利が下がっていくと魅力が増すので価格も上がる、というわけです。

2. 金利と株式市場との関係

金利上昇は株価の下落要因、金利低下は株価の上昇要因として考えられるのが一般的です。金利上昇によって景気が冷やされると、企業業績も落ち込むと予想する人が増え、株価は下落していくと考えられます。一方、金利低下によって景気が刺激されると、先行きの企業業績にも好影響を与えると予想する人が増え、株価は上昇していくと考えられます。

しかし、株式市場の動向が金利に与える影響はというと、株価上昇が金利上昇要因になり、株価下落が金利低下要因になるという同方向への影響力を持っていると考えられます。

5 日本銀行による金融政策

日本銀行は、わが国の中央銀行として、物価の安定などのために、金融政策を決定し、実行しています。

具体的な金融政策の手段としては、公開市場操作（オープン・マーケット・オペレーション、略してオペレーション）によって金融市場調節が行われています。オペレーションには、買いオペレーション（買いオペ）と売りオペレーション（売りオペ）があります。

ポイント講義

<買いオペと売りオペ>

買いオペ	日銀が市場に流通する債券などを買うことで市場に資金を供給する	マネーストック、マネタリーベースが増加 → 金利低下要因に
売りオペ	日銀が保有する債券などを市場で売却することで市場から資金を吸収する	マネーストック、マネタリーベースが減少 → 金利上昇要因に

❶ 単利と複利の違いと計算式を覚えましょう。

❷ 利回りの意味をきちんと理解しましょう。

❸ 代表的な貯蓄型金融商品の特徴を覚えましょう。

1 単利と複利

　金利とは、簡単に言うと、お金の貸借料のことです。一般には、「金利が高い」とか、「金利を支払う」などのように、「利率」を示す場合と、それを金額に直した実「利息額」を指す場合の両方があります。預貯金などの商品を見る場合は、利息の額の割合である利率を知ることが大切です。

　そして、預貯金などの場合、利息のつき方の違いで**単利**と**複利**というものがあります。

1. 単利の利息のつき方

　単利は、当初預け入れた元本に対してのみ利息が計算されます。例えば、年利率２％の単利の商品に 100 万円を預けた場合、元本 100 万円×２％＝２万円の利息が毎年支払われ、102 万円、104 万円、106 万円と増えていきます。

＜単利の利息計算式＞

> **計算式**　満期時の元利合計＝ 元金×{１＋年利×預入期間（×0.79685）}

※元利合計とは、元本と利息の合計額のこと。

※（×0.79685）は税引き後の元利合計を求める場合（復興特別所得税を考慮した場合）

【代表的な商品】

大口定期預金、預入期間３年未満の定期性預貯金、利付国債

2. 複利の利息のつき方

複利は、一定期間ごとに支払われる利息を元本に足して、これを新しい元本とみなして利息が計算されます。利息が再投資され、利息も利息を生むことになります。

複利には、利息が元本に足される期間によって、1ヵ月複利、半年複利、1年複利などがあります。利率が同じ場合、利息が元本に足される期間が短いものほど、お金が増えることになります。

ポイント講義

＜複利の利息計算式＞

計算式 満期時の元利合計（非課税扱いの場合）
= 元金×（1＋r）^{n}

r	n
1ヵ月複利＝年利÷12（月利）	1ヵ月複利＝月数（年数×12）
半年複利＝年利÷2（半年利）	半年複利＝年数×2
1年複利＝年利	1年複利＝年数

例 年利率2％の複利（1年複利）の商品に100万円を預けた場合

● 2年目の利息
1年後の2万円の利息を元本に加えた102万円が新しい元本となり、102万円×2％＝20,400円となり、2年後の元利合計は1,040,400円

● 3年目の利息
1,040,400円×2％＝20,808円、3年後の元利合計は1,061,208円

【代表的な商品】
半年複利＝定額貯金、期間3年以上の定期性預貯金
1年複利＝期日指定定期預金

3．利払い型商品と満期一括受取型商品

① 利払い型商品

　預入期間中に定期的に利息が支払われる商品です。原則として、利息計算は単利となり、利払いのつど 20.315％の税金が差し引かれるのが通常です。

【代表的な商品】

普通預金、期間３年未満の定期性預貯金、利付国債

② 満期一括受取型商品

　利息が満期時または解約時に元本と一緒にまとめて支払われる商品です。通常、利息計算は複利となり、利息に対する税金は満期一括課税（満期時に一度だけ 20.315％課税）ですが、投資信託では、税引き後の分配金が再投資されて満期時または解約時に一括して支払われます。

【代表的な商品】

定額貯金、期日指定定期預金、期間３年以上の定期性預貯金

4．固定金利商品と変動金利商品

① 固定金利商品

　預入時に約束された利率が満期まで変わらない商品です。高金利時や金利低下局面で優位性を発揮します。

【代表的な商品】

定期性預貯金、定額貯金、利付国債

② 変動金利商品

　世の中の金利水準の変化に応じて預入期間中に適用金利が変動する商品です。半年ごとに利率が見直されるものが多い。金利上昇局面で優位性を発揮します。

【代表的な商品】

変動金利定期預金

2 年平均利回り

金融商品から得られる収益がどの程度かを計るモノサシとして「利回り」というものがあります。

利率は、元本に対して年何%の利息や収益が生まれるかを表したものでしたが、利回りは、トータルで得られる利息や収益を年数（保有期間）で割って、1年あたり何%ずつ増えたことになるのかを求めたものです。

基本的に、利息計算が単利となる預貯金の場合は、利率と利回りは同じになりますが、複利で利息がつくものは、利率よりも利回りのほうが高くなります。

<利回りの計算式>

計算式
$$年平均利回り（\%） = \frac{1年あたりの収益合計}{投資金額} \times 100$$

例 利率2%、3年満期、半年複利の商品に100万円預けた場合
（税金は考慮しない、円未満切捨て）

満期時の元利合計 = 100万円 × $(1 + 0.02 \div 2)^{3 \times 2}$

$\qquad\qquad\qquad = 1,061,520$ 円

1年あたりの収益の合計 = （1,061,520円 − 1,000,000円）÷ 3年

$\qquad\qquad\qquad\qquad = 20,506$ 円

年平均利回り（利回り）= 20,506円 ÷ 1,000,000円 × 100

$\qquad\qquad\qquad\qquad\qquad = 2.0506\%$

∴ 利率は2%ですが、利回りは2.0506%になります。

3 主な預貯金等の種類と特徴

● 銀行などの主な商品

名称	預入金額	預入期間	金利	利払い	中途換金	その他
普通預金	1円以上 1円単位	制限なし	変動	通常、年に2回	自由	定期預金をセットして**総合口座**にできる
貯蓄預金	1円以上 1円単位	制限なし	変動	通常、年に2回	自由	10・30万円などの基準残高以上なら高金利だが決済性はない
スーパー定期	1円以上 1円単位	1ヵ月〜10年	固定	**期間3年以上の複利型は満期時一括**	自由だが中途解約利率を適用	**半年複利型を選べるのは個人のみ**
大口定期預金	**1,000万円以上1円単位**	1ヵ月〜10年	固定	2年以上は中間利払いあり	自由だが中途解約利率を適用	**単利型のみ。**交渉次第で金利が上がる場合も
期日指定定期預金	1円以上 1円単位	1年以上3年まで	固定	**満期時一括受取**	1年据え置けば1ヵ月前までに通知して可能	代表的な**1年複利**の商品。満期一括課税
変動金利定期預金	1円以上 1円単位	1年〜5年など	変動	3年以上は複利型もある	自由だが中途解約利率を適用	半年に一度金利が見直される

● ゆうちょ銀行の主な商品

名称	預入金額	預入期間	金利	利払い	中途換金	その他
通常貯金	1円以上 1円単位	制限なし	変動	年2回	自由	定額貯金などをセットし総合口座通帳にできる
定額貯金	**1,000円以上1,000円単位**	**6ヵ月以上で最長10年**	固定	半年複利満期一括	**6ヵ月経てば自由**	期間に応じて6段階に金利が分かれている
定期貯金	**1,000円以上1,000円単位**	1ヵ月〜**最長5年**	固定	**期間3、4、5年物は半年複利型のみ**	自由だが中途解約利率を適用	**半年複利型は満期時一括課税**

債　券

ここでは
どーゆーことを
勉強するの？

❶ 債券の商品性と特徴を理解しましょう。
❷ 個人向け国債について商品内容を覚えましょう。
❸ 債券の利回り計算や債券のリスクを理解しましょう。

1 債券とは

　債券とは、国や企業がお金を借りるために発行している借用証書の一種だといえます。中途解約はできないのが通常なので、途中で換金したい場合は、その時点の価格で誰かに売ることによってのみ換金が可能になります。

2 債券の分類

● 発行体による分類

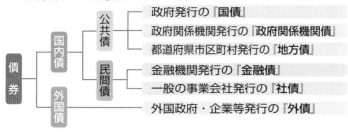

● 利息や発行形態による分類

利付債	利息が毎年決まった時期に支払われる債券
割引債	利息がつかない代わりに、割り引いて（償還時に戻ってくる額面金額よりも安い価格で）発行されている債券。額面金額との差額が利息に相当する
公募債	広く公に募集される債券。一般の誰もが購入することができる債券
縁故債	発行者と特定関係にある人だけが購入できる債券。私募債ともいう。地元の金融機関等に向けて発行される縁故地方債が有名
新発債	これから新しく発行される債券
既発債	すでに発行されている債券。市場に流通し取引されている債券

3 債券の発行条件と流通市場

1. 債券の発行条件

債券は発行時点で通常の借用証書と同様に、その返済期限（償還期限）や金利（利率）などが決められます。これを債券の発行条件といいます。

① 表面利率（クーポン・レート）

債券の満期時に戻る金額（額面金額）に対して毎年支払われる1年間の利息の割合をいいます。例えば、表面利率年2％、額面100万円の債券だと、利息は年2万円（税引前）となります。この債券を、96万円で買おうが、103万円で買おうが、利息は年2万円になります。

② 発行価格

債券が発行されるときに決められる価格で、額面100円あたりの値段で表示されます（債券の価格は、原則、額面100円あたりの値段で表示されます）。

債券は、市場の利回りと表面利率との違いで必ずしも100円ちょうどで発行されるわけではなく、発行価格が100円を超える場合は「オーバー・パー」、100円ちょうどの場合は「パー」、100円を割れる場合は「アンダー・パー」と呼ばれます。

③ 償還期限

債券の額面金額が償還される（払い戻される）期日であり、預金でいう満期に相当するものです。期間としては、1年以内の短期債から20年、30年、40年の超長期債までさまざまです。

原則として、債券は額面100円あたり100円で満期を迎えるので、アンダー・パーで買った債券は償還差益、オーバー・パーで買った債券は償還差損が発生します。

④ 利払い

利付債の利払い（＝利息の支払い）は、通常年２回に分けて行われます。

2. 債券の流通市場

わが国の債券の流通市場の大きな特徴は、取引の９割以上が国債の取引であるということと、既発債の取引は、**店頭取引（相対取引）**が中心であるということがいえます。

なお、既発債の取引では、前回利払い日の翌日から売買受渡日までの日数に相当する利息相当額（**経過利子または経過利息**）を、買い手が売り手に支払うことで日割計算された利息の受渡しを行います。

 4　個人向け国債と新窓販国債　

＜個人向け国債＞

	変動10年	固定5年	固定3年
金 利	半年ごとの変動金利 基準金利×0.66	固定金利 基準金利−0.05％	固定金利 基準金利−0.03％
下限金利	0.05％		
償還年限	10年	5年	3年
購入単位	額面１万円単位（発行価格は額面100円につき100円）		
利払い	半年ごと		
発行頻度	毎月		
中途換金	１年間は原則換金不可。１年経過後は額面で換金可能。 ただし、直前２回分の利息相当額(税引後)が控除される		

＜新窓販国債＞

購入対象者	制限なし（個人だけでなく法人も可）
償還年限	２年、５年、10年
金 利	固定金利
発行頻度	毎月
購入単位	額面５万円単位
購入限度額	１申込あたり３億円（個人向け国債は上限なし）
発行価格	発行のつど財務省が決定
中途換金	いつでも時価で可能

5 債券の利回り計算

● 4つの利回りの意味

応募者利回り	ある債券を発行時点で購入し、満期償還まで持ち続けた場合の利回り
最終利回り	ある債券を途中で買って、満期償還まで持ち続けた場合の利回り
所有期間利回り	ある債券を買って（新発債、既発債いずれも可）、途中で売却した場合の利回り
直接利回り	ある債券の購入価格に対する利息（クーポン）の割合

ワンポイント

債券で単に「利回り」という場合は、最終
利回りのことを指します。

ポイント講義

＜4つの利回りの計算式＞

応募者利回り	$応募者利回り（％）= \dfrac{クーポン + \dfrac{額面（100）- 発行価格}{償還年限}}{発行価格} \times 100$
最終利回り	$最終利回り（％）= \dfrac{クーポン + \dfrac{額面（100）- 買付価格}{残存年限}}{買付価格} \times 100$
所有期間利回り	$所有期間利回り（％）= \dfrac{クーポン + \dfrac{売付価格 - 買付価格}{所有期間}}{買付価格} \times 100$
直接利回り	$直接利回り（％）= \dfrac{クーポン}{発行価格} \times 100$

※計算式中の「クーポン」は、額面100円あたりの1年間の利息額を
意味します。表面利率の％を取った数字で計算できます。
例：表面利率2％→2

例 **計算例**

　表面利率２％、残存期間５年の債券を、額面100円あたり98円で買っ
た場合の最終利回りは何％か？（小数点以下第３位を四捨五入すること）

$$\frac{2 + \dfrac{100 - 98}{5}}{98} \times 100 = 2.448979\cdots \fallingdotseq 2.45\%$$

6 債券投資のリスク

1. 金利変動リスク

　世の中の金利変動によって債券価格が変動するリスクです。

金利上昇 ＝ 債券価格下落 ＝ 債券利回り上昇
金利低下 ＝ 債券価格上昇 ＝ 債券利回り低下

2. 信用リスク（デフォルト・リスク）

　債券の発行体が安定的に利息や償還金を支払えなくなる（＝債務不履行
（デフォルト）になる）リスクのことを、信用リスクといいます。

　この信用リスクを計るモノサシとして一般的なのが「格付け」です。格付
けは、第三者機関である格付機関（格付会社）が公表していて、一般に「A
AA」（トリプル・エー）を最上級に、「AA」「A」「BBB」「BB」…「C」
または「D」までランク付けされています。一般に、「BBB」以上が投資
適格、「BB」以下が投資不適格と判断されます。

3. 途中償還リスク

　債券は、例外的に、当初に予定されていた償還期限よりも早くに繰り上げ
償還されてしまうことがあります。その際、予定された収益を確保できず、
次の投資先を検討しなければならないリスクのことを指します。

4. カントリー・リスク

　債券の発行体が属する国の政治情勢や経済情勢などによって影響を受けて
しまうリスクのことを指します。

Section 4 株 式

ここでは
どーゆーことを
勉強するの？

❶ 株式の商品性と取引の方法を理解しましょう。
❷ 株式市場にかかわる相場指標を覚えましょう。
❸ 株式の個別銘柄の投資指標を覚えましょう。

1 株 式

株式って、よくニュースに出てくるけど、そもそも何？

株式とは、株式会社が資金調達のために発行しているもので、株式会社は出資者となる株主の出資に基づいて事業を行い、利益が出たら配当などのかたちで分配する仕組みになっています。債券と同じく直接金融の商品ですが、株式には満期がないので、株式市場における株価の変動は、債券価格の変動に比べて大きくなる傾向にあります。

1. 株主の権利

株主になると、以下のような権利が得られますが、議決権が制限されているものや、配当金を優先してもらえる株式（優先株）などもあります。

自益権	● 剰余金分配請求権（その会社の利益に応じた配当を請求する権利） ● 残余財産分配請求権（その会社の解散時に財産分配を受ける権利）
共益権	● 議決権（株主総会に出席して議決権を行使する権利）

2. 株式の売買の実際

不特定多数の人が自由に売買できるようにすることを、**株式の公開**といいます。具体的には、東京証券取引所などの証券取引所への上場を指します。取引所等では、**価格優先・時間優先・成り行き注文優先**の原則に従って取引が行われています。

① 株式の取引の実際

注文方法	指値注文 （さしね）	値段を指定する注文方法 ※買い注文では指値以下、売り注文では指値以上でしか売買が成立しない
	成行注文 （なりゆき）	値段を指定しない注文方法。指値注文よりも優先して売買が成立するが、思わぬ高値で買ったり、思わぬ安値で売ったりしてしまう可能性あり
売買の 仕組み		価格優先の原則…売り注文は最も安い価格の注文を、買い注文は最も高い価格の注文を優先する原則 時間優先の原則…同一価格の注文の間では、先に出された注文が優先される
売買単位		100 株単位
受渡し		普通取引では原則として売買成立の日（約定日）から起算して3営業日目に受渡し 例 約定日が木曜日なら受渡日は翌週月曜日

② 株式ミニ投資（ミニ株）、単元未満株

単元株（売買単位である 100 株）について、10 分の1の単位で売買できる制度です。売買注文は、顧客の注文をまとめて翌営業日の寄付（取引開始時）に成行注文として出されるので、指値注文はできません。

なお、最近ではミニ株よりも小さな単位（1株など）でも単元未満株に投資できるようにしている証券会社も増えてきています。

③ 株式累積投資 (るいとう)

　毎月一定額（1万円以上1,000円単位）の積み立てで株式を購入していく制度です。毎月一定額ずつ購入していくので、株価が安いときには多く、高いときには少なく買うことで、平均購入単価を低く抑えることができる**「ドル・コスト平均法」**の効果が期待できる手法です。

④ 信用取引

　証券会社に委託保証金（売買代金の30%以上）を差し入れて、株式を買うための資金を借りたり、売却するための株式を借りたりする取引です。取引所がルールを定めている制度信用取引と、証券会社と顧客が相対でルールを決める一般信用取引があります。

　制度信用取引では、借りた現金や株式の返済期限は最長6ヵ月となっています。6ヵ月以内に、反対売買や現引き・現渡しによる決済を行います。

2 投資指標

1. 配当利回り

> **計算式**　配当利回り（%）＝ $\dfrac{1\text{株あたり配当金}}{\text{株価}} \times 100$

　投資額（＝株価）に対してどの程度の配当金（年間ベース）が得られるかを見る指標です。配当利回りは高いほうが望ましいです。

2. 配当性向

> **計算式**　配当性向（%）＝ $\dfrac{\text{配当金総額}}{\text{税引き後利益}} \times 100$

　利益のうち何%を配当に充てているかを見る指標です。高いほうが利益を株主に還元していることにはなりますが、将来の設備投資などのための内部留保は少ないとも判断できます。高いほうがいいとは一概に言えません。

3．PER（Price to Earnings Ratio ＝株価収益率）

計算式 $\text{PER（倍）} = \dfrac{\text{株　価}}{\text{1株あたり利益}}$

　利益水準から見た株価の割安、割高を判断します。低いほど割安となりますが、絶対的な数値によっては判断できません。同業他社や業界平均などと比較するのが通常です。

> **例** **計算例**
> 以下のA社とB社の株価は、PERで比較した場合、どちらが割安か？
>
> | | 株　価 | 1株あたり利益 |
> |---|---|---|
> | A社 | 1,000円 | 50円 |
> | B社 | 800円 | 20円 |
>
> A社のPER＝1,000円÷50円＝20倍
> B社のPER＝　800円÷20円＝40倍
> したがって、A社のほうが割安だと判断できます。

4．PBR（Price to Book-value Ratio ＝株価純資産倍率）

計算式 $\text{PBR（倍）} = \dfrac{\text{株　価}}{\text{1株あたり純資産}}$

＊ 純資産＝自己資本＝資産－負債

　企業の資産価値から株価の割高・割安を判断するものです。PBR＝1倍とは、会社の解散価値と株価が同じになったことを意味すると判断できるので、PBRが1倍に近づいたら底値に近づいたと判断できるといわれます。

5．ROE（Return On Equity ＝自己資本利益率）

計算式 $\text{ROE（\%）} = \dfrac{\text{税引き後利益}}{\text{自己資本}} \times 100$

　株主から預かったお金である自己資本を元として、どれだけの利益をあげたかを見る指標です。高いほどいいといえます。

3 相場指標

1. 日経平均株価と東証株価指数（TOPIX）の相違点

	日経平均株価 （日経平均株価225種、日経225）	東証株価指数 （TOPIX）
対象銘柄	東京証券取引所プライム市場 主要225銘柄	東京証券取引所旧市場第一部 全銘柄（約2,200銘柄）
算出方法	採用銘柄の株価を合計し除数で割って求める。過去の株価との連続性を失わないように、除数に修正を加えていく修正平均株価	1968年1月4日の時価総額を100として現在の時価総額を数値化している（単位：ポイント）。その際、時価総額は浮動株比率を考慮した株式数で算出している時価総額加重型指数
特徴	株価水準の高い値がさ株の値動きに影響を受けやすい	時価総額の大きい大型株の値動きに影響を受けやすい

2. 売買高（出来高）、売買代金

　売買高（出来高）は、売買が成立した株数のことで、買い1,000株と、売り1,000株で売買高は1,000株となります。売買代金は、売買が成立した金額のことで、買い1,000万円と売り1,000万円で売買代金は1,000万円となります。

3. 時価総額

　通常、「時価総額＝株価×発行済株式数」という算式で求められ、時価総額はその企業の規模を示しているともいわれます。東証株価指数（TOPIX）を求める際の時価総額は、発行済株式数に各銘柄の浮動株比率をかけた浮動株数で計算しています。

Section 5 投資信託

ここでは
どーゆーことを
勉強するの？

❶ 投資信託の仕組みと種類を理解しましょう。
❷ 投資信託の分類を覚えましょう。
❸ 投資信託のコスト負担や情報開示資料を理解しましょう。

1 投資信託とは

投資信託とは、「複数の投資家から集めた資金を、専門家が管理・運用し、分散投資によって得られた収益を投資家の出資割合に応じて分配・還元するもの」です。

①	投資家1人あたりの資金は小口でも、多くの投資家の資金が集められ、数百億、数千億の基金（ファンド）となるため、さまざまな投資対象への分散投資や、個人では投資しにくい国々や銘柄への投資も可能になる
②	資金の管理・運用を専門家に任せられる。具体的には、資金の管理は受託銀行（信託銀行など）が、運用は投資信託会社の専門家（ファンドマネージャー）が行うので、投資家は専門家の運用手法などを享受できる
③	投資信託の運用は、原則として分散投資が行われるため、分散投資によるリスクの低減を図りながら、リターンを追求していくという、安全性と収益性を高める効果が期待できる

2 わが国の投資信託の仕組み

　大きく分けると「契約型」（法律上は、「投資信託」）と「会社型」（法律上は、「投資法人」）の2つに大別できます。ただし、1998年12月の投資信託法の改正で会社型（投資法人）が認められるまでは、日本の投資信託はすべて契約型だったため、現在も日本の投資信託は大半が契約型です。

＜契約型投資信託＞

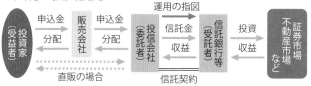

　投資家のお金は信託銀行等で管理されますが、法律上、分別管理が義務づけられていますので、投資信託のお金はどの金融機関等が破綻したとしても、直接的な影響は受けないことになっています。

＜会社型投資信託＞

　契約型の投資信託との違いは、投資家が投資主総会に参加する権利を有したり、購入や換金が株式市場などの取引所を通して行われたりする点です。投資法人の取引では、配当金や値上がり益の課税方法が株式に準じて行われる点も、大きな違いといえます。

3　投資信託の分類

1. 公募投資信託と私募投資信託

公募投資信託	一般の誰もが購入できる投資信託
私募投資信託	少人数（50人未満）、または、特定の投資家（機関投資家等）のみが購入できる投資信託

2. オープン・エンド型とクローズド・エンド型

オープン・エンド型	純資産価額に基づく発行証券（＝当該投資信託）の買い戻し（解約）を保証しているもの
クローズド・エンド型	純資産価額に基づく発行証券の買い戻し義務を持たないもの（解約できないファンド）。換金は、取引所などの市場を通じて行う

3. 証券投資信託の分類

① 株式の組み入れが可能かどうかの分類

株式投資信託	株式の組み入れが可能なもの
公社債投資信託	株式を一切組み入れることができないもの

② 追加設定（追加購入）の有無による分類

単位型 （ユニット型）	ファンドの設定後は追加設定（追加購入）ができないもの
追加型 （オープン型）	ファンドの設定後も追加設定（追加購入）が可能なもの

③ 単位型（ユニット型）の募集形態による分類

定時定形型	商品としての性格がまったく同じものを毎月募集・設定するもの
スポット型	その時々の経済情勢などにあわせて随時募集・設定されるもの

4. 運用手法による分類

① パッシブ運用とアクティブ運用

パッシブ運用	運用目標とされるベンチマーク（相場指標等）に連動した運用成果を目指す運用のしかた
アクティブ運用	運用目標とされるベンチマーク（相場指標等）を上回る収益を目指す運用のしかた

② トップダウン・アプローチとボトムアップ・アプローチ

トップダウン・ アプローチ	マクロ経済の分析を行い、どこの国、業種、銘柄にするかを絞り込む方法
ボトムアップ・ アプローチ	個別企業の訪問等による調査を行い、1つずつ銘柄をピックアップする方法

③ バリュー型とグロース型

バリュー型 （バリュー投資）	企業の実力に比べて株価が割安だと判断される銘柄を選択
グロース型 （グロース投資）	企業の成長力に着目し、今後高い成長が期待できる銘柄を選択

4 購入・換金の実際

1. 基準価額と解約価額

　ファンドに組み入れられているすべての銘柄を時価評価し、コストなどを差し引いた純資産総額を、すべての投資家の受益権の総口数で割ったものが投資信託の値段ともいえる基準価額です。追加型の投資信託は、その時々の基準価額をもとに購入や換金をするようになっています。

　なお、換金時に信託財産留保額を差し引くファンドについては、基準価額から信託財産留保額を差し引いた解約価額をもとに換金額が計算されます。

2. 収益分配金

　ファンドの運用によって得られた収益が投資家に分配されるものを収益分配金といいます。収益分配は、ファンドの決算ごとに行われるのが通常で、ファンドによって収益分配の頻度は異なります。

　なお、追加型株式投資信託の場合、投資家にとって収益に相当する部分の分配金は「**普通分配金**」として課税され、元本の払戻しに相当する部分は「**元本払戻金（特別分配金）**」として**非課税**になります。

3. 投資信託のコスト

購入時	販売手数料	販売会社へ支払う手数料。同じファンドでも販売会社によって手数料は異なる場合がある ※ MRF などの追加型公社債投資信託は無料 ※追加型株式投資信託は2～3％の手数料がかかるのが一般的だが、無手数料（＝ノーロード）のものもある
保有時	運用管理費用 （信託報酬）	毎日計上されて信託財産から差し引かれ、販売会社、委託者、受託者に分配される ※基準価額は、運用管理費用（信託報酬）が差し引かれたあとの額
解約時	信託財産留保額	解約時に差し引かれ、信託財産中に残しておく金額。信託財産に組み入れられるため、基準価額にも反映される ※一部、購入時にかかるものもあります ※もともと信託財産留保額が差し引かれないファンドもある

4. 投資信託の換金

　投資信託の換金の方法には、「買取請求」と「解約請求」という2つの方法があります。買取請求は、ファンドの受益証券を販売会社に時価で買い取ってもらう方法で、信託契約はそのまま存在し、信託財産の減少も起こりません。一方、解約請求は、投資信託会社に信託契約の解約を請求するもので、信託財産はその分減少することになります。どちらも時価で換金するかたちになるので、受渡金額は基本的に変わりません。

5. 投資信託のディスクロージャー資料

目論見書	ファンドの概要、投資方針等を説明した書面で、投資信託会社が作成 ① 交付目論見書…基本的な情報が掲載 　　　　　　　　　　販売会社に交付義務（販売前または販売時交付） ② 請求目論見書…追加的な詳細情報が掲載 　　　　　　　　　　購入者から請求があった場合のみ交付
運用報告書	ファンドの運用状況について記載した書面で、投資信託会社が決算ごとに作成し、投資家に送付。これまでの運用実績だけでなく、現在の組み入れ銘柄の一覧や、今後の運用方針なども記載されている ※決算期間が6ヵ月未満のファンドは、例外的に6ヵ月ごと ※運用報告書も、「交付運用報告書」と「運用報告書（全体版）」がある

5 代表的な投資信託

1. 主な追加型公社債投資信託

　追加型公社債投資信託としては、MRF（マネー・リザーブ・ファンド）という証券総合口座専用ファンドが代表格です。安全性の高い、満期までの期間の短い債券などで運用されていて、毎日決算を行い、毎月末に分配金を再投資する運用が行われています。証券会社における普通預金のような商品です。

MRF	1円以上1円単位で出し入れ自由の証券総合口座専用ファンド。販売手数料や信託財産留保額はかからない

2. ファンド・オブ・ファンズ

　複数の投資信託に分散投資することで運用しているファンドです。投資信託への投資を目的としているので、個別の株式などへの直接投資はできないようになっています。

3. ブル型・ベア型投資信託

　先物取引を駆使した、相場が上がると利益が出るブル型ファンドと、相場が下がると利益が出るベア型ファンドというものがあります。中には、相場の２倍の変動をするような仕組みを利用したダブル・ブル型やダブル・ベア型のファンドもあります。

4. 取引所で取引される投資信託

　一般の投資信託とは異なり、株式と同じように取引所を通じて売買する投資信託があります。その代表格が ETF と J-REIT です。取引の仕方は、通常の株式と同じで、指値注文や成行注文ができるだけでなく、信用取引も可能になっています。

ポイント講義

ETF	特定の相場指標や商品価格などに連動するように設計された投資信託。分類上は、投資法人（会社型投資信託）ではなく、投資信託（契約型投資信託）
J-REIT	上場不動産投資法人。投資家から集めたお金でマンションやオフィスビル、ショッピングモール、物流センターなどを買い、そこから得られる家賃収入を配当金として分配するファンド。クローズド・エンド型の投資法人

Section 6 外貨建て商品

ここでは
どーゆーことを
勉強するの？

❶ TTS と TTB、為替手数料について理解しましょう。
❷ 外貨預金と外貨建て MMF について理解しましょう。
❸ 外国債券の種類について理解しましょう。

1 外国為替と外貨建て商品　重要ですぅ！

　外貨建て商品は、その名のとおり、円建てではなく外貨建ての商品なので、為替レートが必ずかかわってきます。

　円を外貨に替えるレートが TTS、外貨を円に戻すレートが TTB です。例えば、TTM（仲値）が 1 ドル＝ 100 円のとき、TTS は 1 ドル＝ 101 円、TTB は 1 ドル＝ 99 円であるのが一般的です。

ポイント講義

為替手数料	円⇒外貨：TTS（対顧客電信売相場） 外貨⇒円：TTB（対顧客電信買相場） ※米ドルの場合、TTS、TTB は、TTM（仲値）を挟んで上下 1 円（往復 2 円）が一般的 この差額が金融機関等の収益となる**為替手数料**に相当し、**通貨ごと、金融機関ごとに異なる**。マイナーな通貨ほど、手数料が高くなっているのが通常 ※外貨預金より外貨建て MMF のほうが為替手数料は安いのが通常
為替変動と 為替差損益	預入時に比べ円高⇒為替差損 預入時に比べ円安⇒為替差益

2 外貨預金の仕組み

　外貨預金の大きな特徴は、適用金利がおおむね母国の金利水準になっている点です。ドル建ての外貨預金ならアメリカの金利水準、ユーロ建ての外貨預金ならヨーロッパの金利水準になります。そのほか、外貨預金の大きな特徴は以下のとおりです。

● 外貨預金の主な特徴

通貨種類	米ドル、ユーロ、英ポンド、豪ドル　など
預金種類	普通預金、定期預金　など
為替手数料	通貨ごと、金融機関ごとに異なる
中途解約	定期預金は原則不可とする金融機関も多い
その他	預金保険制度の対象外

3 外国債券

　外国債券は、発行体、発行場所、通貨のいずれかが外国である債券をいいます。外国債券のなかには、外貨建てだけでなく、円建てのものもあります。当然ながら円建てのものには為替変動リスクはありません。発行体や発行場所、払込み時・利払い時・償還時の通貨による違いをまとめると以下のようになります。

● 主な外国債券の種類

		発行体	発行場所	通貨		
				払込	利払	償還
円建て外債	サムライ債	外国	日本	円	円	円
	ユーロ円債	－	外国	円	円	円
外貨建て外債		－	－	外貨	外貨	外貨
	ショーグン債	外国	日本	外貨	外貨	外貨
二重通貨建て外債	デュアルカレンシー債	－	－	円	円	外貨
	逆（リバース）デュアルカレンシー債	－	－	円	外貨	円

4 外貨建て MMF

重要ですぅ！

外貨建て MMF（マネー・マーケット・ファンド）は、満期までの期間の短い債券などで安定的な運用が行われている外国投資信託です。株式は一切含まれていません。

ポイント講義

● **外貨建て MMF の主な特徴**

通貨種類	米ドル、ユーロ、豪ドル　など
販売手数料	無料
為替手数料	通貨ごと、金融機関ごとに異なる 米ドルだと往復1円が通常で、外貨預金の半額程度
外国証券取引口座	外国証券取引口座を開設する必要があるが、外貨建て MMF だけの利用の場合、口座管理料はかからない
信託期間	無制限（＝満期なし）
換　　金	為替手数料以外の手数料はかからない。短期間の換金でも信託財産留保額は差し引かれない

Section 7 ポートフォリオ運用

ここでは
どーゆーことを
勉強するの？

❶ ポートフォリオ運用の必要性を理解しましょう。
❷ リスクとリターンについて理解しましょう。
❸ 分散投資による効果を理解しましょう。

1 ポートフォリオ運用の必要性

 ポートフォリオって？

1. ポートフォリオ

　ポートフォリオとは、もともと「紙ばさみ」や「書類かばん」という意味の言葉ですが、さまざまな書類をひとつの紙ばさみに入れることから転じて、現在では、資産をさまざまな商品に分散し組み合わせることを指す言葉として用いられています。

　資産運用の世界におけるさまざまなリスクといった場合、一般的には次の5つが挙げられ、さまざまな金融商品ごとの特性を理解し、上手に組み合わせて、さまざまなリスクに備えていくといったスタンス（＝ポートフォリオ運用）が重要だといえるでしょう。

<主なリスク>
● インフレリスク…物価上昇によってお金の価値が目減りするリスク
● 金利変動リスク…金利変動によって収益が変動するリスク
● 価格変動リスク…価格変動によって収益が変動するリスク
● 為替リスク…為替の変動によって保有資産の価値が変動するリスク
● 信用リスク（デフォルト・リスク）…株式や債券などの発行体や金融機関が破綻することによって収益が変動するリスク

2. 金融商品の性格による分類

　金融商品は、それぞれが持つ「安全性」「流動性」「収益性」の度合いに応じて分類することができます。

　「安全性」とは、文字どおり元本の安全性です。

　次に「流動性」とは、金融商品の途中換金や途中解約がどの程度しやすいかを指すものです。

　そして「収益性」とは、将来どの程度の収益が期待できるかを指すものです。収益には、利息や配当金などのような**インカムゲイン**と、株価の値上がり益のような**キャピタルゲイン**がありますが、収益性が高いか低いかというときは、その両方を加味して判断されます。

　収益性と安全性については、トレードオフの関係が成り立っているといわれます。つまり、収益性を重視すれば安全性が劣り、安全性を重視すれば収益性が劣るという関係です。

＜安全性に優れた金融商品＞
　普通預金、定期預金、通常貯金、定期貯金、定額貯金　　など
＜流動性に優れた金融商品＞
　普通預金、通常貯金　　など
＜収益性に優れた金融商品＞
　株式、株式投資信託、外国株式、外貨建て債券　　など

---

3. 金融商品の選択

①「目的」「時期」「金額」を明確にする

　例えば、3年後の子供の大学入学資金に200万円のお金が必要だとすると、満期まで3年を超える流動性の低い商品は適していませんし、収益性よりも安全性を重視すべき資金でしょうから、株式や株式投資信託、外貨建ての商品などは適していないと判断できます。

　このように、資金の目的、時期、金額を明確にすると、選ぶべき金融商品を絞っていくことができ、これによって導き出されたポートフォリオが、その人にとって無難なポートフォリオであると考えられます。

② 金利水準に応じた選択

　今後の金利動向を正確に予測することは不可能ですが、おおまかにでも現状の金利の局面がわかれば、次のように商品を考えていくことができます。

> **＜金利の局面における適した商品＞**
> 1）金利の上昇局面…金利の上昇によって適用金利が上がる変動金利のもの。固定金利商品の場合は満期が短いもの
> 2）金利のピーク時…金利下落の影響を受けない長期の固定金利商品
> 3）金利の下降局面…さらなる金利下落に備えた比較的長期の固定金利商品
> 4）金利のボトム時…金利上昇に対応できるような短期のもの。
> 　　　　　　　　　変動金利商品

2 ポートフォリオ理論の基礎

1．リターンとリスク

　リターンは、インカムゲイン（利息や配当）とキャピタルゲイン（値上がり益）の合計ですが、将来のリターンを考える場合は、可能性のある複数の収益率のそれぞれの確率を考慮した加重平均値（＝期待値）で考えるのが通常です。将来のリターンを**期待収益率**とか**期待リターン**と呼びます。

　リスクは、将来の収益率の**不確実性**とか、将来の値動きのブレの度合いを示したものといわれます。値動きのブレが大きいほどリスクは大きく、ブレが小さいほどリスクは小さいと考えるわけです。ポートフォリオ理論においては、このブレの度合いを**分散**や**標準偏差**の数値で計ろうとしています。

2．ポートフォリオのリターンとリスク

　複数の商品を組み合わせたポートフォリオのリターンは、それぞれの商品のリターンの組み入れ割合を考慮した**加重平均値**になります。具体的には、それぞれの商品の期待リターンに組み入れ割合を掛けて合計すれば、ポートフォリオの期待リターンが求められます。

　一方、ポートフォリオのリスク（標準偏差）は、結論から言うと、それぞ

れの商品のリスク（標準偏差）の**加重平均以下**になります。これが、分散投資によるリスク低減効果を意味しています。

3. 相関係数

分散投資によってどの程度リスクが低くなるのかに関係してくるのが、組み合わせた商品同士の相関関係です。簡単に言えば、値動きが似ているもの（正の相関）を組み合わせるよりも、値動きが逆のもの（負の相関）を組み合わせたほうが、全体のブレがより小さくなるので、リスクが低くなるといえます。この相関関係を計るモノサシが相関係数です。相関係数は、必ず－1から＋1までの値になります。

ポイント講義

相関係数＝－1	完全なる負の相関。リスク低減効果は最大になる Aが値上がりしたら、Bは必ず値下がりする
相関係数＝±0	無相関（値動きに関連性がない） Aが値上がりしたら、Bは値上がりすることもあれば、値下がりすることもある
相関係数＝＋1	完全なる正の相関。リスク低減効果はなし （＝リスクも加重平均値に） Aが値上がりしたら、Bも必ず値上がりする

ワンポイント

相関係数が＋1未満であれば、多少なりともリスク低減効果は得られます。

金融商品と税金、セーフティネット

ここでは
どーゆーことを
勉強するの？

❶ 金融商品にかかわる税金について理解しましょう。
❷ 特に株式に関する税金について覚えましょう。
❸ セーフティネットについて理解しましょう。

1 預貯金と債券の税金

1. 預貯金

　預貯金の利息（利子）は、利子所得として、復興特別所得税込みで20.315%（所得税15.315%＋住民税5％）の源泉分離課税となります。利払い時に金融機関が利息から差し引き、まとめて納税していますので、税引後の利息を受け取るだけで確定申告も必要ありません。

2. 債　券

　債券に関する税金は、2016（平成28）年1月から、利付債の利息については20.315%の源泉徴収後、申告不要または申告分離課税の選択。償還差益および売却益については、上場株式等の譲渡所得と同様の取扱いとして合算されるようになりました。

2 証券税制

1. 上場株式等

　株式と同様の証券税制が適用されるのは、税法上、「上場株式等」に該当するものになります。ここでいう上場株式等とは、以下のような商品です。

- 国内外の取引所に上場している株式
- ETF、J-REIT
- 公募株式投資信託　　など

2. 上場株式等の配当金（分配金）

　配当所得に該当しますが、上場株式等の配当金（分配金）については、20.315%（所得税15.315%＋住民税5%）の源泉徴収が行われて、確定申告はしなくてもかまいませんが、確定申告をする場合は、総合課税か申告分離課税を選択できるようになっています。

　なお、公社債投資信託の分配金は、債券と同じ20.315%の源泉徴収となり、申告不要か申告分離課税の選択で、公募株式投資信託の分配金が上場株式等の配当金（分配金）に該当します。投資家の個別元本に応じて計算される「普通分配金」は課税されますが、投資家の元本の払戻しに相当する部分である「元本払戻金（特別分配金）」は非課税になります。

＜上場株式等の配当金（分配金）についての選択肢＞

申告不要	何もしない	配当金（分配金）の金額にかかわらず、20.315%の源泉徴収のみで課税関係は終了
総合課税	申告をする	他の所得と合算して税金を再計算する。税額控除である配当控除の特典あり
申告分離課税		他の所得とは合算しない。上場株式等の譲渡損と損益通算することができる

3. 上場株式等の譲渡益・譲渡損

　上場株式等の譲渡益・譲渡損は、譲渡所得として原則は申告分離課税です。確定申告をして、他の所得とは合算せずに、年間トータルの利益に対して、20.315%（所得税15.315%＋住民税5%）の税金を納めます。

　一方、年間トータルで損失が発生していた場合は、税金がかからないだけでなく、確定申告をすることによって、翌年以降最大3年間、損失の繰越控除が可能になります。

4. 特定口座

　一般の個人投資家には、確定申告に慣れていない会社員や主婦などもいるので、確定申告を不要にできる「特定口座」の制度があります。特定口座は、1金融機関につき1つだけ作ることができます。

特定口座を作った場合、年1回、最初の売却の際に「源泉徴収あり」か「源泉徴収なし」かを変更することができます。「源泉徴収あり」は、税額の計算や納税を金融機関がやってくれて申告も不要なので楽ですが、損失の繰越控除や、複数の金融機関での損益の通算は確定申告が必要です。一方、「源泉徴収なし」は、自分で申告して納税しなければなりませんが、金融機関が年間取引報告書を作ってくれるので、それを申告書に添付するだけの簡単な申告で済むメリットがあります。

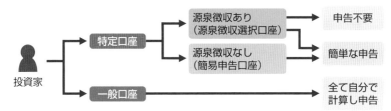

5. 少額投資非課税制度（NISA（ニーサ））

　18歳以上の居住者が1人1口座だけ作ることができる非課税口座です。

　2024年から、NISAの制度が大幅に拡充されました。つみたて投資枠120万円と成長投資枠240万円の合計360万円まで非課税で投資ができ、非課税期間は無期限となりました。ただし、生涯投資枠1,800万円（うち成長投資枠1,200万円）という上限が設定されました。

● **新しいNISAの概要（2024年1月から適用）**

	つみたて投資枠	併用可　成長投資枠	
年間投資枠	120万円	240万円	
非課税保有期間	無期限化	無期限化	
非課税保有限度額（総枠）	1,800万円		
		1,200万円（内数）	
口座開設期間	恒久化	恒久化	
投資対象商品	金融庁の基準を満たした投資信託に限定	上場株式・投資信託等（一部の商品を除く）	

3 外貨建て商品の税金

1. 外貨預金と外貨建て MMF

	利息（分配金）	為替差益
外貨預金 （先物予約なし）	20.315% 源泉分離課税	雑所得として総合課税
外貨預金 （先物予約あり）	合算して 20.315%源泉分離課税	
外貨建て MMF	20.315%源泉徴収	上場株式等の譲渡所得と 同様の取扱い

2. 外国債券

　外国債券への課税は、特定公社債に該当するものは基本的に国内債券と同様の取扱いになります。

4 預金保険制度

1. 預金保険機構

　日本国内に本店のある以下の金融機関は、預金保険機構に加入することが法律で義務づけられています。ただし、日本に本店のない外国銀行の支店や、日本に本店のある銀行等であっても海外の支店は対象外です。

> 銀行（ゆうちょ銀行も含む）、信託銀行、信用金庫、信用組合、労働金庫、信金中央金庫、全国信用協同組合連合会、労働金庫連合会

　なお、農協（JA）、漁協などの場合は、農水産業協同組合貯金保険機構があり、貯金保険制度を運営しています。

2. 保護される金額と対象商品

重要ですぅ！

　以下の３つの条件をすべて満たしている**決済用預金**は、金額にかかわらず全額保護となります。

> ① 無利息（利息が全くつかない）
> ② 要求払い（いつでも出せる）
> ③ 決済サービス提供（引き落としなどができる）

　決済用預金以外については、下表の左側の付保預金についてのみ、１金融機関につき、１人あたり、元本 1,000 万円とその利息までが保護の対象です。

ポイント講義

＜付保預金と付保預金でない金融商品の具体例＞

付保預金	付保預金でない金融商品の例
当座預金、普通預金、貯蓄預金、定期預金、定期積金、保護預かり専用の金融債、元本補填契約のある金銭信託　　など	**外貨預金**、**譲渡性預金**、元本補填契約のない金銭信託、**国債**、社債　など

5　投資者保護基金

　まず基本として、証券会社は顧客の資産を預かったとしても、法律上、**分別管理**が義務づけられています。したがって、証券会社が破綻しても、顧客の財産は直接的な影響を受けることはありません。

　それでは何のために投資者保護基金があるのかというと、証券会社の役員や社員などが、法律違反を犯して顧客の財産を使い込んでしまった場合など、何らかの理由で顧客に資産を返還できないような事態が発生した際に、投資家１人あたり**最高 1,000 万円まで補償**する仕組みとして存在しています。

Section 9 関連法規

ここでは
どーゆーことを
勉強するの？

❶ 金融サービス提供法について理解しましょう。
❷ 消費者契約法について理解しましょう。

1 金融サービス提供法（旧金融商品販売法）

1．金融商品販売業者の説明義務の明確化

　金融商品については、預貯金、信託、保険、有価証券等を幅広く対象としていますが、商品先物取引（国内）やゴルフ会員権などは対象外です。

　そして、金融商品販売業者に対し、次のような金融商品の有するリスク等に係る重要事項の説明を義務づけています。

① 元本欠損（＝元本割れ）が生ずるおそれがある場合は、そのリスクの内容
② 当初元本を上回る損失が生じるおそれがある場合は、そのリスクの内容
③ 権利行使期間の制限または解約期間の制限がある場合は、その内容
④ 取引の仕組みのうち重要な部分

ワンポイント

顧客がいわゆるプロ（特定投資家）として政令で定める者である場合や、顧客が説明を要しない旨の意思の表明をした場合は、説明は不要です。

2．説明義務違反に対する損害賠償責任

　金融商品販売業者が顧客に重要事項を説明しなかった場合、または、断定的な判断の提供によって勧誘が行われた場合は、損害賠償責任を負うものとし、元本欠損（元本割れ）額をその損害額と推定します。

3. 金融商品販売業者の勧誘の適正の確保

　金融商品販売業者は、勧誘の適正の確保に努めなければならない旨が規定されました。

2 消費者契約法

1. 対象となる契約

　消費者（個人）が事業者と締結する契約で、労働契約を除く全ての契約（当然ながら、金融商品の売買に関する契約も含まれます）です。

2. 契約の取消し・無効

　事業者の次のような行為により消費者が誤認・困惑して契約した場合、その契約を取り消すことができます。

> ① 取引の重要事項について、事実と異なることを告げる。
> ② 将来における価額、将来の受取り金額、その他の将来の変動が不確実な事項について断定的な判断を提供する。
> ③ 取引の重要事項またはそれに関連する事項について、消費者の利益となる旨を告げ、かつ、重要事項について消費者の不利益となる事実を故意に告げない。
> ④ 消費者の住居または業務を行っている場所から退去しない。
> ⑤ 勧誘場所から消費者を退去させない。

　また、事業者の損害賠償の責任を免除する条項や、その他の消費者の利益を不当に害することとなる条項の全部または一部を無効とすることができます。

3. 取消権の行使期間

　契約の取消権は、追認をすることができる時から1年、または契約締結の時から5年を経過したとき、時効によって消滅します。

第4章
タックスプランニング

税金の問題は大切だけど、税理士法上、税金について個別
具体的な税務相談に応じちゃいけないんだったよネ。
でも、プランニングする上で税金の知識が必要なんだよ。

Section 1 所得税の仕組み

ここでは
どーゆーことを
勉強するの？

❶ 申告納税方式をとっている所得税のあらましを理解しましょう。

❷ 総合課税、源泉分離課税、超過累進税率といった所得税の計算の概略を理解しましょう。

❸ 所得税の納税義務者を覚えましょう。

1 所得税の仕組み

　所得税の仕組みって、どーなってるの？

1. 申告納税方式

　所得税は、**個人**が得た1暦年（1月1日から12月31日まで）の所得を対象として、納税者本人が税額を計算します。そして、これを**翌年の2月16日から3月15日まで**の間に、税務署に**確定申告**を行い納税する**国税**です。これを**申告納税方式**といいます。

※「所得」とは、1年間の収入からそれを得るために必要となった経費を差し引いた金額のことです。

> **計算式**　所得金額＝1年間の収入－必要経費

> **ワンポイント**
>
> 会社員などの「**給与所得者**」の場合は、毎月支給される給与から所得税が**源泉徴収**（天引き）され、年末に**年末調整**が行われるため、一定の要件に該当しない限り、確定申告をする必要はありません。

<参考>わが国の税制

国税：所得税、法人税、相続税、贈与税　など

地方税：事業税、固定資産税　など

※国や地方公共団体など課税する側（課税主体という）が税額を計算し、納税者に通知する方式を賦課課税方式といいます。住民税、事業税、固定資産税などがあります。

2．総合課税

　各種所得の金額を合計し、その金額に応じた税率を乗じて計算をする方法です。所得税は、総合課税を原則としています。

3．分離課税

　10種類の所得のうち、一定の所得（分離短期譲渡所得、分離長期譲渡所得、株式等に係る譲渡所得、山林所得、退職所得）については、総合課税ではなく、それぞれのやり方で税額を計算します。

4．源泉分離課税

　所得の支払いを受けるときに、適正な税額が源泉徴収され、それをもって課税関係が終了する方法です。

5．非課税所得

　所得税が非課税となる所得もあります。

＜主な非課税所得＞

・通勤手当（月額15万円まで）

・生活に通常必要な動産（家具、衣服等）の譲渡による所得（1個または1組の価額が30万円を超えるものは除く）

・障害年金、遺族年金

・雇用保険、公的医療保険、労災保険の給付金

・資産の損害に対する損害保険金、損害賠償金、見舞金等

・宝くじの当選金

2　所得税の納税義務者

① 日本国内に住所がある人は、原則**すべての所得**に対して課税されます。

② 日本国内に住所がない人は、**国内で得た所得については課税され、国外で得た所得については課税されません。**

3　所得税の計算方法

１．各所得の金額の計算

10種類の所得ごとに、所得の金額の計算をします。

２．課税所得金額の計算

各所得を総合し、損益通算や繰越控除をした後の金額（課税所得金額）から、所得控除額を差し引いて算出します。

３．算出所得税額の計算

課税所得金額に、税率を乗じて計算します。

４．所得税および復興特別所得税の申告納税額の計算

算出した所得税額から税額控除を差し引いた金額を求め、その額に2.1%を乗じ復興特別所得税額も算出します。合わせた金額から源泉徴収税額などを差し引いた金額が申告納税金額となります。

各種所得の内容①
（利子所得・配当所得・不動産所得・事業所得）

ここでは
どーゆーことを
勉強するの？

❶ 利子所得の内容と納税方式を理解しましょう。
❷ 配当所得の内容と納税方式を理解しましょう。
❸ 不動産所得の内容や譲渡所得との関係を理解しましょう。
❹ 事業所得の内容と必要経費、減価償却費の計上について理解しましょう。

所得にはどんなものがあるの？

1 利子所得

重要ですぅ！

　利子所得は、**預貯金や公社債の利子、合同運用信託や公社債投資信託の収益分配金**などに係る所得をいい、支払いを受ける際に一律**20.315%（所得税及び復興特別所得税15.315%、住民税5％）**が源泉徴収されます。預貯金の利子などは、源泉徴収税額だけで納税が完結する**源泉分離課税**の対象で確定申告は必要ありません。特定公社債の利子、公社債投信の収益分配金などは、**申告分離課税**または**申告不要**の選択適用となります。

> 利子所得の金額＝利子等の収入金額（源泉徴収される前の金額）

2 配当所得

1. 配当所得

　株主が法人から受け取る**配当金や投資信託（公社債投資信託を除く）の収益分配金**などに係る所得をいいます。配当等の支払いの際に原則20.42%の所得税および復興特別所得税（地方税なし）が源泉徴収されます。**大口株主以外が受け取る上場株式等の配当等の場合は、20.315%（所得税および復興特別所得税15.315%、住民税5％）が源泉徴収**されます。

計算式 配当所得の金額＝収入金額（源泉徴収税額控除前）ー負債利子

2. 総合課税と申告分離課税

配当所得は、原則総合課税の対象ですが、**上場株式等の配当所得については申告分離課税を選択することができます**。総合課税の対象とした配当所得は、一定のものを除き配当控除（Section 6 **3**）の適用を受けることができますが、**申告分離課税を選択したものについては配当控除の適用を受けることはできません**。

3. 確定申告不要制度

上場株式等の配当所得は、金額にかかわらず確定申告をしなくてもよいこととされています。また、この制度を選択した場合も、**配当控除の適用は受けられません**。

3 不動産所得

1. 不動産所得

不動産所得とは、土地や建物などの不動産、地上権など不動産の上に存する権利の**貸付け**などによる所得をいいます。課税方法は総合課税となり、確定申告が必要です。

計算式 不動産所得の金額＝総収入金額ー必要経費ー青色申告特別控除額※

※青色申告者の場合：「Section 8 **青色申告制度**」参照

ワンポイント

試験では、「事業的規模による不動産の貸付は事業所得」という問題がよく見られますが、不動産の貸付による所得は、その規模に関係なく不動産所得です。注意しましょう。

2．収入に計上するもの

　地代、家賃収入、礼金、名義書換料、**敷金や保証金（返還を要しないもの）**などです。

返還を要する敷金や保証金は収入には計上しません。

3．必要経費に計上するもの

　貸付不動産に係る固定資産税や、損害保険料、減価償却費、修繕費、借入金利子などです。

借入金元本返済額や所得税・住民税は必要経費とはなりません。

4．譲渡所得との関係

　借地権の設定対価として支払いを受ける権利金は**不動産所得**ですが、その権利金の額が土地の時価の2分の1を超える場合は**譲渡所得**となります。

4　事業所得

1．事業所得

　農業、漁業、製造業、小売業、卸売業、サービス業その他の事業から生じる所得をいいます。**不動産貸付業に係る所得は事業所得ではなく、不動産所得**になります（不動産の貸付けによる所得は、不動産所得）。課税方法は総合課税です。

> **計算式**　**事業所得の金額＝総収入金額－必要経費－青色申告特別控除額**※

※青色申告者の場合：「Section 8　**青色申告制度**」参照

2．必要経費に計上するもの

　事業所得の必要経費は、**収入を得るために直接必要な**商品の仕入れ代や給与などの人件費、家賃や**減価償却費**となります。

3．減価償却費

　事業に用いられる建物、備品、車両運搬具などの固定資産は、時の経過により少しずつその価値が下がっていきます。そこでこれら固定資産の取得に要した金額は、取得時に全額必要経費にするのではなく、**使用可能期間で分割して必要経費として計上**していきます。これを減価償却といいます。**土地**のように時の経過により価値が減少しない資産については、**減価償却の対象とはなりません。**

　なお、償却資産のうち、**使用可能期間が1年未満、取得価額10万円未満**のものについては、**取得価額をその年の必要経費に算入**します。

　減価償却の方法には、**「定額法」**と**「定率法」**があり、選ぶことができますが、**建物等**は**定額法**しか認められません。また、所轄税務署長に償却方法選定の届出を提出していない場合は、「定額法」が償却方法となります（法定償却方法）。

> **＜選定できる減価償却方法＞**
> ①　建物…定額法
> ②　2016年4月1日以後取得の建物附属設備および構築物…定額法
> ③　①、②以外…定額法または定率法（法定償却方法は定額法）

各種所得の内容②
（給与所得・退職所得・譲渡所得
・山林所得・一時所得・雑所得）

ここでは
どーゆーことを
勉強するの？

❶ 給与所得の特徴や非課税、給与所得控除について理解しましょう。

❷ 退職所得の内容や計算の仕方、課税方法を覚えましょう。

❸ 譲渡所得の内容や計算の仕方を覚えましょう。

❹ 一時所得の内容や計算の仕方、特別控除について理解しましょう。

❺ 雑所得の内容や計算の仕方についてや、公的年金控除額について理解しましょう。

1 給与所得

重要ですぅ！

1. 給与所得

給与所得とは、勤務先から受け取る給与や賞与が該当します。ただし、給与とともに支給される**通勤手当は月額15万円までが非課税**となります。

> **計算式** 　給与所得の金額＝給与収入－給与所得控除額

2. 給与所得控除額

給与所得は明確な必要経費を把握することは困難です。そこで、**概算経費**として「**給与所得控除額**」を収入から控除することにしています。

＜給与所得控除額＞

給与収入金額	給与所得控除額
180万円以下	収入金額×40％－10万円（最低55万円）
180万円超360万円以下	収入金額×30％＋8万円
360万円超660万円以下	収入金額×20％＋44万円
660万円超850万円以下	収入金額×10％＋110万円
850万円超	195万円（上限）

3．所得金額調整控除

　子育て等に配慮する観点から、給与所得金額から一定額を控除し負担を軽くする制度が所得金額調整控除です。

（1）介護・子育て世帯の場合

　給与等の収入金額が850万円を超える者で、本人が特別障害者に該当、または23歳未満の扶養親族、もしくは特別障害者である同一生計配偶者・扶養親族がいる場合、給与所得の金額から以下の金額を控除します。

> **計算式**　所得金額調整控除額
> 　　＝（給与等の収入金額※－850万円）× 10%

※ 1,000万円を限度

（2）給与収入と公的年金等の受給がある場合

　給与所得と公的年金等に係る雑所得の金額の合計額が10万円を超える場合、給与所得の金額から以下の金額を控除します。

> **計算式**　所得金額調整控除額
> 　　＝給与所得の金額※＋公的年金等に係る雑所得の金額※－10万円

※いずれも10万円を限度

4．課税方法

　給与等の支払者は、給与等の支払いの際に所得税を源泉徴収し、年末において適切な所得税額を計算して、源泉徴収した税額との過不足を精算します（**年末調整**）。これにより**給与所得者は基本的に確定申告が不要**となります。ただし、次の場合などは給与所得者であっても確定申告が必要です。

＜給与所得者で確定申告が必要な場合＞

・年収が2,000万円を超える場合

・給与所得、退職所得以外の所得の金額が20万円を超える場合

・複数の会社から給与等を受けている場合、など

2 退職所得

1. 退職所得

　退職所得とは、退職したことにより勤務先から**一時**に受け取る退職手当金等をいいます。**年金形式で受け取るものは退職所得にはならず、雑所得**となります。

> **計算式**　退職所得の金額＝（退職収入ー退職所得控除額）×1／2

2. 退職所得の額の計算

　退職金収入には必要経費はないはずですが、給与所得同様、概算経費という形で「退職所得控除額」を控除することができます。また、退職所得では、**収入から退職所得控除額を控除した後の金額をさらに2分の1にする**ことにより、税負担の軽減を図っています。

　ただし、次の場合は2分の1の適用はありません。

①法人の役員等として勤続年数が5年以下である者の役員勤続年数に対応する退職金

②役員でない者で勤続年数が5年以下の者の退職金で、収入金額から退職所得控除額を控除した残額のうち、300万円を超える部分

ポイント講義

<＜退職所得控除額＞>

勤続年数	退職所得控除額
20年以下	40万円×勤続年数（最低80万円）
20年超	800万円＋70万円×（勤続年数 － 20年）

※勤続年数の端数は**1年に切り上げ**ます。
※障害者になったことで退職した場合、上記金額に100万円が
　加算されます。

ワンポイント
試験では 2 分の 1 を忘れやすいので気を
つけましょう。

3. 退職所得の課税方法

退職所得は、他の所得と総合せず、別に計算を行う**分離課税**です。勤務先に「**退職所得の受給に関する申告書**」を提出している場合は、支払いを受ける際に**適正額の所得税**（Section 6 **1** 4.）**および住民税が源泉徴収され、原則として確定申告は必要ありません。**「退職所得の受給に関する申告書」を提出していない場合は、**収入金額× 20.42％の所得税及び復興特別所得税が源泉徴収され、確定申告で精算**をします。

3 山林所得

山林所得とは、山林を伐採して譲渡したり、立木のままで譲渡することによって生ずる所得をいいます。ただし、所有期間が 5 年以内の譲渡の場合は、事業所得または雑所得になります。また、山ごと（土地付き）山林を譲渡した場合は、土地部分は譲渡所得になります。課税方法は分離課税で確定申告が必要です。

 山林所得の金額＝総収入金額－必要経費
　　　　　　　　　－特別控除額（最高 50 万円）－青色申告控除額※

※青色申告者の場合：「Section 8　**青色申告制度**」参照

4 譲渡所得

1. 譲渡所得

譲渡所得とは、不動産や株式、書画骨董品、ゴルフ会員権等の資産の譲渡による所得をいいます。譲渡する資産が土地・建物、株式なら**分離課税**、それ以外なら**総合課税**となります。

2. 譲渡所得の区分

所有期間 ＼ 譲渡資産	不動産・株式以外の資産	土地・建物など不動産	株式等
5年以下	総合短期	分離短期	短期・長期の区分なく分離
5年超	総合長期	分離長期	

　所有期間は5年以下と5年超で分けられますが、土地・建物、株式等以外の資産の譲渡の場合は、「取得日から譲渡日までの期間」、土地・建物の譲渡の場合は、「取得日から譲渡日の属する年の1月1日までの期間」で判断します。

3. 譲渡所得金額の計算

　譲渡所得の額は、収入金額から**取得費**と**譲渡費用**を控除して計算します。取得費とは、譲渡する資産の取得に要した費用で、譲渡費用は、今回の譲渡に際しての費用のことです。なお、取得費が不明な場合や実際の取得費が収入金額の5％に満たない場合は、「収入金額×5％」を取得費とすることができます（概算取得費）。

　さらに、**総合譲渡所得については50万円の特別控除額**がありますが、50万円というのは総合短期と総合長期を合わせての金額であり、順番として**まず総合短期譲渡所得から控除**します。総合短期から控除して、まだ控除額の残りがある場合、総合長期から控除することができます。

　また、総合**長期**譲渡所得は、他の所得と総合する際に、下記の計算式で算出した所得金額の2分の1の金額を総合（合計）しますので、注意しましょう。

計算式
　・総合課税の譲渡所得の金額
　　＝総収入金額－（取得費＋譲渡費用）－特別控除額（最高50万円）
　・分離課税（不動産）の譲渡所得の金額
　　＝総収入金額－（取得費＋譲渡費用）

1．一時所得

　一時所得とは、本業などの継続的行為以外から生じた**一時の所得**をいいます。クイズの賞金や**生命保険等の満期保険金、法人からの贈与により取得した金品**などが該当します。課税方法は総合課税です。

2．非課税とされるもの

　一時所得のうち、非課税とされるものもあります。

① 宝くじの当選金
② 相続、遺贈、贈与（個人から）による所得（これらのものは相続税・贈与税の課税対象となります）
③ 慰謝料や損害賠償金

3．一時所得の金額の計算

　一時所得の金額は、収入から支出金額を控除した後に、さらに **50 万円の特別控除**をして求めます。そして、他の所得と総合する際には、所得金額の2分の1だけを総合します。

> **計算式**
> **一時所得の金額**
> **＝総収入金額－支出した金額－特別控除額（最高 50 万円）**

ワンポイント

総合する際の2分の1という扱いは、この一時所得と総合長期譲渡所得の2つなので、試験のときには注意すべきポイントです。

6 雑所得

1. 雑所得

　雑所得とは、**他の９種類の所得に該当しない所得**をいいます。**公的年金や生命保険契約等に基づく年金**、作家以外の人が受ける原稿料や講演料などが該当します。課税方法は総合課税です。

2. 雑所得の金額の求め方

　雑所得の金額は、①**公的年金等の雑所得**と、②**その他の雑所得との合計額**で求めます。また、公的年金等の雑所得は、概算経費として「**公的年金等控除額**」で計算した額を控除します。

> **計算式**
>
> 雑所得の金額＝① 公的年金等の雑所得 ＋ ② その他の雑所得
> ① 公的年金等の雑所得＝収入金額 － 公的年金等控除額
> ② その他の雑所得＝総収入金額 － 必要経費

＜公的年金等雑所得速算表＞

年齢区分	公的年金等の収入金額の合計 (A)	公的年金等雑所得の金額 公的年金等雑所得以外の所得に係る合計所得金額		
		1,000万円以下の場合	1,000万円を超え 2,000万円以下の場合	2,000万円を超える場合
65歳未満	130万円以下	(A) － 60万円	(A) － 50万円	(A) － 40万円
	130万円超 410万円以下	(A) ×0.75 － 27万5千円	(A) ×0.75 － 17万5千円	(A) ×0.75 － 7万5千円
	410万円超 770万円以下	(A) ×0.85 － 68万5千円	(A) ×0.85 － 58万5千円	(A) ×0.85 － 48万5千円
	770万円超 1,000万円以下	(A) ×0.95 － 145万5千円	(A) ×0.95 － 135万5千円	(A) ×0.95 － 125万5千円
	1,000万円超	(A) － 195万5千円	(A) － 185万5千円	(A) － 175万5千円
65歳以上	330万円以下	(A) － 110万円	(A) － 100万円	(A) － 90万円
	330万円超 410万円以下	(A) ×0.75 － 27万5千円	(A) ×0.75 － 17万5千円	(A) ×0.75 － 7万5千円
	410万円超 770万円以下	(A) ×0.85 － 68万5千円	(A) ×0.85 － 58万5千円	(A) ×0.85 － 48万5千円
	770万円超 1,000万円以下	(A) ×0.95 － 145万5千円	(A) ×0.95 － 135万5千円	(A) ×0.95 － 125万5千円
	1,000万円超	(A) － 195万5千円	(A) － 185万5千円	(A) － 175万5千円

Section 4 所得税の損益通算

ここでは
どーゆーことを
勉強するの？

❶ 損益通算ができる不・事・山・譲の４つの所得を覚えましょう。
❷ 不・事・山・譲でも損益通算が認められないものを覚えましょう。
❸ 損失の繰越控除のしくみを理解しましょう。

1 損益通算

損益通算って？

　一定の所得で生じた損失（赤字）は、他の黒字の所得と通算することができます。これを損益通算といいます。損益通算ができる所得は、不動産所得、事業所得、山林所得、譲渡所得の４つです。４つ以外の所得でマイナスが発生しても、他の所得との損益通算はできません。

> **ワンポイント**
> 損失を損益通算できる４つの所得は、「富士山上（ふじさんじょう）＝不・事・山・譲」と覚えましょう。

2 損益通算が認められないもの

　不・事・山・譲の４つの所得の損失でも、損益通算が認められないものもあります。

① 生活に通常必要でない資産の譲渡損失

② 株式等の譲渡損失（例外として損益通算できるものもある）

③ 一定の居住用財産の譲渡損失以外の土地・建物等の譲渡損失

④ 不動産所得の損失で土地取得のために要した借入金利子

3 損失の繰越控除

1．純損失の繰越控除

損益通算の対象となる損失のうち、損益通算しても控除しきれない損失の額（純損失）は、一定要件を満たすことで、翌年以後3年間繰り越し、各年の黒字から控除することができます。青色申告者の場合は、純損失の金額を控除することができますが、白色申告者の場合は、繰り越せるのは一定の損失に限定されます。

2．雑損失の繰越控除

所得控除の一つである雑損控除をしても控除しきれない損失の額（雑損失）は、**翌年以後3年間**繰り越し、各年の黒字から控除することができます。雑損失の繰越控除は、青色・白色問わず適用を受けられます。

Section 5 所得税の所得控除

❶ 主な控除の内容を理解しましょう。

ここでは
どーゆーことを
勉強するの？

どんな所得控除が受けられるの？

　所得税では、各納税者の個人的事情を考慮し所得控除制度があります。それぞれの所得控除の要件に該当する場合、各所得の金額の合計額から所得控除の額を控除することができ、結果的に所得税（住民税）が軽減されます。所得税では所得控除は **15 種類**あります。ここでは、試験的に重要な主な控除を整理していきます。

1 医療費控除

　本人または生計を一にする配偶者やその他の親族のために医療費を支払った場合（その年の 1 月 1 日から 12 月 31 日までの間に支払った医療費）に適用を受けることができます（**最大 200 万円**）。確定申告が必要となります。

計算式
　医療費控除額
　＝（支払った医療費－保険金等で補てんされる金額）－ 10 万円※

※総所得金額× 5%が 10 万円に満たない場合はその金額

　対象となる医療費は、治療等を目的とした費用や薬代などで、美容整形費や健康増進や予防のための健康食品代などは対象とはなりません。また、健康診断料や人間ドック代も対象外ですが、**それにより重大な疾病が見つかり、かつ治療した場合は控除対象**となります。

● セルフメディケーション税制（医療費控除の特例）

　健康保持増進および疾病予防のため一定の健康診査などの取り組みを行っている者が、本人または生計を一にする配偶者や親族の特定一般医薬品等※の購入代金を支払った場合、購入費用 12,000 円を超えた金額を控除できる（88,000 円限度）セルフメディケーション税制の適用を受けることができます。ただし、原則の医療費控除との選択適用となります。

※「特定一般医薬品等」とは、処方薬から市販薬に転化した医薬品をいいます。

計算式　控除額＝支出した額－ 12,000 円
　　　　　　※ 控除額の上限 88,000 円

2 社会保険料控除

　本人または生計を一にする配偶者やその他の親族の負担すべき社会保険料を支払った場合、その**全額**が控除対象となります。

3 生命保険料控除

　所定の生命保険契約に係る保険料を支払った場合に、一定の金額を所得から控除することができます。**2012 年より「介護医療保険料控除」が新設**されて３種類になり、**控除限度額の見直し**も行われました。

1．一般の生命保険料控除

　保険金受取人が、保険料負担者またはその配偶者その他の親族である保険契約の保険料が対象となります。

2．介護医療保険料控除

　2012 年 1 月 1 日以後に締結した**介護または医療に関する保障を内容とする保険契約の保険料**で、保険金受取人が、保険料負担者またはその配偶者その他の親族である保険契約の保険料が対象となります。

3. 個人年金保険料控除

税制適格要件を満たした個人年金保険の保険料が控除対象となります。ただし、**特約部分の保険料は一般の生命保険料控除の対象**となります。

4. 控除限度額

2012年1月1日以後に**締結**した生命保険、介護医療保険、個人年金保険の保険料からは、次の金額が控除できます。

年間の支払保険料等	控除額
20,000円以下	支払保険料等全額
20,000円超 40,000円以下	支払保険料等× 1/2+10,000円
40,000円超 80,000円以下	支払保険料等× 1/4+20,000円
80,000円超	一律40,000円

4 地震保険料控除

本人または同一生計親族の有する居住用家屋または家財等を目的とする地震保険契約の保険料等を支払った場合、**支払った保険料全額（上限5万円）**が控除されます。

5 小規模企業共済等掛金控除

小規模企業共済や**企業型・個人型確定拠出年金**等の掛金を支払った場合、その**全額**が控除の対象となります。

6 寄附金控除

特定寄附金（国や地方公共団体に対する寄附金等）を行った場合に適用できます。適用を受けるには**確定申告が必要**です。

寄附金控除額＝支出寄附金－ 2,000円

＜ふるさと納税・ワンストップ特例制度＞

　任意の自治体に寄附した場合に、確定申告をすることで原則、自己負担額の2,000円を除いた全額が所得税および住民税から控除を受けることができます。ただし、確定申告を本来必要としない給与所得者等については、ふるさと納税を行う際にあらかじめ申請することで**確定申告は不要**となる「**ワンストップ特例**」の適用を受けることができます（年間の寄附先は**5自治体**まで）。

7 寡婦控除

　寡婦控除は、納税者本人が「寡婦」（下記「ひとり親」除く）である場合、適用を受けられます。

適用要件	・合計所得金額500万円以下 かつ ・次のいずれかに該当 　①夫と離婚後、婚姻しておらず、扶養家族を有する者 　②夫と死別後、婚姻していない者
控除額	27万円

8 ひとり親控除

　ひとり親控除は、納税者本人が「ひとり親」である場合、適用を受けられます。

適用要件	・合計所得金額500万円以下 かつ ・次のすべてに該当 　①現在、事実上婚姻関係にない者 　②総所得金額等の合計額が48万円以下の子がいる者
控除額	35万円

9 配偶者控除

生計を一にする**その年分の合計所得金額**が 48 万円以下の配偶者がいる場合、納税者本人の合計所得金額が 1,000 万円以下であれば、配偶者控除の適用を受けられます。控除額は、控除を受ける本人の合計所得金額と、控除対象となる配偶者の年齢により異なります。

本人の合計所得金額	控除額	
	控除対象配偶者	老人控除対象配偶者 （70 歳以上）
900 万円以下	38 万円	48 万円
900 万円超 950 万円以下	26 万円	32 万円
950 万円超 1,000 万円以下	13 万円	16 万円

10 配偶者特別控除

重要ですぅ！

生計を一にする**その年分の合計所得金額**が 48 万円超 133 万円以下の配偶者がいる場合は、**最高 38 万円の配偶者控除を受けることができます**（対象となる配偶者の所得が増えると控除額が徐々に減る仕組み）。ただし、**納税者本人の合計所得金額が 1,000 万円以下**でなければ、控除は適用されません。

ワンポイント

配偶者控除と配偶者特別控除を併用して適用は受けられません。

重要ですぅ！

生計を一にする 16 歳以上の扶養親族（配偶者を除く）で、その年の合計所得金額が 48 万円以下のものがいる場合、控除できます。

ポイント講義

<表養控除額>

扶養親族の区分		控除額
一般の控除対象扶養親族（16 歳以上）		38 万円
特定扶養親族（19 歳以上 23 歳未満）		63 万円
老人扶養親族（70 歳以上）	同居老親等以外	48 万円
	同居老親等	58 万円

※年齢は、その年の 12 月 31 日で判定します。

12 基礎控除

基礎控除は、**合計所得金額**が 2,500 万円以下の場合に適用することができます。

<控除額>

合計所得金額	控除額
2,400 万円以下	48 万円
2,400 万円超 2,450 万円以下	32 万円
2,450 万円超 2,500 万円以下	16 万円
2,500 万円超	0

ここでは
どーゆーことを
勉強するの？

❶ 所得税額の計算方法を理解しましょう。
❷ 3級試験では、住宅ローン控除と配当控除を理解し
ましょう。
❸ それぞれの内容や控除額の計算を覚えましょう。

税金の控除はどーなってるの？

1 税額計算

　課税標準から所得控除額を控除し算出した課税所得金額に、税率を乗じて
所得税額を計算します。

1. 総合課税の所得に対する税額計算

　課税所得金額に超過累進税率※を適用して計算します。

　※所得税は所得が多くなるほど税率が高くなる**超過累進税率**を適用してい
　　ます。税率は5％から45％までの7段階となっています。

ポイント講義

<所得税の計算>
所得税額の計算は速算表を使います。使い方は「税額＝Ａ×Ｂ－Ｃ」
となりますので、計算できるようにしておきましょう。

<所得税の速算表>

課税所得金額（Ａ）	税率（Ｂ）	控除額（Ｃ）
195万円以下	5%	0円
195万円超330万円以下	10%	97,500円
330万円超695万円以下	20%	427,500円
695万円超900万円以下	23%	636,000円
900万円超1,800万円以下	33%	1,536,000円
1,800万円超4,000万円以下	40%	2,796,000円
4,000万円超	45%	4,796,000円

例 課税所得金額1,000万円の場合の所得税額は？
● 所得税の速算表から「Ａ×Ｂ－Ｃ」で計算する。
　1,000万円×33%－1,536,000円＝1,764,000円

２．土地や建物等の譲渡に対する税額計算

　土地や建物の譲渡は分離課税となり、短期譲渡もしくは長期譲渡に応じた
税率を乗じて計算します。
・課税短期譲渡所得：39.63%（所得税30%、復興特別所得税0.63%、
　住民税9%）
・課税長期譲渡所得：20.315%（所得税15%、復興特別所得税0.315%、
　住民税5%）

3．株式の譲渡に対する税額計算

株式の譲渡は分離課税となり、20.315%（所得税15%、復興特別所得税0.315%、住民税5%）を乗じて計算します。

4．課税退職所得金額に対する税額計算

退職所得は分離課税です。退職所得の金額に超過累進税率を適用し税額を計算します。

《復興特別所得税について》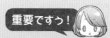

所得税は、復興財源確保法により2013年から2037年まで基準所得税額に2.1%が上乗せされます。復興特別所得税を考慮した場合の税率の計算は、「所得税率×102.1%」で求めることができます。

例 利子所得20%（所得税15%、住民税5%）の場合

所得税率＝15%×102.1%＝15.315%

所得税15.315%＋住民税5%＝20.315%

の源泉分離課税となります。上乗せされるのは所得税のみです。

---

2 住宅借入金等特別控除（住宅ローン控除）

1．住宅借入金等特別控除（住宅ローン控除）とは

住宅ローン等を利用してマイホームの取得などをした場合で、一定の要件を満たしたときは、**住宅ローン等の年末残高に控除率を乗じて算出した金額を、各年分の所得税額から控除できる**制度です。

2．適用要件

主な適用要件は以下のとおりです。

① 返済期間が 10 年以上の住宅ローンで、金融機関などから借り入れたものであること（親族、知人からの借入金は対象外）
② 取得後 6 ヵ月以内に居住し、その年の 12 月 31 日まで引き続いて住んでいること
③ 控除を受ける年分の合計所得金額が、床面積 40㎡以上 50㎡未満では 1,000 万円以下、50㎡以上の場合は 2,000 万円以下であること
④ 取得住宅は、床面積が 40㎡以上で、床面積の 2 分の 1 以上を自己の居住の用に供するものであること

3．控除額の計算

　会社員（給与所得者）が、住宅ローン控除の適用を受ける場合は、初年度については確定申告をすることが必要です。ただし、次年度以降については、年末調整で控除を受けることができます。

ポイント講義

2022年1月1日以降に住宅の取得や居住を開始した場合、控除期間は原則13年（中古は10年）、控除率は0.7％となります。

計算式 住宅借入金等の年末残高（居住年ごとに上限額）×控除率

＜住宅ローン控除概要（居住年：2024年・2025年）＞

		借入限度額	
		2024年居住	2025年居住
新築	認定住宅	4,500万円【子育て世帯・若者夫婦世帯：5,000万円】	4,500万円
	ZEH水準省エネ住宅	3,500万円【子育て世帯・若者夫婦世帯：4,500万円】	3,500万円
	省エネ基準適合住宅	3,000万円【子育て世帯・若者夫婦世帯：4,000万円】	3,000万円
	一般住宅	0万円（2023年までに新築の建築確認：2,000万円）	
既存	認定住宅・省エネ基準適合住宅・ZEH水準省エネ住宅	3,000万円	
	一般住宅	2,000万円	
控除率		0.7％	
控除期間	新築	13年（一般住宅は2024年以降の入居は「10年」）	
	既存	10年	
所得要件		合計所得金額2,000万円以下（原則）	
床面積要件		50㎡以上（合計所得金額1,000万円以下の場合40㎡以上50㎡未満（2024年までに建築確認））	

※子育て世帯・若者夫婦世帯とは、「19歳未満の子を有する世帯」または「夫婦のいずれかが40歳未満の世帯」をいう

3 配当控除

　配当所得があり総合課税を選択した場合は、配当控除の適用を受けることができます。**申告不要制度**を選択したり、上場株式等の配当所得で**申告分離課税を選択**したものについては、**配当控除の適用を受けることはできません。**

　控除額は、**配当所得金額の 10%** となりますが、**課税総所得金額が 1,000 万円を超えているときは、超えている部分に相当する配当所得金額は 10% ではなく 5%** で計算します。

ここでは
どーゆーことを
勉強するの？

❶ 確定申告について理解しましょう。
❷ 給与所得者は源泉徴収が基本ですが、確定申告が必要になるケースを覚えましょう。
❸ 源泉徴収票の見方を覚えましょう。

1 確定申告

重要ですぅ！

　所得税は原則として、所得を得た本人が **1月1日から12月31日まで**の所得に対し税額を計算し、それを**翌年の2月16日から3月15日まで**の間に申告および納税をします。ただし、給与所得者の場合は、給与や賞与から所得税が**源泉徴収**（天引き）され、**年末調整**により精算され納税が完了するので、以下に該当しなければ確定申告の必要はありません。

ポイント講義

<給与所得者でも確定申告が必要となるケース>

① 給与などの金額が **2,000万円**を超える人
② **給与所得、退職所得以外**の所得の金額が **20万円**を超える人
③ **2ヵ所以上**から給与等を受けている人

　また、年末調整を受ける給与所得者であっても、所得控除のうち、雑損控除・**医療費控除**・寄附金控除の適用を受ける場合、**住宅ローン控除**を受ける場合には**確定申告が必要**となります（**住宅ローン控除は初年度のみ確定申告が必要となり、次年度以降については年末調整で適用**が受けられます）。

2 源泉徴収票の見方と計算

【給与所得の源泉徴収票の例】

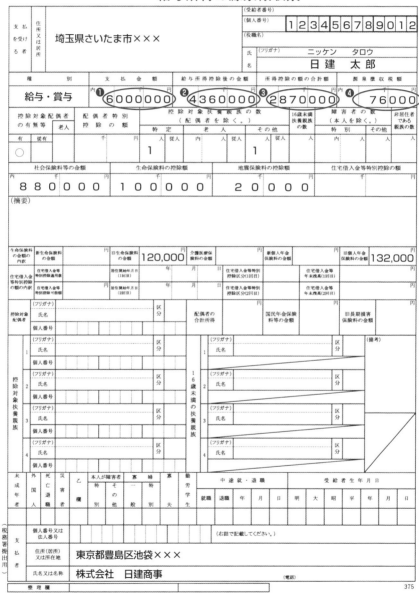

給与所得の源泉徴収票

＜見　方＞

❶「支払金額」：給与収入金額

❷「給与所得控除後の金額」：「支払金額」から給与所得控除を引いた金額。給与所得の金額。

❸「所得控除の額の合計額」：各種所得控除額の合計額。

❹「源泉徴収税額」：年末調整により確定した所得税額。平成25年分より、復興特別所得税2.1%が加算されています。

＜計　算＞

所得控除額の合計

$\qquad$ ＝基礎控除48万円＋配偶者控除38万円＋特定扶養控除63万円

$\qquad$ ＋一般の扶養控除38万円＋社会保険料控除88万円

$\qquad$ ＋生命保険料控除10万円＋地震保険料控除2万円

$\qquad$ ＝287万円

課税所得金額＝給与所得の金額−所得控除額

$\qquad$ ＝436万円−287万円＝149万円

所得税額＝149万円×5%＝74,500円

復興特別所得税＝74,500円×2.1%＝1,564円（100円未満切捨て）

源泉徴収税額は76,000円となります。

3 納　付

納税は、申告期限と同じで3月15日までとなっています。

Section 8 青色申告制度

ここでは
どーゆーことを
勉強するの？

❶ 青色申告とは何か、手続きや特典を理解しましょう。
❷ 不動産・事業・山林所得が青色申告ができることを
覚えましょう。

1 青色申告ができる所得

青色申告とは、帳簿に取引を記録し、それに基づき申告をすることで、税金面での特典を受けることができる制度です。

すべての所得が青色申告をできるわけではなく、**不動産所得、事業所得、山林所得**の3つに限られています。

ワンポイント

青色申告ができる、不動産、事業、山林所得は、「富士山（ふじさん）は青色」と覚えるとよいですよ。

2 青色申告をするための手続き

青色申告をしたい場合は、**その年の3月15日までに（1月16日以後に新規開業する場合は、開業日から2ヵ月以内）**、納税地の所轄税務署長に「青色申告承認申請書」を提出し、承認を受ける必要があります。また、青色申告者は取引を帳簿に記録することが必要ですが、その帳簿書類は**原則7年間保存**をしなければいけません。

3 青色申告の主な特典

1. 青色申告特別控除額

　青色申告者は、所得金額から **55万円**（電子申告等要件を満たした場合には **65万円**）または **10万円**を青色申告特別控除額として差し引くことができます。55万円の控除を受けるためには、事業的規模の不動産所得、事業所得を生じる事業を行っている者が、正規の簿記の原則に基づいて作成した **「貸借対照表」** と **「損益計算書」** を確定申告書に添付し、**期限内**に申告することが必要となります。それ以外の場合については、控除額は 10万円となります。

2. 青色事業専従者に支払った給与の必要経費算入

　原則として、事業主が家族従業員に対して支払った給与等については、必要経費に算入することはできません。しかし、青色申告者が青色事業専従者に対し、事前に提出された届出書に記載された範囲内で適正な金額を支払った場合は、**全額を必要経費に算入**することができます（青色事業専従者給与）。

3. 純損失の繰越しと繰戻し

　青色申告者が事業所得などに損失が生じた場合、損益通算を適用しても、なお控除しきれない損失がある場合には、その金額を **翌年以降3年間**繰り越して、各年分の所得から控除することができます。また、前年も青色申告している場合には、その損失額を前年に繰り戻して、前年分の所得税の還付を受けることもできます。

Section 9 住民税・個人事業税

ここでは
どーゆーことを
勉強するの？

❶ 住民税の課税のされ方を理解しましょう。
❷ 個人事業税の内容を理解しましょう。

1 住民税

　住民税は、その年の**1月1日現在**における住所地において課税されます。原則として賦課課税方式なので、所得税の確定申告をしている人であれば、住民税について申告をする必要はありません。

　住民税は、**「均等割」** と **「所得割」** で構成されています。「均等割」は所得の多少に関係なく均等に課税され（住民税が非課税となる人は除く）、「所得割」は原則として**前年の所得金額**をもとに計算を行います。ただし、この所得金額を求める際の**所得控除額などが所得税のものとは一部異なる**ので注意が必要です（**社会保険料控除、小規模企業共済等掛金控除については、所得税同様支払った全額が控除**となります）。

2 個人事業税

　個人事業税は、事業的規模の不動産所得や事業所得がある人に課税される地方税です。住民税同様、前年の所得金額に基づいて課税が行われますが、**事業主控除額290万円**を所得金額から控除できるので、所得金額が控除額以下の場合は課税されません。

第5章
不　動　産

顧客の保有資産のなかで、不動産の占める割合は高いから、
FPが顧客から受ける相談も多く、重要なテーマなんだよ。

Section 1 不動産の見方

ここでは
どーゆーことを
勉強するの？

❶ 土地の4つの公的評価額を覚えましょう。
❷ 不動産の鑑定評価の3つの方式を覚えましょう。
❸ 不動産登記記録の構成を理解しましょう。
❹ 不動産登記の効力として、公信力がないことを覚えましょう。

1 土地の価格

　土地の価格は、一般的な取引価格のほかに、**公示価格、基準地標準価格、相続税評価額（路線価）、固定資産税評価額**の4つの公的評価があります。

ポイント講義

	公示価格	基準地標準価格	相続税評価額（路線価）	固定資産税評価額
目　的	売買の目安	公示価格の補完的役割	相続税・贈与税を算出するための資料	固定資産税、都市計画税、不動産取得税、登録免許税の算出基礎
決定機関	国土交通省（土地鑑定委員会）	都道府県	国税庁	市町村
評価時点（基準日）	毎年1月1日	毎年7月1日	毎年1月1日	前年1月1日（3年に一度評価替え）
公　表	3月下旬	9月下旬	7月初旬	3月1日（基準年度は4月1日）
対公示価格	100%	100%	**約80%**	**約70%**

2 不動産の鑑定評価

　不動産の鑑定評価の方式には、**原価法**、**取引事例比較法**、**収益還元法**の３つがあり、適切な複数の鑑定評価の手法を適用すべきであり、それが困難な場合においても、その考え方を参酌すべきとされています。

1. 原価法

　評価時点における対象不動産の**再調達原価**※を求め、これに減価修正を行い評価額を求める方法です。

※今、再取得する場合にかかる費用

2. 取引事例比較法

　類似する取引事例を収集して、補正・修正を加えて評価額を求める方法です。

3. 収益還元法

　不動産の収益性に着目しています。対象不動産が将来生み出すであろうと期待される収益を、現在価値に割り引いて評価額を求める方法です。**「直接還元法」** と 「DCF 法」 があります。

直接還元法	一期間の純収益を還元利回りで還元して現在価値を求める
DCF 法	連続する複数の期間に発生する純収益と最終的な売却価額を現在価値に割り引き、それらを合計して求める

3 不動産登記

　不動産登記って、どういうもの？

1. 不動産登記記録

重要ですっ！

　不動産登記記録は、**土地、建物それぞれ**にあり、**一筆の土地**または**一個の建物**ごとに記録します。また**表題部**と**権利部**に区分された構成で、さらに権利部は**甲区**と**乙区**に区分されています。

① 表題部

不動産の物理的現況が記録されています。表題部にする登記を「**表示に関する登記**」といい、**所有者に登記の申請義務**があります。

【物理的現況】

土　地	所在、地番、地目、地積など
建　物	所在、地番、家屋番号、種類、構造、床面積など

② 権利部

権利部には、**権利関係の事項が記録**されます。権利に関する登記は申請義務はなく、**任意**となります。さらに権利部は甲区と乙区に区分され、**甲区には所有権**に関する事項が記録され、**乙区には所有権以外の権利**に関する事項（抵当権や賃借権など）が記録されます。

2. 不動産登記の効力

不動産登記は、当事者以外の第三者に対して物権の変動を主張できる**対抗要件**として対抗力があります。ただし、**公信力はありません**ので、登記された内容を信じて真の所有者ではない者と取引をしても、権利を取得できない可能性があります。

3. 仮登記

不動産の本登記に必要な書類がそろわない場合など、将来の本登記の順位を保全することができます。ただし、対抗力はありません。

4. 14条地図と公図

不動産登記法に基づき、法務局に備え付けられた精度の高い地図を「**14条地図**」と呼んでいます。しかし、14条地図の備付けはあまり進んでおらず（都心部ほど進捗率が低い）、備え付けられるまでの間、これに代わり「**公図**」が地図に準ずる図面として備え付けられています。公図は方位・縮尺ともに精度は低く、形状も実際の土地と異なる場合もあります。

5．不動産登記記録の調査

　不動産登記記録は、申請をすれば**誰でも登記事項証明書・登記事項要約書**の交付を受けることができます。登記事項証明書は、登記記録に記録されている事項の全部または一部を証明した書面です。登記事項要約書は、登記記録に記録されている事項の概要を記載した書面です。

Section 2 不動産の取引

ここでは
どーゆーことを
勉強するの？

❶ 宅地建物取引業者の定義、媒介契約の種類を覚え
　ましょう。
❷ 売買契約上の留意点を覚えましょう。
❸ 借地借家法は借地、借家それぞれの内容と契約方法
　を理解しましょう。

1 宅地建物取引業法

1．宅地建物取引業者

　土地・建物の**売買・交換・貸借**の媒介および代理、また自ら当事者として**売買・交換**を免許を受け、業として行う者を宅地建物取引業者といいます。**自らを当事者として貸借を行うことは、業として行うものであっても宅地建物取引業には該当しません。**

2．宅地建物取引士とは

　宅地建物取引士とは、国家試験に合格し、所定の要件を満たして、宅建物取引士証の交付を受けた人で、不動産や不動産取引の専門家です。

　宅地建物取引業者は、事務所においては、**従業員5名につき1名以上の専任の宅地建物取引士**を置かなければなりません。

　また、宅地建物取引士には次のような独占業務があります。

- 重要事項の説明
- 重要事項説明書への記名押印
- 契約書面への記名押印

　なお、宅地建物取引士は、買主等の権利取得者（宅地建物取引業者を除く）に対して、契約が成立するまでに、書面を交付して重要事項の説明をしなけ

ればなりません。重要事項の説明は、宅地建物取引士が行わなければなりませんが、専任の宅地建物取引士でなくても構いません。

3. 媒介契約の種類

<媒介契約>

	一般媒介契約	専任媒介契約	専属専任媒介契約
他業者に重ねて依頼	○	×	×
自己発見取引	○	○	×
有効期間	法律上の定めなし	3ヵ月	3ヵ月
依頼者への報告義務	義務なし	2週間に1回以上	1週間に1回以上
指定流通機構への登録義務	義務なし	7日以内に登録	5日以内に登録

　媒介とは、当事者の間に立って、売買契約や賃貸借契約を成立させる行為をいいます。媒介契約には、**一般媒介契約、専任媒介契約、専属専任媒介契約**の3つがあります。

　宅地建物取引業者は、売買・交換の媒介の契約を締結したときは、遅滞なく、媒介契約書を作成して記名押印し、依頼者にこれを交付します。

4. 宅地建物取引業者の報酬の限度

　宅地建物取引業者が、貸借の媒介により受領できる報酬の限度額は、依頼主（貸主・借主）双方からの合計で、賃料の1ヵ月分相当の額です。

2 不動産売買契約上の留意点

1．手付金

　不動産の売買契約時に、買主から売主に渡す金銭のことを「**手付金**」といいます。この場合、**相手方が契約の履行に着手するまで**は、**買主は手付金の放棄**をすることで、**売主は手付金の倍額の金銭を買主に現実に提供する**ことで、**契約を解除**できます。なお、売主が宅地建物取引業者で、買主が業者以外の場合には、宅地建物取引業法により売買代金の 20% を超える手付金を受け取ることは禁止されています。

2．危険負担

　不動産の売買契約締結後、引渡し前までに、**当事者双方が責めを負わない**（＝不可抗力による）建物の焼失や天災による倒壊などが生じた場合、民法上では、**買主は売買代金の支払いを拒むことができる**とされています。

3．公簿売買と実測売買

　土地登記記録上の面積と実際の面積が一致しないことがありますが、**公簿売買**は登記記録上の面積により売買代金を確定し、以後精算を行わない方式です。一方、**実測売買**は契約時に面積を測量し、その面積に基づいた金額により売買する方式です。

4．契約不適合責任

　引き渡された目的物が種類、品質または数量に関して、取り交わした契約の内容に適合しない場合、買主は売主に対して、その目的物の修補（修理し補うこと）、代替物（代わりの物）の引渡し、または不足分の引渡しによる**履行の追完**を請求することができます。また、買主が相当の期間を定めて、売主に履行の追完の催告をしても、その期間内に履行が行われないときは、買主は不適合の程度に応じて**代金の減額**を請求することができます。ただし、契約不適合が買主の責めに帰すべき事由による場合は、請求はできません。

　さらに、買主は不適合による**契約の解除**や**損害賠償請求**を行うこともできます。

　種類、品質に関する契約不適合を理由とする権利行使については、買主が**契約不適合を知った時から1年以内**に売主に通知をしなければなりません。なお、数量に関する契約不適合を理由とする権利行使の場合は、期間制限はありません。

3　借地借家法

1．借地権

　借地権とは、**建物の所有を目的**とする土地の賃借権のことで、**地上権（物権）**と土地の**賃借権（債権）**をいいます。なお、土地の賃借権については、借地権の登記がなくても、その土地の上の建物を登記することで対抗要件となります。

① 普通借地権

　普通借地権の契約期間は最低でも**30年**としなければならず、借地人（土地を借りている人）が求めた場合は、原則として借地契約は更新されます。最初の更新時における契約期間は**20年以上**、2度目以降の更新については**10年以上**となります。例外的に貸主が契約の更新を拒絶できるのは**正当事由がある場合のみ**です。なお、借地権が**地上権**の場合、**譲渡・転貸を自由**に行うことができ、地主の承諾は必要ありません。一方、借地権が**土地賃借権**である場合は、譲渡・転貸については**地主の承諾が必要**となります。

　土地賃借権の譲渡・転貸について特に地主の不利益にならないのに地主が承諾を与えない場合、借地権者は裁判所に借地権譲渡許可の申立てをすることができ、**裁判所は地主の承諾に代わる許可**を与えることができます。

② 定期借地権

　借地契約期間満了をもって更新されることなく契約が終了し、土地の所有者に土地が返還される制度です。**一般定期借地権、事業用定期借地権、建物譲渡特約付借地権**の3つがあります。

<定期借地権>

	一般定期借地権	事業用定期借地権	建物譲渡特約付借地権
期　　間	50年以上	10年以上50年未満	30年以上
更　　新	な　し		
契約方法	書面	公正証書	制限なし
建物の目的	制限なし	専ら事業用	制限なし
返　　還	原則更地返還	原則更地返還	建物付で返還

2. 借家権

　借家権とは建物の賃借権をいい、登記がなくても**建物の引渡し**があれば対抗要件となります。借地権同様、更新をする**普通借家権**と更新をしない**定期借家権**があります。

① 普通借家権

　普通借地権同様、更新されるのが原則であり、貸主の**正当事由のある更新拒絶をしない限り更新**されます。存続期間は**1年以上**であり、1年未満の期間を定めた場合は、「契約期間の定めのない契約」となります。

② 定期借家権

　契約で定めた期限をもって更新されず契約は終了します。ただし、再契約は可能です。存続期間に制限はなく、**1年未満の契約も可能**です。契約に際しては**必ず**公正証書等の**書面**で行い、貸主は契約締結前に借主に対し、**定期借家権である旨を記載した書面を交付して、説明**をする必要があります。説明を怠ると普通借家権（期間の定めのない契約）となります。

③　造作買取請求権

　借主は貸主の同意を得て建具やエアコンなどの「造作」を取り付けることができ、その場合は借家契約終了の際に貸主に対して時価でその造作の買取りを請求することができます。ただし、貸主は造作の買取りをしない旨の特

約を付けることにより、造作買取請求権を排除することができます。

④ 借地借家法と旧法との関係

　現法の借地借家法は1992年に施行されていますが、それ以前の**旧法で契約をしたものは、更新時にも旧法である借地法、借家法の規定が適用**されます。

不動産に関する法令上の規制①（都市計画法）

ここでは
どーゆーことを
勉強するの？

❶ 都市計画区域のうち、特に市街化区域、市街化調整区域の定義を覚えましょう。
❷ 用途地域の分類を理解しましょう。
❸ 開発許可制度の仕組みと対象規模を覚えましょう。

1 都市計画法

街づくりはどのようにして行うの？

　都市計画法とは、人々が健康的で文化的な生活ができるように**計画的に街づくり**を行っていくための法律です。それを実現するための「**都市計画**」を立て、計画に従い街づくりを行っていきます。

2 都市計画区域

　都市計画を実行する地域を**都市計画区域**といい、原則として**都道府県知事が指定**します（2以上の都府県にまたがる場合は、国土交通大臣が指定します）。さらに都市計画区域内では、**市街化区域**と**市街化調整区域**を定めます（区域区分を定めることを**線引き**といいます）。また、どちらにも区分されていない区域は、**非線引き区域**となります。

市街化区域	すでに市街地を形成している区域およびおおむね10年以内に優先的かつ計画的に市街化を図るべき区域
市街化調整区域	**市街化を抑制すべき区域**。原則として農林漁業以外の建築物は建てられない
非線引き区域	市街化区域と市街化調整区域とに区分されていない都市計画区域
準都市計画区域	都市計画区域外において、無秩序な開発等に対処するため都道府県が指定する区域

3 用途地域

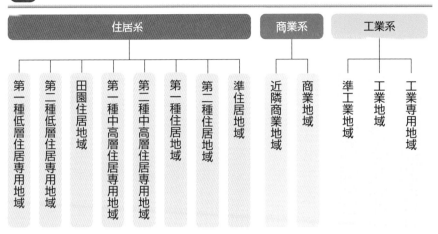

住居系								商業系		工業系		

住居系: 第一種低層住居専用地域　第二種低層住居専用地域　田園住居地域　第一種中高層住居専用地域　第二種中高層住居専用地域　第一種住居地域　第二種住居地域　準住居地域

商業系: 近隣商業地域　商業地域

工業系: 準工業地域　工業地域　工業専用地域

4 開発許可制度

　良好かつ安全な市街地の形成と無秩序な市街化の防止を目的として、土地の造成などの一定の「**開発行為**」を行おうとする者は、原則として**都道府県知事（指定都市、中核市では、当該市長）**の許可を受けなければなりません。

　開発行為とは、建築物の建築または特定工作物の建設を目的とした土地の区画形質の変更（土地の分割、造成、地目の変更など）をいいます。

ポイント講義

<開発許可が必要な規模>
　すべての開発行為が許可対象となるわけではなく、都市計画区域内における規制（許可）対象規模は、原則として以下のとおりです。

都市計画区域	市街化区域	1,000㎡以上
	市街化調整区域	**すべての開発行為**
	非線引き区域	3,000㎡以上

Section 4　不動産に関する法令上の規制②（建築基準法）

❶ 建築基準法上の道路の定義と制限を理解しましょう。

❷ 用途地域内の用途制限を理解しましょう。

❸ 防火地域・準防火地域について理解しましょう。

❹ 建蔽率の制限内容、緩和措置を覚えましょう。

❺ 容積率の制限の内容と適用の仕方を覚えましょう。

建物を建てるには、どんなルールがあるの？

1　道路に関する制限

1. 建築基準法上の道路

原則：幅員**4m以上ある道路**（特定区域内では6m）

例外：幅員4m未満で、建築基準法施行時（1950年）にすでに道として存在し、特定行政庁の指定したもの（**2項道路**）

　2項道路は、原則として**道路の中心線から2m後退した線が道路の境界線**とみなされます。これを「**セットバック**」といい、セットバック部分には**建築物の建築等は認められません**。また、建蔽率、容積率の計算において敷地面積にも算入されません。

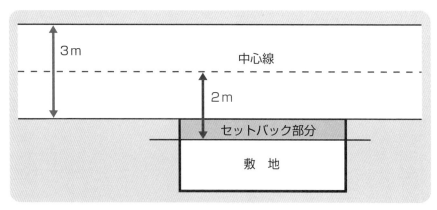

2．接道義務

　都市計画区域内、準都市計画区域内の建築物の敷地は、建築基準法上の道路（幅員４ｍ以上）に、原則として**２ｍ以上**接しなければなりません。

2　用途に関する制限

　用途制限とは、都市計画で定められる各用途地域内（住居系、商業系、工業系で全部で13種類）について、建築できる建物の用途を制限する規制です。1つの敷地が、2つ以上の用途地域にまたがる場合、**過半の属する地域の規制が適用**されます。

　診療所、保育所、神社、寺院、教会、派出所などはすべての用途地域で建築可能ですが、**住宅は「工業専用地域」のみ建築できません。**

3　防火地域と準防火地域

　都市の中心市街地や主要な駅前等は、多くの建物や商業施設が密集しているため、ひとたび火災等が発生すれば大惨事になりかねません。このような地域では、防火地域や準防火地域に指定をして建物の構造を厳しく規制しています。防火地域、準防火地域に指定された地域の建築物は、**「耐火建築物等」または「準耐火建築物等」**にしなければなりません（延べ面積や階数によります）。建築物が防火地域、準防火地域を含む2つ以上の地域にまたがる場合は、**最も厳しい地域の規制が全体に及ぶ**ことになります。

4　建蔽率制限

　建蔽率は建物の広さに対する規制をするもので、**敷地面積に対する「建築面積」の割合**のことをいいます。

> **例**　建蔽率60％の地域の150㎡の敷地の場合
> 　150㎡×60％＝90㎡までの建築面積の建物が建築できます。

建蔽率は、用途地域により原則として 30～80％の範囲で定められていますが、所定の要件を満たすことで緩和措置（プラスになるので、広く建築できる）もあります。

ポイント講義

<建蔽率の緩和措置>

要　件	緩和率
特定行政庁の指定する角地	10％
【防火地域】 　建蔽率が 80％とされている地域以外で、かつ、耐火建築物および耐火建築物と同等以上の延焼防止性能を有する建築物 【準防火地域】 　耐火建築物、準耐火建築物およびこれらと同等以上の延焼防止性能を有する建築物	10％
上記両方に該当	20％

ワンポイント

建蔽率が 80％の地域内でかつ防火地域内にある耐火建築物の場合は、建蔽率の制限がなくなります（建蔽率の適用除外）。

5 容積率制限

重要ですぅ！

容積率は、その敷地に対してどれくらいの規模（床面積）の建物が建てられるかを規制するもので、**敷地面積に対する延べ面積の割合**のことです。

例 **容積率 200%の地域で 150㎡の敷地の場合**
150㎡× 200%＝ 300㎡までの延べ床面積の建物が建築できます。

容積率は、用途地域により原則として 50〜1,300%の範囲で定められていますが、**前面の道路の幅が一定未満の場合はさらに制限を受ける**ことになります。前面の道路幅が狭ければ、風通しや日当たりなどに影響するからです。

【前面道路幅員による制限】

敷地の前面の道路幅が 12 m以上の場合は、「**指定容積率**」が適用されますが、12 m未満の場合は、指定容積率と前面道路幅員に所定の**法定乗数**を乗じて求めた数値と比較し、**厳しい方（小さい方）**が適用されます。

① 指定容積率
② 前面道路幅員×法定乗数
　　法定乗数　住宅系用途地域…4/10
　　　　　　　住宅系用途地域以外…6/10
上記２つのうち厳しい方が適用。２つ以上の道路に面している場合は、**幅員が大きいものが前面道路**となります。

ポイント講義

異なる地域にまたがる場合のまとめ

第一種住居地域 / 準住居地域

① **用途制限**
過半の属する地域の規制が適用
（この場合は第一種住居地域）

準防火地域 / 防火地域

② **防火地域と準防火地域**
最も厳しい地域の規制が適用
（この場合は防火地域）

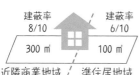

建蔽率 8/10　300 ㎡　建蔽率 6/10　100 ㎡

近隣商業地域 / 準住居地域

③ **建蔽率・容積率制限**
加重平均して適用

（この場合の建蔽率の求め方）
※建蔽率の適用除外等は考慮しない

$\dfrac{8}{10} \times \dfrac{300}{400}$（近隣商業地域の面積割合）$= \dfrac{24}{40}$

$\dfrac{6}{10} \times \dfrac{100}{400}$（準住居地域の面積割合）$= \dfrac{6}{40}$

$\dfrac{24}{40} + \dfrac{6}{40} = \dfrac{30}{40}$（75%）

不動産に関する法令上の規制③（区分所有法）

ここでは
どーゆーことを
勉強するの？

❶ 区分所有法で定義する専有部分と共用部分、管理組合、規約などを理解しましょう。
❷ 集会の決議に必要な要件を覚えましょう。

1 区分所有法

　マンションなどの区分所有建物について、その所有関係、管理の方法などを定めた法律です。

2 専有部分と共用部分

　区分所有建物において、区分された部分を所有する権利のことを**「区分所有権」**といい、その権利を有している人を**「区分所有者」**といいます。そして、区分所有建物は**「専有部分」**と**「共用部分」**に分けられます。

1．専有部分

　区分所有権の目的となる部分で、独立した居室（〇号室）や店舗などが該当します。

2．共用部分

　区分所有建物のうち、専有部分以外の部分で、さらに、法定共用部分と規約共用部分に分けられます。

法定共用部分	法律上、当然に共用となる部分（廊下、階段、バルコニー、エレベーターなど）
規約共用部分	規約の定めにより共用となる部分（管理人室、集会室など）。登記が対抗要件

3 区分所有建物と土地の関係

　区分所有建物について、建物の所有に関する権利は区分所有権ですが、当然建物を所有するには土地が必要不可欠です。この土地についての権利を「敷地利用権」といいます。敷地利用権は区分所有権に付随するものなので、原則として専有部分と**別々に処分する**ことはできません（**分離処分の禁止**）。

4 管理組合

　管理組合とは、区分所有法に基づく団体で、**区分所有者全員**で構成されています。**区分所有者は当然に管理組合を構成していると考えられ、任意に脱退することはできません**。管理者（管理組合の理事長または理事）は、少なくとも**年1回**集会を招集しなければなりません。

5 規　約

　規約とは、区分所有法に基づき設定される区分所有建物における**区分所有者間のルール**のことをいいます。規約の効力は、区分所有者はもちろん、同居人や賃借人等に対しても及びますが、あくまでもマンションでの自治規範なのでマンション外の人には効力は及びません。

6 集会の決議

　マンション全体に関わる事項を決める場合は、集会の決議によるのが原則です。決議は、**区分所有者および議決権（専有部分の床面積の割合に応じた持分）**により行います。

	決議要件	決議内容
普通決議	各過半数の賛成	一般的事項
特別決議	各4分の3以上の賛成	規約の設定・変更・廃止 共用部分の変更 義務違反者への措置 大規模滅失による共用部分の復旧
	各5分の4以上の賛成	**建替え決議**

Section 6
不動産に関する法令上の規制④（農地法）

ここでは
どーゆーことを
勉強するの？

❶ 農地の定義を理解しましょう。
❷ 許可等の手続きを覚えましょう。

1 農地法

　農地法とは、食料自給のために必要な農地の確保や耕作者の地位の安定を図ることを目的とし、農地の無秩序な転用や乱売を規制する法律です。

2 許可等の手続き

重要ですぅ！

農地等を売買したり、農地以外の用途に転用する場合は、原則として許可が必要となります。

	権利移動 （3条）	転用 （4条）	転用目的の 権利移動（5条）
対象	農地等を農地として売買する等	農地を農地以外に転用	農地等を転用目的で売買する等
許可権者 （原則）	農業委員会	都道府県知事等	
許可不要 （例外）	・国または都道府県が権利取得 ・土地収用法による収用 ・遺産分割や相続 ⇒農業委員会への届出が必要	・国または都道府県が権利取得 ・土地収用法による収用 ・市街化区域内の農地 ⇒農業委員会への届出が必要	

Section 7 不動産の取得時に係る税金

❶ 不動産取得税の課税対象や税額計算、特例を覚えましょう。
❷ 登録免許税の税額計算や軽減措置を覚えましょう。
❸ 消費税の課税取引・非課税取引について理解しましょう。
❹ 印紙税の内容を理解しましょう。

不動産を取得する時は、どんな税金がかかるの？

1 不動産取得税

不動産取得税とは、不動産を取得した場合に不動産を取得した者に、不動産の所在地の都道府県が課税をする地方税です。

1. 課税対象となる取引

売買・交換・**贈与**・新築・**増築**・**改築**等の別を問わず、**登記の有無、有償・無償にかかわらず、現実に不動産の所有権を取得したものです。相続による取得については課税対象にはなりません。**

2. 税　額

> **計算式** **不動産取得税の税額＝固定資産税評価額×税率**

税率は、**土地および住宅**については 2027 年 3 月 31 日までの取得について**3%**の特例税率が適用されます。住宅以外の家屋（事務所や店舗など）は特例が適用されず、原則の**4%**となります。

ポイント講義

<不動産取得税の税率の特例>

取得した日	土 地	家 屋	
		住 宅	その他
～ 2027 年 3 月 31 日	3 %	3 %	4 %

3. 課税の特例

① **宅地**を取得したときは、**課税標準が2分の1**になります（2027 年 3 月 31 日までの取得）。

② 一定の住宅を新築したときは、課税標準から **1,200 万円**が控除されます（認定長期優良住宅については 1,300 万円）。耐震基準に適合する中古住宅を取得した場合は、新築年月日により控除額が異なり、**最大で 1,200 万円**が控除されます。

2 登録免許税

不動産登記を受ける者に対して、**登記申請時**に課される国税です。ただし、**「表示に関する登記」については非課税**です。

1. 税 額

計算式 **登録免許税の税額＝固定資産税評価額×税率**

※抵当権の設定登記の場合は、債権金額が課税標準となります。

2. 住宅に係る登録免許税の軽減措置

自己の居住の用に供する家屋について、新築・取得をした場合の「所有権の保存・移転登記」等については、税率が軽減されます。

登記事項	税率	
	本　則	特　例
所有権保存登記	0.4%	0.15%
所有権移転登記（売買・競売）	2.0%	0.3%
抵当権設定登記	0.4%	0.1%

＜税率軽減対象住宅＞

- 個人の住宅の用に供される床面積50㎡以上の家屋
- 中古住宅の場合は、新耐震基準に適合している家屋

土地の売買による所有権の移転登記についても、2027年3月31日までは1.5%に軽減されています（本則2.0%）。

3 消費税

1．非課税取引

　土地の譲渡は非課税です。土地については貸付けも非課税取引ですが、貸付期間が1ヵ月未満の場合は課税対象となります。また、**居住用賃貸物件の貸付け（家賃）は非課税取引**です。

2．課税取引

　建物の譲渡や住宅以外の貸付けは課税取引です。ただし、譲渡の場合、**売主が個人なら非課税**となります。また、宅地建物取引業者に支払う**仲介手数料は課税対象**です。

4 印紙税

　契約書や領収書など所定の「課税文書」を作成した場合に課税される国税です。作成した文書に印紙を貼付、消印をすることにより納税します。印紙を貼付しなかったり、消印を怠った場合でも、その契約書自体の有効性には影響はありません（ただし、所定の過怠税がかかります）。

Section 8 不動産の保有時に係る税金

ここでは
どーゆーことを
勉強するの？

❶ 固定資産税の税額計算や軽減措置、特例措置を覚えましょう。

❷ 都市計画税の税額計算や特例措置を覚えましょう。

1 固定資産税

　所有する**土地、家屋、償却資産**（総称して固定資産といいます）に課される地方税です。原則として、**1月1日**時点に固定資産課税台帳に所有者として登録されている者が、納税義務者となります。

1. 税 額

計算式 **固定資産税額＝固定資産税評価額×税率**

※固定資産税の税率は、標準税率 1.4%です。

2. 新築住宅に係る税額軽減措置

　新築された住宅が一定の要件を満たす場合、**一定の期間、固定資産税額が2分の1に減額**されます。

---

① **適用要件**
　居住部分の床面積部分の割合が2分の1以上
　原則として床面積 50㎡以上 280㎡以下
② **減額される期間**
　3年（3階建て以上の耐火・準耐火建築物は5年）
③ **減額される範囲**
　家屋のうち居住部分の 120㎡に相当する部分

---

3. 住宅用地の課税標準の特例措置

住宅用地（賃貸用も含む）については、課税標準の特例措置が設けられています。

① 小規模住宅用地（住宅1戸あたり200㎡までの住宅用地）

…固定資産税評価額× **1/6**

② 一般住宅用地（200㎡を超える部分の住宅用地）

…固定資産税評価額× **1/3**

2 都市計画税

原則として、1月1日現在で**市街化区域**に所在する土地および家屋について、固定資産課税台帳に登録されている者に対して課税されます。

1. 税 額

計算式 **都市計画税額＝固定資産税評価額×税率**

税率は、制限税率0.3%です。制限税率とは、それを上限として超えない範囲で各市町村が条例で定めることができるものです。

2. 住宅用地の課税標準の特例措置

住宅用地（賃貸用も含む）については、課税標準の特例措置が設けられています。

① 小規模住宅用地（住宅1戸あたり200㎡までの住宅用地）

…固定資産税評価額× **1/3**

② 一般住宅用地（200㎡を超える部分の住宅用地）

…固定資産税評価額× **2/3**

不動産の譲渡時に係る税金

ここでは
どーゆーことを
勉強するの？

❶ 不動産の譲渡所得の内容、計算方法を理解しましょう。
❷ 居住用財産の 3,000 万円特別控除、軽減税率の特例、特定の居住用財産の買換え特例、損益通算および繰越控除の特例を理解しましょう。
❸ それぞれの特例が併用できるか併用できないかを覚えましょう。

1 不動産の譲渡所得

　土地・建物を譲渡したときの譲渡所得は、他の所得と総合せず別個に税額を計算する「**分離課税**」です。また、資産の所有期間により、長期譲渡と短期譲渡とに区分されます。

1. 長期譲渡と短期譲渡の区分

重要ですぅ！

　長期譲渡所得は、**譲渡した年の1月1日**において所有期間が**5年超**、短期譲渡所得は**5年以下**のものをいいます。長期譲渡と短期譲渡では、適用される税率も異なります。

ポイント講義

<税率>

長期譲渡所得	**20.315%**（所得税 15.315%、住民税5％）
短期譲渡所得	**39.63%**（所得税 30.63%、住民税9％）

※ 2013 年から復興特別所得税として、各年分の基準所得税額の 2.1％を所得税と併せて納付するようになっています。

2. 譲渡所得金額の計算

計算式 課税譲渡所得金額＝譲渡収入－（取得費＋譲渡費用）－特別控除

譲渡収入	土地や建物の売却代金など
取得費	資産の取得に要した金額に、その後支出した改良費や設備費などを加えた金額。建物は、**減価償却費相当額**を控除する。 取得費が不明な場合は、**譲渡収入金額の5％**を概算取得費とすることができる
譲渡費用	資産を譲渡するために支出した費用をいう。仲介手数料や取壊し費用、印紙代など
特別控除	通常、特別控除はないが、「**居住用財産の3,000万円特別控除**」などの特例が該当する

● **相続財産を譲渡した場合の取得費加算の特例**

　相続または遺贈により取得した財産を、相続開始の日の翌日から相続税の申告期限の翌日以後3年を経過する日までに譲渡した場合、譲渡所得を計算する際の取得費に一定の相続税額を加算することができる特例です。譲渡所得税を軽減することができます。

2 居住用財産の3,000万円特別控除の特例

　居住用財産を譲渡した場合に一定の要件を満たせば、譲渡所得から3,000万円を控除することができます。

ポイント講義

＜居住用財産の 3,000 万円特別控除の特例＞

【要件】

● 自分が住んでいる家屋、または家屋と敷地の譲渡（**敷地のみの譲渡は適用外**）

● 前年および前々年にこの特例の適用を受けていないこと（**3 年に 1 度の適用**）

● 配偶者や親、生計を一にする親族等への譲渡ではない

【その他の重要なポイント】

● 所有期間の長短に関係なく適用可能

● 確定申告が必要

ワンポイント

この特例の適用を受けて買換えをした場合、住宅ローン控除の適用を受けることはできません。

3 空き家に係る譲渡所得の特別控除の特例

　相続開始直前において、被相続人**のみ**が居住の用に供していたり、老人ホーム等への入所により居住の用に供しなくなった家屋および敷地を相続した個人が、2027 年 12 月 31 日までの間に一定の要件を満たした譲渡をした場合には、その譲渡益から 3,000 万円（2024 年 1 月 1 日以後の譲渡について、本特例を適用できる相続人が 3 人以上の場合は、2,000 万円）を控除することができます。

【要件】

- 被相続人のみが住んでいた家屋と敷地（耐震性のない家屋の場合は、耐震リフォームをしたもの）の譲渡であること（空き家を取り壊して更地で譲渡した場合も適用可）
  - ※ 2024年1月1日以後に行う譲渡では、譲渡後の所定の日までの耐震リフォームや取り壊しも対象
- 被相続人が要介護認定等を受け、かつ老人ホーム等に入所したことにより被相続人の居住の用に供されなくなった家屋と敷地の譲渡であること（本人以外が居住したり貸したりしていないこと）
- 1981年5月31日以前に建築された家屋であること
- 区分所有建物（マンションなど）でないこと
- 相続時から3年を経過する日の属する年の12月31日までの譲渡であること
- 譲渡の対価の額が1億円以下であること
- 相続税の取得費加算の特例と選択適用
- 確定申告を行うこと

4 軽減税率の特例

　所有期間が**10年**を超える居住用財産を譲渡した場合、長期譲渡所得の税率について原則の20.315％（所得税および復興特別所得税15.315％、住民税5％）よりも低い**14.21％（所得税および復興特別所得税10.21％、住民税4％）**の税率が適用されます。なお、「居住用財産の3,000万円特別控除の特例」と併用することができます。

　軽減税率の対象となるのは、3,000万円の特別控除をした後の課税長期譲渡所得の**6,000万円以下の部分**になります。6,000万円超の部分については、原則どおりの税率となります。

6,000万円以下の部分	14.21％ （所得税および復興特別所得税10.21％、住民税4％）
6,000万円超の部分	20.315％ （所得税および復興特別所得税15.315％、住民税5％）

5 特定の居住用財産の買換え特例

　居住用財産を譲渡して新たに居住用財産を買い換えた場合、一定の要件の
もと**譲渡益に対する課税を繰り延べる**ことができます。「繰延べ」とは非課税
になるということではなく、将来に課税を先送りするということです。

　譲渡価格以上の物件を買った場合と安い物件を買った場合では取扱いが異
なります。

● **譲渡価格≦買換え価格**
　　　→**譲渡益に対する課税は全額繰延べ**
● **譲渡価格＞買換え価格**
　　　→**譲渡価格と買換え価格の差額の部分に対してのみ課税**

【主な適用要件】
● 居住期間が10年以上で、かつ譲渡した年の1月1日において所有期間が10年超の居住用財産の譲渡
● 買換え資産の床面積が50㎡以上、土地面積は500㎡以下
● 買換え資産が中古住宅の場合、新耐震基準を満たしている
● 譲渡価格が1億円以下
● 配偶者や親、生計を一にする親族等への譲渡ではないなど
● 確定申告が必要

ワンポイント

この特例は、居住用財産の3,000万円特別控除の特例や
軽減税率の特例と併用することはできません。また、買
換え資産について住宅ローンを組んだ場合、住宅ローン
控除の適用はありません。

6 居住用財産の買換え等の場合の譲渡損失の損益通算および繰越控除の特例

　一定の居住用財産を譲渡し買換えをした場合、譲渡に際し損失が生じたときは一定の要件を満たすものに限り、その譲渡損失と**他の所得との損益通算および翌年以降3年間の繰越控除**を認める制度です。

> 【主な適用要件】
> ● 譲渡の年の1月1日における所有期間が5年超
> ● 買換え資産について償還期間10年以上の住宅ローンを利用すること
> 　（住宅ローン控除の適用可）
> ● 買換え資産について、床面積が50㎡以上
> ● 合計所得金額が3,000万円以下の年に限り適用
> ● 確定申告が必要

7 居住用財産の譲渡損失の損益通算および繰越控除の特例

　一定の住宅ローン残高がある居住用財産を譲渡して譲渡損失が生じた場合、一定の要件を満たすものに限り、その譲渡損失の金額と他の所得との損益通算および翌年以降3年間の繰越控除を認める制度です。買換えの要件はありません。損益通算限度額は、**住宅ローン残高から譲渡価格を差し引いた残りの金額**となります。

> 【主な要件】
> ● 譲渡の年の1月1日における所有期間が5年超
> ● 合計所得金額が3,000万円以下の年に限り適用
> ● 確定申告が必要

Section 10 不動産投資と有効活用

> ここでは
> どーゆーことを
> 勉強するの？

❶ 投資利回りを覚えましょう。
❷ 有効活用の6つの方式の内容とメリットを理解しましょう。

1 不動産投資

1. 投資利回り

① 粗利回り

> **計算式** 粗利回り（%）＝年間賃料総収入÷総投資額×100

粗利回りは、**単純利回り**、**表面利回り**、**グロス利回り**などとも呼ばれる利回りで、総収入を計算の尺度としており、諸経費の支出は考慮しない利回りです。

② 純利回り（NOI 利回り）

> **計算式** 純利回り（%）
> ＝（年間賃料総収入−諸経費支出）÷総投資額×100

実質利回り、**ネット利回り**とも呼ばれます。諸経費支出を考慮していますが、これには**減価償却費と支払利息は含みません**。減価償却費を考慮した利回りは、投下資本収益率といいます。

2. DCF 分析

DCF 分析とは、**キャッシュフロー**に着目した分析手法です。**正味現在価値法**と**内部収益率法**があります。

① 正味現在価値法（NPV：net present value）

　投資対象不動産から将来生み出されるキャッシュフローを現在価値に割り引いたものから、投資対象不動産の価値を算定する方法です。投資額として計画している金額より**正味現在価値が大きいほど有利な投資**ということができます。

② 内部収益率法（IRR：internal rate of return）

　投資対象不動産から将来生み出される**キャッシュフローの現在価値の合計額と、投資額を等しくする割引率**を**内部収益率（IRR）**といいます。この割引率は、投資家の投資に対する期待収益率と同じ性格のものと捉えられるので、**内部収益率が期待収益率を上回るほど有利な投資**と判断することができます。

2 不動産有効活用

　例えば、自宅以外の土地を持っているような場合、それが更地であれば税金がかかるだけです。しかし、そこに賃貸物件を建てれば毎月賃料が入ってきます。このような土地の「有効活用」を行うには、いくつかの方式があります。

1．自己建設方式

　土地の所有者自らが有効活用の企画から、資金調達、業者への発注や運用管理まで**すべて行う**方式です。メリットとしては土地所有者がすべての収益を享受できますが、専門知識や適切な企画力、ノウハウなどを持たない場合はリスクも大きくなります。

2．事業受託方式

　事業の計画から、建物の建設・施工、完成後の管理運営までの**一切の事業をデベロッパー（不動産開発会社）に委託する方式**です。デベロッパーのノウハウを利用できるというメリットがあります。また、デベロッパーを賃借人として建物を一括賃貸するケースも多く、その場合、空室リスクがなく安

定的な収入が期待できます。ただし、その場合は借り上げ転貸方式であるため、賃料収入は市場相場よりは低くなります。

3．建設協力金方式

　賃借予定者であるテナントが事業パートナーとして土地所有者に建設協力金を差し入れ、土地所有者はそれを事業資金に充当します。建物は、土地所有者の名義になりますので、借地ではなく借家ということになります。建物完成後は、テナントは土地所有者と建物賃貸借契約を締結します。**建設協力金は保証金に転換**します。

4．土地信託方式

　土地所有者が、土地の有効活用を目的として信託銀行に信託し、信託銀行が事業に係るすべてを一括で行う方式です。信託銀行は、事業の成果を受益者である土地所有者に信託配当として交付します。信託することにより、**土地の所有権は移転**しますが、**信託期間満了後には土地・建物とも受益者に所有権が返還**されます。

5．等価交換方式

　土地所有者が**土地を**デベロッパーに**譲渡**し、デベロッパーがその上に**建物を建築し、完成後の土地および建物を土地所有者とデベロッパーが分け合う**という事業方式です。最初の土地の譲渡の範囲により「**部分譲渡方式**」と「**全部譲渡方式**」があります。土地所有者としては、デベロッパーなどが事業資金を負担するので、資金的負担は必要ありません。土地を譲渡したことによる**譲渡益の課税についても、要件を満たすことで繰延べ**を受けることができます。

6．定期借地権方式

　土地に定期借地権を設定し、土地を貸す方式です。土地所有者に資金負担がなく、長期で安定収益を見込めます。

第6章
相続・事業承継

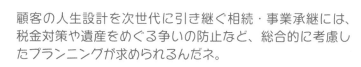

顧客の人生設計を次世代に引き継ぐ相続・事業承継には、税金対策や遺産をめぐる争いの防止など、総合的に考慮したプランニングが求められるんだネ。

Section 1　贈与の基礎知識

ここでは
どーゆーことを
勉強するの？

❶ 贈与契約の定義を理解しましょう。
❷ 贈与の種類を覚えましょう。

1　贈　与

贈与って？

　贈与とは、当事者の一方が、自分の財産を相手にあげると意思表示をし、相手方がこれを貰うよと受諾することにより効力を生じる**契約**をいいます。財産を贈る人を**贈与者**、財産を受け取る人を**受贈者**といいます。

　贈与契約は、口頭でも書面でもどちらでも構いませんが、贈与契約の解除については注意が必要です。

ポイント講義

【口頭による贈与契約】
当事者のいずれかが解除をすることができます。ただし、すでに履行された贈与契約は解除できません。

【書面による贈与契約】
履行されていなくても解除をすることはできません。

2 贈与の種類

1. 生前贈与

　贈与者が、生存中に自分の財産を他の人に無償で与えることで、一般的に「贈与」といえば、これを指します。生前贈与には次のようなものもあります。

① 定期贈与

　一定期間のうちに、ある額の財産を贈与する契約のことです。例えば、毎年100万円ずつ10年間贈与する、というような形です。

② 負担付贈与

　債務を弁済することを条件とするなど、受贈者にも一定の対価的な債務を負担させる贈与をいいます。例えば「この不動産を贈与するが、借入金の返済も負担してくれ」というような場合です。

③ 停止条件付贈与

　所定の条件を満たした場合に、効力が発生する贈与契約です。例えば、「大学に入学したら自動車を与える」というような形です。

2. 死因贈与

　贈与者が死亡することにより、初めて効力が生じる贈与を**「死因贈与」**といいます。つまり、生前のうちに当事者間で贈与契約は交わしておくわけですが、効力自体は贈与者の死亡により発生するということです。形としては、「遺贈」に似ているため、贈与税ではなく**相続税の課税対象**となります。

【遺贈と死因贈与の違い】
遺贈：遺贈者の単独の意思表示
死因贈与：贈与者と受贈者の当事者間での贈与契約

Section 2　贈与税の計算と申告・納付

ここでは
どーゆーことを
勉強するの？

❶ 贈与税の計算の仕方を理解しましょう。
❷ 課税財産と非課税財産を理解しましょう。
❸ 控除について理解しましょう。
❹ 相続時精算課税制度、直系尊属からの住宅取得等資金の贈与、教育資金の一括贈与時の非課税制度の概要を理解しましょう。

1　計算体系

重要ですっ！

　贈与税は、個人から財産をもらったときにかかる税金です。**1暦年（1月1日から12月31日まで）に取得した財産の合計価額をもとに算出します**（暦年課税）。贈与税は所得税同様、超過累進税率を用います。

【計算体系】

計算式
贈与により取得した財産－非課税財産＝贈与税課税価格
{贈与税課税価格－基礎控除額（110万円）}×税率※＝贈与税額

※贈与を受けた年の1月1日において18歳以上の子、孫が、父母や祖父母など（直系尊属）から受けた贈与については、特例税率を用います（それ以外は一般税率）。

＜贈与税速算表＞　税額＝A×B－C

基礎控除後の課税価格（A）	一般		特例	
	税率（B）	控除額（C）	税率（B）	控除額（C）
200万円以下	10%	－	10%	－
200万円超 300万円以下	15%	10万円	15%	10万円
300万円超 400万円以下	20%	25万円		
400万円超 600万円以下	30%	65万円	20%	30万円
600万円超 1,000万円以下	40%	125万円	30%	90万円
1,000万円超 1,500万円以下	45%	175万円	40%	190万円
1,500万円超 3,000万円以下	50%	250万円	45%	265万円
3,000万円超 4,500万円以下	55%	400万円	50%	415万円
4,500万円超			55%	640万円

2 課税財産

1. 本来の課税財産

　現金や預貯金、不動産、株式など金銭に見積もることができるすべての財産をいいます。贈与税は相続税の補完税という位置づけであることから、相続税における本来の相続財産と同じ範囲になります。

2. みなし課税財産

　形式上、贈与による取得ではなくても、実際には贈与を受けたと同様の経済的効果がある場合は、贈与を受けたとみなされて贈与税の課税対象となります。みなし贈与財産となる主なものは次のとおりです。

① 生命保険金等

　生命保険契約等から保険金を受け取った者が、その保険料の負担をしていない場合、保険金を保険料負担者から贈与により取得したものとみなされます。

> **例1　次の終身保険で、死亡保険金を子が受け取った場合**
> 　保険料負担者：夫、被保険者：妻、受取人：子
>
> **例2　次の養老保険で、満期保険金を妻が受け取った場合**
> 　保険料負担者：夫、被保険者：夫、受取人：妻

② 財産の低額譲受による利益

　著しく低い対価で財産を譲り受けた場合は、その**財産の時価と支払った対価との差額**が、財産の譲渡者からの贈与による取得とみなされます。

> **計算式**　財産の時価－支払った対価の額＝みなし贈与の額

③ 債務免除等による利益

　子どもの借金を親が肩代わりするなどの債務の引受けや債務の免除を受けた場合については、その債務の金額に相当する金額を贈与により取得したものとみなされ、課税対象となります。

3 非課税財産

公益性や社会政策的見地、国民感情の面から、贈与税の課税対象から除いている財産を非課税財産といいます。ただし、贈与税の非課税財産であっても、他の税金（所得税や相続税）が課税されるものもあります。主なものは次のとおりです。

① 法人からの贈与（一時所得として所得税の課税対象）
② 扶養義務者からの生活費または教育費で、通常必要と認められるもの
③ 相続または遺贈により財産を取得した者が、**相続開始年**において被相続人から取得した贈与財産（相続税の課税価格に算入）
④ 社交上の香典や贈答品等で、社会通念上相当と認められるもの
⑤ 直系尊属からの住宅取得等資金の贈与のうち一定の金額

4 贈与税の基礎控除

 贈与税の控除って、どーなってるの？

贈与税を計算する際、課税価格から基礎控除額を差し引きます。基礎控除額は、**受贈者1人につき年間110万円**です。1年間に贈与を受けた財産の価額の合計が110万円以下の場合は、贈与税は課税されず、**申告書の提出も不要**です。

5 贈与税の配偶者控除

一定の要件を満たす夫婦間において、**居住用不動産またはそれを取得するための金銭の贈与**が行われた場合、**基礎控除額の110万円のほかに、最高2,000万円**までの金額について控除を受けることができる特例です。なお、同じ夫婦間では1度だけの適用となります。

ポイント講義

＜贈与税の配偶者控除の適用要件＞
● 夫婦の婚姻期間 20 年以上
● 居住用不動産またはそれを取得するための金銭を贈与
● 贈与を受けた年の翌年 3 月 15 日までにそこに住み、引き続き居住する見込みであること
● 確定申告をすること

6 贈与税の申告と納付

　贈与税は、贈与を受けた年の**翌年2月1日から3月15日まで**に申告および納付を行わなければなりません。納付は、原則として**金銭による一括納付**ですが、一定の要件のもとに分割で納付する**「延納」**が認められています。

【延納の要件：すべてを満たすこと】
① 贈与税額が **10 万円超**であること
② 金銭一括納付が難しい**理由**があること
③ 原則として**担保**を提供すること
④ **納期限までに延納申請書**を提出すること

ワンポイント

贈与税においては「物納」はありません。

7　相続時精算課税制度

　　相続時精算課税制度って何？

　相続時精算課税制度は、特定の贈与者から贈与を受けた財産について、**2,500万円**までは贈与時における贈与税は非課税とされ、その贈与者の相続開始において、生前贈与された財産を相続財産に加えて相続税を計算し、本制度で納付した贈与税を控除する形で精算をする選択適用の制度です。

　2024年1月からは、相続時精算課税制度における基礎控除（110万円）が創設されています。

1．適用対象者

　60歳以上（贈与財産が住宅取得等資金の場合は、年齢要件なし）の者から、**18歳以上の子である推定相続人（代襲相続人を含む）および孫**への贈与です。

2．適用対象財産

　財産の種類、金額、贈与回数に制限はありません。

3．適用手続き

　受贈者が、本制度に係る贈与を受けた年の**翌年の2月1日から3月15日までの間**に、贈与税の申告書に「相続時精算課税制度選択届出書」を添付し提出します。父からの贈与は相続時精算課税制度、母からの贈与は暦年課税というように、贈与者ごと、受贈者ごとに選択することができます。一度、本制度を選択すると、**途中で取りやめることはできません**。

4．贈与税額計算

　本制度を選択した後は、**暦年単位課税とは区分して計算**します。2024年1月1日以後に贈与により取得する財産に係る贈与では、贈与財産の合計

額から相続時精算課税制度における基礎控除（110万円）を差し引いた額から複数年にわたり利用できる**2,500万円を控除**し、これを超える部分については**一律20%**の税率で贈与税額を算出します。

相続時精算課税制度を選択し贈与した財産に係る贈与税額の計算は次の通りになります。

・{（贈与税－110万円）－2,500万円}　×一律20%

5. 相続税額計算

本制度に係る贈与者の相続が発生したときは、それまでの**贈与財産と相続財産を合算して相続税を計算**し、本制度においてすでに支払った**贈与税相当額を相続税額から控除**します。この場合、相続財産に合算される贈与財産の価額は、**贈与時の時価**となります。

なお、2024年1月1日以後に贈与により取得する財産に係る相続税では、相続財産に加算する贈与財産の対象は、年110万円の基礎控除を控除した後の額となります。

8 直系尊属からの住宅取得等資金の贈与の非課税制度

18歳以上の者が**父母や祖父母等の直系尊属**から住宅取得等の資金の贈与を受けた場合、一定の金額について贈与税が非課税となります。なお、受贈者において贈与を受けた年の**合計所得金額が2,000万円以下**（床面積が40㎡以上50㎡未満の場合は、1,000万円以下）である者に限定されます。

【適用対象住宅】

・取得した住宅用家屋の床面積が **50㎡以上**※**240㎡以下**

　※受贈者の合計所得金額が **1,000 万円以下**の場合は下限を **40㎡以**

　　上に引き下げ

・既存住宅は新耐震基準に適合するもの

【非課税限度額】

● 省エネ性、耐震性のある住宅の場合・・・・1,000 万円

● 上記以外の住宅の場合・・・・・・・・・　500 万円

ワンポイント

家屋の床面積により、要件となる合計所得
金額が異なります。注意しましょう。

9　直系尊属からの教育資金一括贈与時の非課税制度

　2026 年 3 月 31 日までの間に、前年の合計所得金額が 1,000 万円以下
である **30 歳未満**の者が直系尊属から教育資金の一括贈与を受けた場合、要
件を満たすことで **1,500 万円**までが非課税となります。ただし、**学校以外
の者に支払われるものについては、500 万円が限度**となります（ただし、
受贈者が 23 歳以上の場合、習い事等には使えません）。

10　直系尊属からの結婚・子育て資金の一括贈与時の非課税制度

　2025 年 3 月 31 日までの間に、前年の合計所得金額が 1,000 万円以
下である **18 歳以上 50 歳未満**の者が直系尊属から結婚・子育て資金の支払
いに充てるための金銭等の一括贈与を受けた場合、一定の要件を満たすこと
で受贈者 1 人につき **1,000 万円**までが非課税となります。ただし、**結婚に
際して支出する費用については 300 万円が限度**となります。

Section 3

相続
（相続人と法定相続分）

ここでは
どーゆーことを
勉強するの？

❶ 相続人の概要、優先順位を覚えましょう。
❷ 相続人の欠格事由を覚えましょう。
❸ 法定相続分の割合を覚えましょう。

1 相続

相続のことは大事だよネ。

相続は、人の死亡により開始します。その死亡した人を**「被相続人」**といい、被相続人の財産に関する権利義務が特定の人に引き継がれます。この権利義務を承継する人を**「相続人」**といいます。また、被相続人の**遺言**による財産の移転を**「遺贈」**といい、ともに**相続税**の課税対象となります。

「死因贈与」は、贈与者の死亡により効力が生じる贈与契約ですが、外観が遺贈に似ているため、ほぼ遺贈と同じ取扱いになります。死因贈与は贈与税ではなく、相続税の対象となります。

2 相続人

1．概 要

相続人とは、被相続人の財産における権利義務を承継する人をいいますが、民法では相続人になれる人の範囲を、被相続人の**配偶者、子、直系尊属、兄弟姉妹に限定**しています。

2．配偶者相続人

被相続人の配偶者は、**常に相続人になります**。なお、配偶者とは、被相続人の相続開始時において**正式な婚姻関係**にある配偶者をいいます。**内縁関係の人は、相続人には含まれません。**

3．血族相続人

　被相続人の配偶者以外の人は、血族相続人となり配偶者と一緒（同順位）に相続人となります。ただし、血族相続人間は順位があり、**上位者がいる場合は、次順位以降の人は相続人にはなれません**。

① 子（第1順位）

　「子」には、**嫡出子**、**非嫡出子**、**養子**などがありますが、それらの区別により、相続人の順位に差異はなく、同順位となります。

(1) 嫡出子

　実子で、正式な婚姻関係のもとに生まれた子です。

(2) 非嫡出子

　実子で、正式な婚姻関係以外のもとに生まれた子です。相続人になるためには、被相続人が**男性**の場合、**認知**が必要となります。被相続人が女性の場合は、分娩出産の事実により認知は不要です。なお、認知は遺言によって行うこともできます。

(3) 養　子

● 普通養子：実親との関係は消滅しないため、実親・養親双方の相続人となります。

● 特別養子：実親との関係は消滅するため、養親のみの相続人となります。

(4) 胎　児

　すでに生まれたものとみなして、相続権を認めます。ただし、死産の場合は相続人として取り扱いません。

② 直系尊属（第2順位）

　直系尊属とは、被相続人の直系で世代が上の人、父母や祖父母を指します。被相続人に、より近い世代を優先します（父母、祖父母とも健在の場合は父母）。第1順位である子がいない場合に相続人となります。

③ 兄弟姉妹（第3順位）

　被相続人に子も直系尊属もいない場合は、兄弟姉妹が相続人となります。

3 相続人になれない事由

　相続人となれる範囲にある人であっても、次の事由に該当する場合は、相続人となることはできません。

> ● 相続開始以前に死亡している
> ● 相続人の欠格事由に該当している
> ● 推定相続人から廃除されている
>
> 　欠格事由：被相続人を殺害したり、遺言に関し脅迫や詐欺を行ったりすることです。事由に該当することにより、自動的に相続権を喪失します。
>
> 　廃除：被相続人に対する虐待や重大な侮辱、その他著しい非行があるような場合、被相続人が家庭裁判所に申立てを行い、相続権を喪失させるものです。

4 代襲相続

　相続人となることができる者が、相続開始時において、**死亡または欠格もしくは廃除**により相続権を喪失している場合、その者の**直系卑属（子や孫）が代わりに相続人となること**をいいます。なお、**相続人が相続放棄をした場合は、その子には代襲相続は認められません**。なお、子の場合、代襲相続人の代襲相続（**再代襲**）も認められていますが、兄弟姉妹が相続人の場合は、代襲相続はできますが、再代襲は認められていません（**被相続人から見て甥、姪まで**）。一代限りの代襲となります。

5 相続分

1. 指定相続分

　被相続人の遺言によって指定された相続分のことです。指定相続分は、法定相続分に優先して適用されます。

2. 法定相続分

重要ですっ！

法定相続分とは、民法で定められた、原則的な相続分です。相続人間で遺産の分割について合意ができなかったときの遺産の分割割合であり、必ずこの法定相続分で分割をしなければならないというものではありません。

ポイント講義

法定相続人	法定相続分
配偶者と子の場合	配偶者：1/2、子：1/2
配偶者と直系尊属の場合	配偶者：2/3、直系尊属：1/3
配偶者と兄弟姉妹の場合	配偶者：3/4、兄弟姉妹：1/4

※子、直系尊属、兄弟姉妹がそれぞれ複数人いる場合は、原則として均等に分けます。
※実子、養子による相続分の差はありません。
※半血兄弟姉妹の相続分は、**全血兄弟姉妹の1/2** です。
※**代襲相続分**
　被代襲者が相続するはずであった相続分になります。代襲相続人が**複数人いる場合は、法定相続分で分割**します。

例 法定相続分の例

E 父　　　F 母

G 兄弟　　A ✕ 被相続人　　B 配偶者

C 子　　D 子

【被相続人A が死亡した場合】
① 配偶者Bと子C、Dがいる場合
　B　：1/2
　C、D：1/4 ずつ（1/4＋1/4＝1/2）
② 配偶者Bと子はなく、父E、母F
　（直系尊属）がいる場合
　B　：2/3
　E、F：1/6 ずつ（1/6＋1/6＝1/3）
③ 配偶者Bと子、直系尊属はなく、兄弟Gがいる場合
　B　：3/4
　G　：1/4

相続
（承認と放棄、遺産分割）

ここでは
どーゆーことを
勉強するの？

❶ 単純承認と限定承認の違い、放棄について理解しましょう。

❷ 遺産分割の概要と方法を理解しましょう。

1 相続の承認と放棄

　相続財産は、必ずしもプラスのものだけとは限りません。フタを開けてみたら借金ばかり…ということもあります。そこで、民法では相続人が、被相続人の**財産を相続するか否かの選択権**を与えています。

1. 単純承認

　被相続人の権利義務を**無条件に承継**します。したがって、相続財産の中に、借金などのマイナスの財産があった場合、相続人は弁済をしなければなりません。次のような場合に、相続人は単純承認したものと取り扱われます。

① 相続人が、相続財産の全部または一部を処分したとき

② 相続の開始があったことを知った日から３ヵ月以内に、限定承認または放棄をしなかったとき

③ 相続人が限定承認または放棄をした後でも、相続財産の全部または一部を隠匿し、私にこれを消費し、または意図的に財産目録に記載しなかったとき

ワンポイント

相続の開始から３ヵ月が経過すると、特に何もアクションを起こさなくても単純承認したものとみなされます。

2. 限定承認

　相続財産の範囲内においてのみ、被相続人の債務を引き継ぐものです。したがって、被相続人が債務超過であったとしても、相続人は自分の財産を持ち出してまで、債務超過部分を弁済する必要はありません。

　限定承認を行う場合は、**相続の開始があったことを知った日から3ヵ月以内**に、共同相続人**全員**で、**家庭裁判所に「限定承認申述書」の提出**をしなければなりません。

3. 放　棄

　被相続人の権利義務の承継を**すべて拒否**することです。放棄をすることで、**初めから相続人ではなかった**ものとみなされます。

　相続放棄をする場合は、**相続の開始があったことを知った日から3ヵ月以内**に、**家庭裁判所に「相続放棄申述書」の提出**をしなければなりません。放棄については、各相続人が**単独**で行うことができます。なお、**放棄をした者には代襲相続は認められない**ので、注意しましょう。

2　遺産の分割

　相続人間での遺産分割は、遺言による**指定分割**と各相続人間による話し合い（**協議分割**）があります。ただし、**指定分割が最優先**されます。

　遺言がない場合は、協議分割をすることになりますが、これは共同相続人**全員の協議により分割**します。協議により分割が確定したら**「遺産分割協議書」**を作成することになります（書式は定まっていない）。これは、財産の名義変更などに必要となる重要な書類です。また、協議が成立しない場合には、家庭裁判所に申立てを行い、**調停分割**、調停においてもまとまらない場合は**審判分割**となります。

3 遺産分割前の預貯金の払戻し制度

　各相続人は、相続された預貯令債権について、葬儀費用や当面の生活費、相続債務の弁済などに対応できるよう、口座ごとに次の計算式で求められる金額まで、家庭裁判所の判断を経ずに単独で払戻しを受けることができます。

計算式　相続開始時の預貯金債権額×1／3
　　　　　　　　　　　　　×払戻しを行う相続人の法定相続分
※同一の金融機関からの払出しは150万円が限度

> **例** 相続人が長男と次男の2人で、相続開始時の預金額（1口座）が
> 600万円の場合。
> 長男が単独で払戻しできる額＝600万円×1／3×1／2＝100万円

4 遺産分割の方法

　相続財産を分割する際に、現物をそのまま分割できれば問題ないですが、財産によってはうまく分割できない物や事情が生じることもあります。

1. 現物分割

　相続財産を現物のまま分割する方法です。

2. 代償分割

　財産を分割することが困難な場合に用います。共同相続人の**1人または数人が現物を取得**し、取得した相続人が**他の相続人に対し債務を負担**する分割方法です。同族会社の株式や事業用不動産などで用いられることが多いです。

3. 換価分割

　共同相続人の1人または数人が現物を取得し、財産の全部または一部を換価し、それを分割する方法です。相続財産が自宅のみというようなケースなどに用いられます。

Section 5

相続
（遺言、遺留分）

ここでは
どーゆーことを
勉強するの？

❶ 遺言の種類とそれぞれの方法を理解しましょう。
❷ 遺留分の概要と割合を理解しましょう。

1 遺言の種類

遺言とは、人が死後に生前の意思を実現させる目的で、一定の方式で行う**単独の意思表示**をいいます。遺言は15歳以上であれば、未成年者でも有効に遺言できます。また、遺言の撤回はいつでもできます。**普通方式**と**特別方式**があります。普通方式には**自筆証書遺言**、**公正証書遺言**、**秘密証書遺言**の3種類があります。

1．自筆証書遺言

重要ですぅ！

ポイント講義

作成方法	本人が遺言書の全文・日付・氏名等を自筆し押印。PCでの作成、映像や音声は不可。ただし、自筆証書遺言に添付する財産目録の作成はPCでの作成も可能（署名押印必要）。
場所	自由
証人	不要
検認	必要（法務局による保管制度利用の場合は不要）

- 気軽に作成でき費用もかかりませんが、紛失や改ざんされるおそれがあります。なお、法務局における自筆証書遺言の保管制度を利用することもできます。
- 方式の不備等により、遺言書自体が無効になることもあります。

2. 公正証書遺言

作成方法	本人が口述、それに基づき公証人が作成
場所	公証役場
証人	2人
検認	**不要**

● 法の専門家である公証人によって法律的にきちんと整理されるので、方式不備になるようなおそれもなく、原本が公証役場に保管され、紛失や改ざんもなく安全確実な方法です。
● 費用がかかることが難点です。

3. 秘密証書遺言

作成方法	本人が遺言を作成（自筆である必要はない）、署名押印のうえこれを封じ、公証人の前で本人が氏名等を申述、公証人が日付などを記入
場所	公証役場
証人	公証人および証人2人
検認	必要

● 遺言書の存在を明確にしながら、かつ内容を秘密にすることができます。
● 公証人が内容を確認できないので、内容に法律的な不備があると、無効になる場合もあります。

2 遺言書の検認

遺言書の保管者またはこれを発見した相続人は、遺言者の死亡を知った後、**遅滞なく**遺言書を家庭裁判所に提出し、検認を受けなければなりません。

検認とは、相続人に対し遺言の存在および内容を知らせ、遺言書の状態等を明確にし、偽造・変造を防止するための手続きです。**遺言の有効・無効を判断するための手続きではありません。**

3 遺留分

遺留分とは、**兄弟姉妹以外の相続人（代襲相続人も含みます）が、最低限相続できる割合**のことです。被相続人が財産をどのように処分するかは、その意思を尊重しているわけですが、相続人側から考えた場合、特に配偶者やその子などについては、相続財産に対する依存度は高く、その権利を保護する必要もあると考えられます。そこで遺留分として、被相続人が相続人に対して遺さなければならない財産の一定割合を定めています。なお、遺留分は、家庭裁判所の許可を受ければ、相続開始**前**においても放棄をすることができます。

4 遺留分の割合

遺留分の割合は、相続人が誰かによって異なります。
● 被相続人の**直系尊属だけ**が相続人の場合…遺産の**3分の1**
● 上記以外の場合…遺産の**2分の1**

5 遺留分侵害額請求権

遺言等により遺留分を侵害された法定相続人は、**遺留分侵害額請求権**を行使することで、侵害した人に対して遺留分侵害額に相当する金銭の支払を請求することができます。ただし、権利の行使は、**相続の開始の時から10年以内、あるいは相続の開始および遺留分の侵害をする贈与や遺贈があったこ**

とを知った時から１年以内にしなければ、権利は時効により消滅してしまいます。

6　特別寄与料

　被相続人の療養看護等を行った相続人以外の親族（特別寄与者）の貢献を考慮し、相続開始後、一定要件のもと特別寄与者が相続人に対して金銭の支払を請求することができる制度を特別寄与料制度といいます。実質的な公平を図る制度です。

7　配偶者居住権

　相続が開始後、残された被相続人の配偶者の居住権を確保する権利です。被相続人の所有していた建物に被相続人の配偶者が相続開始時に居住していた場合、配偶者は終身または一定の期間、無償で建物の使用を認められます（**配偶者居住権**）。

　この権利は完全な所有権ではなく、あくまでも住み続ける権利なので、相続税評価額を抑えることができ、その分、配偶者は預貯金など他の財産をより多く取得することができ、住む場所を確保しながら生活費等も確保することができます。

相続税
（課税財産、非課税財産）

ここでは
どーゆーことを
勉強するの？

❶ 相続税の課税財産にはどのようなものがあるのか理解しましょう。

❷ 相続税の非課税財産にはどのようなものがあるのか理解しましょう。

1 相続税の課税財産

相続の税金はどーなってるの？

1. 本来の相続財産

　死亡した人の財産を**相続や遺贈**で取得したもので、現金、預貯金、有価証券、土地、家屋などのほか、特許権、営業権、著作権など**金銭に見積もることができる経済的価値のあるすべてのもの**をいいます。

2. みなし相続財産

　被相続人が保険料を負担していた生命保険等の死亡保険金や勤め先からの死亡退職金など、本来の被相続人の財産ではないが、相続や遺贈により取得したものと同じ経済的効果がある場合は、相続税の課税財産とみなされます。

① 生命保険金等

　被相続人が保険料を負担し、被保険者であった生命保険等から支払われる死亡保険金のことです。

> **例** **被相続人が夫の場合**
> 契約者（保険料負担者）：夫
> 被保険者：夫
> 死亡保険金受取人：妻

② 死亡退職金

　被相続人の死亡退職によって相続人等に支払われる退職手当金などで、被相続人の死亡後**3年以内に支給が確定**したものをいいます。死亡後3年経過後に支給が確定したものは、相続財産とはならず、受け取った人に法人からの贈与として**所得税（一時所得）**の課税対象となります。

　なお、**弔慰金**や花輪代などは、その性質上、次の範囲内において**非課税**とされます。ただし、それを超える部分は退職手当金等として課税対象です。

【弔慰金等の非課税限度額】

業務上の死亡	死亡時の普通給与の**3年分**
業務上以外の死亡	死亡時の普通給与の**半年分**

ワンポイント

みなし相続財産は、相続人以外の者が取得することもできます。その場合は、相続による取得ではなく、遺贈による取得となり相続税の課税対象となります。

3. 相続開始前7年以内に被相続人から贈与を受けた財産

　相続や遺贈で財産を取得した者が、その相続の開始前**7年以内**に被相続人から贈与を受けている財産がある場合、原則としてその財産の**贈与時の価額を相続財産に加算**します（生前贈与加算）。このままでは、同じ財産に贈与税と相続税が二重に課税されることになりますので、贈与の際に支払った**贈与税相当額は相続税額より控除**されます。

 参考

　従来、生前贈与加算として加算される期間は3年でしたが、2024年1月1日以後に贈与により取得する財産に係る相続税では、相続財産に加算する生前贈与の期間が7年に延長されました。また相続開始前3年超7年以内の4年間に受けた贈与については、合計100万円までは相続財産に加算しません。

4. 相続時精算課税制度の適用を受ける贈与財産

　被相続人から、生前に、相続時精算課税制度の適用を受ける財産の贈与を受
けている場合は、その財産を贈与時の価額で相続財産の価額に加算します。

2 相続税の非課税財産

1. 主な非課税財産

重要ですぅ！

ポイント講義

① 墓地、墓石、仏壇、仏具など
② 相続により取得した生命保険金等のうち「500万円×法定相続人
　の数」までの部分
③ 相続により取得した死亡退職金等のうち「500万円×法定相続人
　の数」までの部分

2. 相続人と法定相続人

　相続税法では、相続人について「相続人」と「法定相続人」の２つの概念
があります。「相続人」とは民法でいうところの相続人と同じですが、「**法定**

相続人」は相続放棄があった場合、その放棄がなかったものとした相続人を
いいます。

　また、法定相続人において養子がいる場合、人数に算入できる数の制限が
設けられています。

【法定相続人の数に算入できる養子の数】

● 実子がいる場合…1人まで

● 実子がいない場合…2人まで

※特別養子は実子とみなされるので、数の制限からは除かれます。

ワンポイント

この規定は、相続税額を計算するうえでのル
ールです。実際の相続において、養子が何人
相続人としていたとしても、これは民法上の
相続人として相続することができます。

3　債務控除・葬式費用　　重要ですぅ！

　被相続人が残した債務を承継する場合は、債務の金額を遺産総額から控除
することができます。なお、葬式費用は被相続人の債務ではありませんが、
人の死亡により葬式を執り行うことは一般的なことから、控除することがで
きます。

ポイント講義

> 【控除対象となるもの】
> 被相続人の借入金・未払い医療費・未払いの税金など、通夜・本葬
> 費用など
>
> 【控除対象とならないもの】
> 非課税財産に関する債務、香典返礼費用など

Section 7

相続税
（税額計算と申告・納付）

ここでは
どーゆーことを
勉強するの？

❶ 相続税の総額の計算、控除額、各相続人ごとの税額
の計算の仕方を理解しましょう。
❷ 相続税の申告と納付方法を理解しましょう。

1 相続税の計算

相続税を計算するうえでの特徴は、まず全体の相続税の総額を
求め、その総額から各人の納付すべき税額を求めていきます。

1．相続税の総額の計算

① 各相続人の課税価格の合計額から、**「遺産に係る基礎控除額」** を控除し、**課税遺産総額**を計算します。課税遺産総額がゼロとなる場合は、相続税はかかりません。その場合、**相続税の申告書を提出する必要もありません。**

> **計算式** 各人の課税価格合計額－基礎控除額＝課税遺産総額

【遺産に係る基礎控除額】

> **計算式** 3,000万円＋600万円×法定相続人の数＝基礎控除額

※法定相続人の数は、相続放棄があった場合でも、放棄がなかったものとし、また、養子の数の制限を受ける取扱いとなります。

② 課税遺産総額を、実際の取得分ではなく**各法定相続人が法定相続分で取得したものとして、各法定相続人の取得金額を計算**します。そして、各法定相続人ごとの取得金額に対し税率を乗じて税額を計算し、これを合計して相続税の総額を求めます。

計算式 課税遺産総額×各法定相続人の法定相続分
　　　　　　　＝各法定相続人に応ずる取得金額
　　　各取得金額×税率＝税額
　　　　　　……合計 ⇒相続税の総額

ポイント講義

<相続税速算表> 税額＝Ａ×Ｂ－Ｃ

法定相続分に応ずる取得金額（Ａ）	税率（Ｂ）	控除額（Ｃ）
1,000 万円以下	10%	－
1,000 万円超 3,000 万円以下	15%	50 万円
3,000 万円超 5,000 万円以下	20%	200 万円
5,000 万円超 1 億円以下	30%	700 万円
1 億円超 2 億円以下	40%	1,700 万円
2 億円超 3 億円以下	45%	2,700 万円
3 億円超 6 億円以下	50%	4,200 万円
6 億円超	55%	7,200 万円

ワンポイント

この段階が最も重要なポイントです。実際の取得分は無視してあくまでも法定相続人が法定相続分で取得すると仮定して計算を行うことにより、相続財産の分散ができ適用される超過累進税率も低いものを適用することができます。これにより税額が軽くなるようになっているのですね。

2. 各人ごとの税額の計算

相続税の総額が算出されたら、各人の納付税額を計算します。総額を計算する段階では、各法定相続人が法定相続分で取得するとして計算を行いましたが、ここで実際の取得割合に応じて相続税の総額を、あん分します。

> **計算式**　相続税の総額×$\dfrac{各人の課税価格}{課税価格の合計}$＝各相続人の税額

3. 各人の納付すべき税額の計算

最後に、一定の者について税負担の調整を行います。ここでは、加算するものと控除するものがあります。

【加算するもの】

● 相続税額の2割加算

被相続人の**配偶者、父母、子ども以外の者**が財産を取得した場合、相続税額に2割相当額を加算します。

※子の代襲相続人（被相続人の孫）は2割加算対象外ですが、被相続人の養子である孫は2割加算の対象です。

【控除するもの】

税額控除としていくつかありますが、主なものは次のとおりです。

● 配偶者の税額軽減

被相続人の配偶者が取得した遺産額が、次のどちらか多い金額までなら、**配偶者の相続税はゼロ**となります。

　① 1億6,000万円

　② 配偶者の法定相続分相当額

なお、配偶者の税額軽減は、配偶者が**相続放棄**をした場合でも、遺贈により取得した財産に適用をすることができます。

● 贈与税額控除

生前贈与加算（相続開始前3年以内の贈与）の対象となった財産を取得した者で、贈与税を納付している場合は、その贈与税額相当額を税額控除として相続税額から控除します。

2 相続税の申告と納付

1. 申告期限（納付期限）

　相続の開始があったことを知った日の翌日から **10ヵ月以内**に、被相続人の死亡の時における住所地の所轄税務署長に申告します。納付期限は申告期限と同じです。

2. 延　納

　相続税の納付は、金銭による一括納付が原則ですが、取得した財産が不動産だけ、というような場合には、納税資金が確保できないこともあります。所定の要件を満たす場合、分割納付である延納が認められます。

【延納の要件】
- 納付すべき相続税額が **10万円を超え**、金銭による納付が困難である事由があり、延納申請書を納期限までに提出すること
- 延納税額に相当する担保を提供すること

3. 物　納

　延納によっても金銭での納付が困難な場合、物で納める物納が認められます。物納できる財産は、相続または遺贈により取得した一定の財産に限られます。この物納制度は、相続税だけに認められる納税方法です。

【物納の要件】
- 延納によっても金銭での納付が困難である事由があり、物納申請書を納期限までに提出すること

Section 8 相続財産評価・不動産

ここでは
どーゆーことを
勉強するの？

❶ 宅地の評価方法を理解しましょう。
❷ 建物の評価方法を理解しましょう。

1 宅地の評価

相続財産の評価って、どーやって決まるの？

　宅地の評価は、1筆ごとではなく**1画地の宅地ごとに評価**をします。1画地とは、利用の単位となっている1区画の宅地のことです。評価方法は、所在地域により「**路線価方式**」と「**倍率方式**」があります。

1. 路線価方式

　路線価方式とは、宅地に面する路線（道路）に付された「**路線価**」をもとに評価する方式のことをいいます。路線価とは、路線に面する標準的な宅地の**1㎡あたりの価額**です。千円単位で表示をします。また、宅地の形状等に応じた各種補正率で路線価を補正します。例えば、路線からの奥行きの深さにより補正するのは**奥行価格補正率**といいます。

> **計算式**　路線価×奥行価格補正率×地積

2. 倍率方式

　路線価が定められていない地域については倍率方式を用いて評価します。基本的に、郊外地や農村地にある宅地の評価方式です。その宅地の**固定資産税評価額に一定の倍率**を乗じて計算します。

3．小規模宅地等の評価減の特例

相続または遺贈により取得した特定の宅地等について、**一定の面積を限度**として、通常の評価額から**一定の割合を減額**する特例です。

ポイント講義

要　件	限度面積	減額割合
特定居住用宅地等	330㎡	80％
特定事業用宅地等	400㎡	80％
貸付事業用宅地等	200㎡	50％

●**特定居住用宅地等**
被相続人等の居住の用に供されていた宅地等で、配偶者が取得した場合や、同居親族が取得、継続して居住している場合などが該当します。
●**特定事業用宅地等**
被相続人等の事業の用に供されていた宅地等で、取得した者が事業を引き継いでいる場合などが該当します。

4．借地権の評価

借地権とは、建物の所有を目的とする地上権または賃借権をいいますが、相続税の課税対象となります。

計算式　**借地権の評価額＝自用地評価額×借地権割合**

5．貸宅地の評価

貸宅地とは、借地権が設定されている宅地をいいます。

計算式　**貸宅地の評価額＝自用地評価額×（1－借地権割合）**

6. 貸家建付地の評価

貸家建付地とは、貸家の目的とされている宅地のことをいいます。宅地の所有者が、建物を建築し、他人に貸し付けている場合の宅地をいいます。

> **計算式**　貸家建付地の評価額
> ＝自用地評価額×（1－借地権割合×借家権割合×賃貸割合）

> **ワンポイント**
> 賃貸割合とは、借家人がいる部分の面積の割合のことをいいます。つまり、空室などがある場合は賃貸割合が下がることになりますが、3級FPの試験においては、賃貸割合は100％、つまり「満室」という想定でOKです。
> 試験問題でも、賃貸割合100％ではなく、「満室」と書かれているケースもあります。

2 建物の評価

建物は、原則として1棟ごとに評価をします。

1. 自用家屋の評価

自用家屋とは、自ら使用する建物のことをいいます。

> **計算式**　自用家屋の評価額＝固定資産税評価額×1.0

倍率は常に1.0倍なので、固定資産税評価額を自用家屋の評価額と読み替えればOKです。

2. 貸家の評価

貸家とは、アパートなど貸付けに供されている建物のことをいいます。

> **計算式**　貸家の評価額
> ＝自用家屋の評価額×（1－借家権割合×賃貸割合）

相続財産評価・ その他の財産

ここでは
どーゆーことを
勉強するの？

❶ 生命保険の評価について理解しましょう。
❷ 上場株式の評価の仕方を覚えましょう。
❸ 取引相場のない株式の評価は概要をおさえましょう。

不動産以外の財産評価は？

1 生命保険に関する権利の評価

　被相続人が保険料を負担していて、被保険者が被相続人ではない生命保険契約については、被相続人の相続が発生した時点では、**保険事故が発生していない**ため、保険金は支払われません。この場合は、**契約者としての権利**を引き継いだものが「生命保険に関する権利」を取得したとして、相続税の課税対象となります。評価額は、相続開始の時における**解約返戻金相当額**です。

> 例 【被保険者が被相続人ではない契約例】
> 契約者（保険料負担者）：夫（＝被相続人）
> 被保険者：妻
> 死亡保険金受取人：夫

2 預貯金の評価

定期預金などの評価は次のように計算します。

　計算式　**預金残高＋（解約時の既経過利息の額－源泉所得税相当額）**

※普通預金などで、既経過利息の額が少ないものは、預金残高で評価します。

3 ゴルフ会員権の評価

取引相場のあるゴルフ会員権は、課税時期の通常の**取引価格の70%相当額**で評価します。

4 上場株式の評価

取引所で取引をされている上場株式は、原則として次の4つの価額のうち**最も低い**価額で評価します。

① 課税時期の終値
② 課税時期の月の毎日の終値の平均額
③ 課税時期の月の前月の毎日の終値の平均額
④ 課税時期の月の前々月の毎日の終値の平均額

※課税時期は、相続開始の日のことです。

5 取引相場のない株式の評価

取引相場のない株式とは、「上場株式」および「気配相場等のある株式」以外の株式のことをいいます。ひとくちに取引相場のない株式といっても、上場企業に匹敵する規模の企業もあれば、個人企業までさまざまですから、実態に即した評価方法を適用します。

まず、株式を取得した者が、「**支配権を持っている同族株主等**」か「**それ以外の株主**」かにより、それぞれ**原則的評価方式**（類似業種比準方式、純資産価額方式）、**特例的評価方式**（配当還元方式）で評価をします。

原則的評価方式は、会社の規模（大会社、中会社、小会社）により、**大会社は類似業種比準方式、小会社は純資産価額方式、中会社は類似業種比準方式と純資産価額方式の併用**により評価を行います。

1. 類似業種比準方式

　類似業種比準方式は、上場していて類似した業種の企業の株価と比較して評価をする方法です。比較するのは、1株あたりの**配当金額**、**利益金額**、**純資産価額（簿価）**の各要素です。大会社は、原則として類似業種比準方式により評価します。

　従業員70人以上の会社は、常に大会社となります。

2. 純資産価額方式

　純資産価額方式は、会社の**総資産**を**相続税評価額**に洗い替えて、そこから**負債**や**評価差額に対する法人税額等相当額**を差し引いた残りの金額を、発行済株式数で割って求めた1株あたりの純資産価額で評価をする方法です。小会社の原則的評価方式です。

3. 配当還元方式

　同族株主等以外の者が取得した株式については、会社の規模にかかわらず、**特例的評価方式の配当還元方式**で評価を行います。配当還元方式は、その株式を所有することにより受ける配当の金額（**過去2年間の平均**）を、一定の利率（**10%**）で還元することで評価をする方式です。この場合の、配当の金額には、**特別配当や記念配当のような経常的でない配当**は**含みません**。

6　特定の評価会社の株式の評価

　一定の水準以上で株式や土地などが純資産価額を占める会社や、類似業種比準方式で評価する場合の3つの比準要素（配当金額、利益金額、純資産価額）のいずれか2つがゼロである会社などは、特定評価会社となり、原則として**純資産価額方式**により評価されます。なお、同族株主等以外の株主については、特定評価会社であっても配当還元方式で評価します。

Section 10 成年後見制度

ここでは
どーゆーことを
勉強するの？

❶ 成年後見制度とは何かを理解しましょう。
❷ 法定後見制度と任意後見制度の概要をそれぞれ理解
しましょう。

1 成年後見制度

　認知症や知的障害などのために判断能力が不十分な人が、不利益を被らないように支援し、その権利擁護を図る制度です。**法定後見制度**と**任意後見制度**から成り立っています。

2 法定後見制度

　すでに判断能力が不十分な状態にある人に対し、家庭裁判所に後見人等を選任してもらう制度です。判断能力に応じ**「後見」「保佐」「補助」**の３つがあります。

後　見	判断能力がほとんどない状態の人が保護対象です。家庭裁判所は、本人のために成年後見人を選任します。成年後見人は広範囲の代理権および取消権が付与されます。
保　佐	後見よりは程度は軽いが、判断能力が著しく不十分な状態の人が保護対象です。家庭裁判所が本人のために保佐人を選任します。
補　助	軽度の精神障害により判断能力が不十分な人が保護対象です。家庭裁判所は、本人のために補助人を選任します。

3 任意後見制度

　将来に備えあらかじめ当事者間の契約により、後見人を選任しておく制度です。契約は**必ず公正証書**で行います。任意後見の開始の必要が生じたときに、家庭裁判所に**任意後見監督人の選任の申立て**を行い、選任された時から効力が生じます。

索 引

た

日建学院の FP3級 受検対策Webコース

学費	**30,000**円（税込 33,000円）
学生割引	**20,000**円（税込 22,000円）

本試験合格を目指した最短距離のカリキュラム

FP3級 受検対策Webコース　カリキュラム　全12回

STEP1

基本学習

講義時間　各35分×3

- ❶ ライフプランニングと資金計画
- ❷ リスク管理
- ❸ 金融資産運用
- ❹ タックスプランニング
- ❺ 不動産
- ❻ 相続・事業承継

第1回 から第6回まで科目ごとに試験に問われる重要論点について学習をします。

STEP2

総仕上げ

- ❼ 過去問演習（学科編）
【講義時間】演習60分＋解説50分
- ❽ 過去問演習（実技編）
【講義時間】演習60分＋解説50分
- ❾ 模擬試験1（試験）
【講義時間】学科90分＋実技60分
- ⓫ 模擬試験2（試験）
【講義時間】学科90分+実技60分
- ❿ 模擬試験1（解説）
【講義時間】解説講義85分
- ⓬ 模擬試験2（解説）
【講義時間】解説講義85分

STEP3

本試験

合格！

学習スケジュール開始の目安

🖥 web

学習期間 約2ヶ月

対象者 初心者向け

例）試験日が5月1日の場合 🖥

3月	4月	5月

講　義　／　試験日

受検予定日に合わせて2ヵ月間配信 👆 **いつからでも始められます！**

※カリキュラムは変更になる場合があります

楽しく学ぼう! FP3級

...やこれからの生活のこと。目標をもって、余裕をもって、楽しく暮らしていくために、必ず役立つお金の知識。
...イナンシャルプランナーとして活躍中の菱田先生・横山先生と一緒に楽しく学んでみませんか。

菱田 雅生 講師　　Masao Hishida

1969年東京生まれ。早稲田大学法学部卒業後、山一證券株式会社を経て独立系FPに。2008年にライフアセットコンサルティング株式会社を設立。現在は、相談業務や原稿執筆、セミナー講師などに従事するとともに、TVやラジオ出演などもこなす。

FP学習法とアドバイス／ 金融資産運用は、特に債券や株式、投資信託などの商品について、興味を持って商品の仕組みやマーケットの特徴などをしっかり覚えることが重要です。可能であれば、自分のお金でそれらの商品を買ってみることでより興味がわくと思います。自分の資産運用のためだと思って、実践しながら覚えていくのが早道でしょう。

横山 延男 講師　　Nobuo Yokoyama

保険業界を経てFPとして独立。個人向け相談業務を中心に企業セミナーやFP資格学校、大学、ビジネス専門学校等で数多く講師を務める。また、新聞、マネー誌等執筆活動も広く行い、ライフプラン総合アプリケーションの監修をするなど活動は多方面に渡る。

FP学習法とアドバイス／ FPの学習で大切なのは、「横断的学習をすること」です。便宜上縦割りの課目になっていますが、学習すればわかるとおり、全て関連性があるもの。暗記ではなく、横断的に学習をして関連性を確認することで「理解」が進みます。また、インプット学習に時間を割きすぎず、問題演習など数多くこなすことがより効率のよい学習に繋がります。

＞講義はこんな風に進むよ!

講義のポイントを
まずは確認！

1 はじめに！

2 講義では

表にまとめて
説明したり
大切なことは
文字でも表示！

...識・経験豊富な講師が担当する魅力ある講義は
...じめて**FP**を学ぶ方にもおススメ！
...要ポイントを意識しながら学べる講義内容や
...識整理のための確認テスト、講義最後のアドバイスは
...格への確実なステップアップになります。

理解度を確認する
テストがあるよ！
間違えても
気にしないでね！

3 問題にチャレンジ

...めでとう！

各回講義の最後に
合格へ向けた
鋭いアドバイス！

4 まとめ

日建学院のFP2級講座

各コースの詳細は 日建学院 FP 検索

基礎からしっかり学び、2級FP+AFPを目指す!

FP2級／AFP講座カリキュラム

A F P フ ル パ ッ ク	A F P 重点[日本 F P 協会認定研修]

AFP重点講義 [全28回]　　日本FP協会認定研修

回数	内容	回数	内容
第1回	ガイダンス、FP基礎（FP総論）	第15回	中間試験3
第2回	ライフプランニング	第16回	提案書の作成方法
第3回	リタイアメントプランニング①	第17回	タックスプランニング①
第4回	リタイアメントプランニング②	第18回	タックスプランニング②
第5回	リタイアメントプランニング③	第19回	タックスプランニング③
第6回	中間試験1	第20回	中間試験4
第7回	リスク管理①	第21回	不動産①
第8回	リスク管理②	第22回	不動産②
第9回	リスク管理③	第23回	不動産③
第10回	中間試験2	第24回	中間試験5
第11回	金融資産運用①	第25回	相続・事業承継①
第12回	金融資産運用②	第26回	相続・事業承継②
第13回	金融資産運用③	第27回	相続・事業承継③
第14回	金融資産運用④	第28回	中間試験6

直前講義 学科試験対策 [全8回]

回数	内容
第1回	項目別演習①（ライフ・リタイア）
第2回	項目別演習②（リスク管理）
第3回	項目別演習③（金融資産運用）
第4回	模擬試験A
第5回	項目別演習④（タックス）
第6回	項目別演習⑤（不動産）
第7回	項目別演習⑥（相続・事業承継）
第8回	学科試験 合格模擬試験

AFP学科答練

実技講義 実技試験対策 [全8回]

回数	内容
第1回	実技試験対策①
第2回	実技試験対策②
第3回	実技試験対策③
第4回	実技試験対策④
第5回	実技試験対策⑤
第6回	実技試験対策⑥（本試験問題の解き方1）
第7回	実技試験対策⑦（本試験問題の解き方2）
第8回	実技試験 合格模擬試験

AFP実技答練

本 試 験

※カリキュラムは変更になる場合があります

FP講師からのアドバイス

菱田 雅生 講師 *Masao Hishida*

1969年東京生まれ。早稲田大学法学部卒業後、山一證券株式会社を経て独立系FPに。2008年にライフアセットコンサルティング株式会社を設立。現在は、相談業務や原稿執筆、セミナー講師などに従事するとともに、TVやラジオ出演などもこなす。

◯ 金融資産運用

金融資産運用は、特に債券や株式、投資信託などの商品について、興味を持って商品の仕組みやマーケットの特徴などをしっかり覚えることが重要です。可能であれば、自分のお金でそれらの商品を買ってみることでより興味が湧くと思います。自分の資産運用のためだと思って、実践しながら覚えていくのが早道でしょう。

横山 延男 講師 *Nobuo Yokoyama*

保険業界を経てFPとして独立。個人向け相談業務を中心に企業セミナーやFP資格学校、大学、ビジネス専門学校等で数多く講師を務める。また、新聞、マネー誌等執筆活動も広く行い、ライフプラン総合アプリケーションの監修をするなど活動は多方面にわたる。

◯ ライフプランニングと資金計画・リスク管理・提案書の作成方法

FPの学習で大切なのは、「横断的学習をすること」です。便宜上縦割りの課目になっていますが、学習すればわかる通り、全て関連性があるもの。暗記ではなく、横断的に学習をして関連性を確認することで「理解」が進みます。また、インプット学習に時間を割き過ぎず、問題演習など数多くこなすことがより効率のよい学習に繋がります。

吉田 幸一 講師 *Kouichi Yoshida*

税理士、ファイナンシャル・プランナー。税理士業務の傍ら税理士向けの税務研修、各種銀行・生損保会社・証券会社のFP研修や税務研修、その他セミナーの講師等を行う。著書多数、「相続税・贈与税のポイントと実務対策」(共著、税務研究会出版局)、「借地権課税の実務」(共著、新日本法規出版)、「税務疎明事典<資産税編>」(共著、ぎょうせい)、「個人の税金ガイドブック」(共著、金融財政事情研究会)等。

◯ タックスプランニング

タックスプランニングは税金に関する法律を覚えることが全てです。ただ、ボリュームがあるので単純に覚えるのは大変です。特にポイントとなる所得税・法人税について、①所得税は全体の計算の流れ(土台)をしっかり把握し、その土台を作った上で各個別の規定を学習し、また全体の流れを確認するように学習してください。②法人税は申告調整(特に損金項目)を中心に学習してください。税金に関する知識は他の分野でも活かせますので是非克服してください。

髙畠 祐二 講師 *Yuji Takabatake*

不動産鑑定士。専門の不動産鑑定だけでなく、不動産売買や賃貸など、不動産実務全般に精通する不動産のスペシャリスト。国土交通省地価公示鑑定評価員など、数々の公職も務める。豊富な知識・経験を活かし、個人向け・企業向けの研修やセミナーも多数手がけている。

◯ 不動産

FPの不動産では、不動産に関わる法規や税金、その有効活用について学習します。特に不動産と税務については、別の科目である「タックスプランニング」の理解がとても大切になります。不動産という大きな財産を、法規や税務、投資活用など様々な視点から理解できるようになりましょう。

三宅 謙志 講師 *Kenji Miyake*

1967年生まれ。CFP・税理士・フィナンシャルコーチ。IT系コンサルティング会社で5年間コンサルタントを経験した後、会計事務所勤務を経て1997年ファイナンシャル・プランナーとして独立。法人・個人に対するファイナンシャル・プランニングや講演活動を行う。2001年税理士三宅事務所開設。本来の税理士業務に加え、ビジネスコーチングによるビジネスプラン・ライフプラン設計の実行援助を得意とする。著書多数。

◯ 相続・事業承継

相続・事業承継は、「民法」「税金①相続税」「税金②贈与税」「財産評価」「自社株評価と事業承継」以上の5つのテーマに大きく分けることができます。この中でも基礎かつ最も大切といえるのが民法です。まず民法の内容をしっかり習得することを心がけてください。また、税金は相続税、贈与税ともに特例計算、財産評価は宅地が重要です。

担当講師は変更となる場合があります。

■ 著者略歴
　菱田雅生
　ＣＦＰ®。1級ファイナンシャル・プランニング技能士。1級ＤＣプランナー。住宅ローンアドバイザー。早稲田大学法学部卒業後、山一證券株式会社に入社し営業業務に携わる。山一證券自主廃業後、独立系ＦＰになる。2008年ライフアセットコンサルティング（株）設立。一般顧客向け相談業務や年間200回前後の講演業務に従事している。

　横山延男
　ＣＦＰ®。1級ファイナンシャル・プランニング技能士。（株）ＵＦＰＦ。保険業界を経て1999年にＦＰとして独立。ＦＰコンサルティング業務と並行し、約15年にわたり、多くの資格スクールや大学等でのＦＰ資格取得講座、企業セミナーや社員研修、一般向けセミナーなどを行う。わかりやすい講義と定評がある。

【正誤等に関するお問合せについて】
　本書の記載内容に万一、誤り等が疑われる箇所がございましたら、**郵送・ＦＡＸ・メール等の書面**にて以下の連絡先までお問合せください。その際には、お問合せされる方のお名前・連絡先等を必ず明記してください。また、お問合せの受付後、回答には時間を要しますので、あらかじめご了承いただきますよう、お願い申し上げます。
　なお、**正誤等に関するお問合せ以外のご質問、受験指導**および**相談等はお受けできません**。そのようなお問合せにはご回答いたしかねますので、あらかじめご了承ください。

お電話によるお問合せは、お受けできません

[郵送先] 下記住所「 FP攻略本 3級　'24－'25年版」正誤問合せ係
[FAX] 03-3987-3256
[メールアドレス] seigo@mx1.ksknet.co.jp

【本書の法改正・正誤等について】
　本書の発行後に発生しました法改正・正誤情報等は、ホームページ内でご覧いただけます。
　なおホームページへの掲載は、対象試験終了時ないし、本書の改訂版が発行されるまでとなりますので予めご了承ください。

https://www.kskpub.com ➡ 訂正・追録

＊装　丁／齋藤　知恵子（sacco）
＊イラスト／天條　織

FP攻略本 3級　'24－'25年版

2024年7月30日　初版第1刷発行
共　著　菱田雅生、横山延男
監　修　日建学院
発行人　馬場　栄一
発行所　株式会社建築資料研究社
　　　　〒171-0014　東京都豊島区池袋2-38-1
　　　　　　　　　　　　　日建学院ビル3階
　　　　TEL：03-3986-3239
　　　　FAX：03-3987-3256
印刷所　株式会社ワコー

FP3級攻略本

'24/'25年版 ファイナンシャル・プランニング技能検定

問題・解説編

問題・解説編は、抜き取って
使用することができます。
この色紙部分を残したまま、
冊子を右側に向かってゆっくり
引いて、取り外してください。

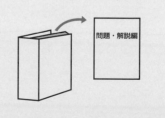

FP 3級 攻略本

'24/'25年版

ファイナンシャル・プランニング技能検定

問題・解説編

日建学院

FP 3級 攻略本

'24／'25年版 ファイナンシャル・プランニング技能検定

問題・解説編

日建学院

本書の問題・解説編の実技試験は、NPO 法人日本ファイナンシャル・プランナーズ協会実施の試験に対応しています。

問題・解説編 Contents ————————

問題・解説編は、抜き取ってつかえま～す♪

第1章
ライフプランニングと資金計画

　　　　FP と関連法規については毎回1問程度出題され
ています。関連業法を試験前にしっかり確認しま
しょう。**教育・住宅資金計画**については、主にロー
ンに関する知識が問われます。特に**住宅ローン**に
ついては金利、返済方法、見直し方法などを中心に、ローン商品の
基本的特徴をおさえましょう。

　また、この分野においては**社会保険**、**年金**が最も中心となり、**医
療保険**、**雇用保険**、**老齢年金**についてはほぼ毎回出題されています
のでしっかりと整理しましょう。

　学習方法としてはまず仕組みとしての枠組みを理解し、その後細
かい制度等に入る、という順番が知識の定着に効果的です。**係数**の
問題も毎回1問程度出題されています。6種類の係数の分類をしっ
かりと理解しましょう。

ライフプランニングと資金計画

学科 ○×式

次の各文章を読んで、正しいものまたは適切なものには○を、誤っているものまたは不適切なものには×を、選びなさい。

○× FP と倫理、関連法規　　　　解答・解説 p16

1
Check ☐☐☐
'24-1

弁護士の登録を受けていないファイナンシャル・プランナーが、資産管理の相談に来た顧客の求めに応じ、有償で、当該顧客を委任者とする任意後見契約の受任者となることは、弁護士法に抵触する。

2
Check ☐☐☐
'23-9

ファイナンシャル・プランナーが顧客と投資顧問契約を締結し、当該契約に基づき金融商品取引法で定める投資助言・代理業を行うためには、内閣総理大臣の登録を受けなければならない。

3
Check ☐☐☐
'23-5

弁護士の資格を有しないファイナンシャル・プランナーが、顧客に対して、法定後見制度と任意後見制度の違いについて一般的な説明を行う行為は、弁護士法に抵触する。

○× ライフプランニングの考え方・手法　　　解答・解説 p16

4
Check ☐☐☐
'23-9

住宅ローンの一部繰上げ返済では、返済期間を変更せずに毎月の返済額を減額する返済額軽減型よりも、毎月の返済額を変更せずに返済期間を短くする期間短縮型のほうが、他の条件が同一である場合、通常、総返済額は少なくなる。

5
Check
□□□
'24-1

日本学生支援機構の奨学金と日本政策金融公庫の教育一般貸付（国の教育ローン）は、重複して利用することができる。

6
Check
□□□
'23-5

日本政策金融公庫の教育一般貸付（国の教育ローン）の使途は、入学金や授業料などの学校納付金に限られ、受験費用や在学のために必要となる住居費用などに利用することはできない。

○× 社会保険　　　　　　　　　　　　　　解答・解説 p17

7
Check
□□□
'24-1

労働者災害補償保険の保険料は、労働者と事業主が折半で負担する。

8
Check
□□□
'23-9

アルバイトやパートタイマーが、労働者災害補償保険の適用を受けるためには、1週間の所定労働時間が20時間を超えていなければならない。

9
Check
□□□
'23-5

雇用保険の基本手当を受給するためには、倒産、解雇、雇止めなどの場合を除き、原則として、離職の日以前2年間に被保険者期間が通算して12カ月以上あることなどの要件を満たす必要がある。

○× 公的年金　　　　　　　　　　　　　　解答・解説 p17

10
Check
□□□
'23-9

国民年金の第1号被保険者は、日本国内に住所を有する20歳以上60歳未満の自営業者や学生などのうち、日本国籍を有する者のみが該当する。

11
Check
□□□
'24-1

国民年金の学生納付特例制度の適用を受けた期間に係る保険料のうち、追納することができる保険料は、追納に係る厚生労働大臣の承認を受けた日の属する月前10年以内の期間に係るものに限られる。

⑫
Check
□□□
'24-1

遺族基礎年金を受給することができる遺族は、国民年金の被保険者等の死亡の当時、その者によって生計を維持され、かつ、所定の要件を満たす「子のある配偶者」または「子」である。

⑬
Check
□□□
'23-5

遺族厚生年金を受給することができる遺族の範囲は、厚生年金保険の被保険者等の死亡の当時、その者によって生計を維持し、かつ、所定の要件を満たす配偶者、子、父母、孫、祖父母である。

⑭
Check
□□□
'23-5

障害基礎年金の受給権者が、生計維持関係にある65歳未満の配偶者を有する場合、その受給権者に支給される障害基礎年金には、配偶者に係る加算額が加算される。

○× 企業年金等、年金と税金　　　　　　解答・解説 p18

⑮
Check
□□□
'23-9

国民年金基金の加入員は、所定の事由により加入員資格を喪失する場合を除き、加入している国民年金基金から自己都合で任意に脱退することはできない。

学科 三肢択一式

次の各文章の（　　）内にあてはまる最も適切な文章、語句、数字またはそれらの組合せを１）〜３）のなかから選びなさい。

三択 ライフプランニングの考え方・手法 　　解答・解説 p19

⑯
Check
□□□
'23-5

貸金業法の総量規制により、個人が貸金業者による個人向け貸付を利用する場合の借入合計額は、原則として、年収の（　　）以内でなければならない。
1）2分の1
2）3分の1
3）4分の1

⑰
Check
□□□
'24-1

毎年一定金額を積み立てながら、一定の利率で複利運用した場合の一定期間経過後の元利合計額を試算する際、毎年の積立額に乗じる係数は、（　　）である。
1）資本回収係数
2）年金終価係数
3）減債基金係数

⑱
Check
□□□
'23-9

Aさんの2023年分の可処分所得の金額は、下記の＜資料＞によれば、（　　）である。
＜資料＞2023年分のAさんの収入等

給与収入	：750万円（給与所得：565万円）
所得税・住民税：	80万円
社会保険料	：100万円
生命保険料	：20万円

1）385万円
2）550万円
3）570万円

⑲ **Check** ☐☐☐ '23-5

一定の利率で複利運用しながら一定期間、毎年一定金額を受け取るために必要な元本を試算する際、毎年受け取る一定金額に乗じる係数は、（　　）である。
1）減債基金係数
2）年金現価係数
3）資本回収係数

⑳ **Check** ☐☐☐ '24-1

下図は、住宅ローンの（　①　）返済方式をイメージ図で表したものであり、図中のPの部分は（　②　）部分を、Qの部分は（　③　）部分を示している。

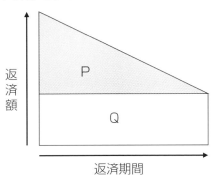

1）① 元金均等　　② 利息　　③ 元金
2）① 元利均等　　② 元金　　③ 利息
3）① 元利均等　　② 利息　　③ 元金

㉑ **Check** ☐☐☐ '23-9

住宅金融支援機構と民間金融機関が提携した住宅ローンであるフラット35（買取型）の融資額は、土地取得費を含めた住宅建設費用または住宅購入価額以内で、最高（　①　）であり、融資金利は（　②　）である。
1）① 8,000万円　　② 固定金利
2）① 1億円　　　　② 固定金利
3）① 1億円　　　　② 変動金利

㉒
Check
☐☐☐
'23-5

住宅金融支援機構と民間金融機関が提携した住宅ローンであるフラット35（買取型）の融資金利は（　①　）であり、（　②　）時点の金利が適用される。

1）①　変動金利　　②　借入申込
2）①　固定金利　　②　借入申込
3）①　固定金利　　②　融資実行

三択 社会保険　　　　　　　　　　　　　　　　　　解答・解説 p20

㉓
Check
☐☐☐
'24-1

退職により健康保険の被保険者資格を喪失した者で、喪失日の前日までに継続して（　①　）以上被保険者であった者は、所定の申出により、最長で（　②　）、健康保険の任意継続被保険者となることができる。

1）①　1カ月　　②　2年間
2）①　2カ月　　②　1年間
3）①　2カ月　　②　2年間

㉔
Check
☐☐☐
'23-9

全国健康保険協会管掌健康保険の被保険者に支給される傷病手当金の額は、原則として、1日につき、傷病手当金の支給を始める日の属する月以前の直近の継続した（　①　）の各月の標準報酬月額の平均額を30で除した額に、（　②　）を乗じた額である。

1）①　6カ月間　　　②　3分の2
2）①　12カ月間　　②　3分の2
3）①　12カ月間　　②　4分の3

㉕ 後期高齢者医療制度の被保険者は、後期高齢者医療広域連合の区域内に住所を有する（　①　）以上の者、または（　②　）の者であって一定の障害の状態にある旨の認定を受けたものである。

1) ① 65歳　　② 40歳以上65歳未満
2) ① 70歳　　② 60歳以上70歳未満
3) ① 75歳　　② 65歳以上75歳未満

㉖ 雇用保険の基本手当を受給するためには、倒産、解雇、雇止めなどの場合を除き、原則として、離職の日以前（　①　）に被保険者期間が通算して（　②　）以上あることなどの要件を満たす必要がある。

1) ① 1年間　　② 6カ月
2) ① 2年間　　② 6カ月
3) ① 2年間　　② 12カ月

三択	公的年金	

㉗ 国民年金の第1号被保険者が、国民年金の定額保険料に加えて月額（　①　）の付加保険料を納付し、65歳から老齢基礎年金を受け取る場合、（　②　）に付加保険料納付済期間の月数を乗じて得た額が付加年金として支給される。

1) ① 400円　　② 200円
2) ① 400円　　② 300円
3) ① 200円　　② 400円

㉘
Check
☐☐☐
'24-1

厚生年金保険の被保険者期間が（ ① ）以上ある者が、老齢厚生年金の受給権を取得した当時、一定の要件を満たす（ ② ）未満の配偶者を有する場合、当該受給権者が受給する老齢厚生年金に加給年金額が加算される。

1) ① 10 年　　② 65 歳

2) ① 20 年　　② 65 歳

3) ① 20 年　　② 70 歳

㉙
Check
☐☐☐
'23-9

子のいない障害等級1級に該当する者に支給される障害基礎年金の額は、子のいない障害等級2級に該当する者に支給される障害基礎年金の額の（ 　 ）に相当する額である。

1) 1.25 倍

2) 1.50 倍

3) 1.75 倍

三択 **企業年金等、年金と税金**　　　　　　解答・解説 p21

㉚
Check
☐☐☐
'24-1

確定拠出年金の個人型年金の老齢給付金を60歳から受給するためには、通算加入者等期間が（ 　 ）以上なければならない。

1) 10 年

2) 15 年

3) 20 年

実技 ライフプランニングと資金計画（資産設計提案業務）

1 下記の 問1 、問2 について解答しなさい。

'24-1　　解答・解説 p22

問1　Check ☐☐☐

　ファイナンシャル・プランニング業務を行うに当たっては、関連業法を順守することが重要である。ファイナンシャル・プランナー（以下「FP」という）の行為に関する次の記述のうち、最も不適切なものはどれか。

1. 税理士の登録を受けていないFPが、無料相談会において、相談者が持参した資料に基づき、相談者が納付すべき所得税の具体的な税額を計算した。
2. 生命保険募集人、保険仲立人または金融サービス仲介業の登録を受けていないFPが、変額年金保険の一般的な商品内容について有償で説明した。
3. 投資助言・代理業の登録を受けていないFPが、顧客が保有する投資信託の運用報告書に基づき、その記載内容について説明した。

問2 Check ☐☐☐

　下記は、近藤家のキャッシュフロー表（一部抜粋）である。このキャッシュフロー表の空欄（ア）〜（ウ）にあてはまる数値として、誤っているものはどれか。なお、計算に当たっては、キャッシュフロー表中に記載の整数を使用し、計算過程においては端数処理をせず計算し、計算結果については万円未満を四捨五入すること。

＜近藤家のキャッシュフロー表＞　　　　　　　　　　　　　　　　　（単位：万円）

経過年数			基準年	1年	2年	3年	4年
西暦　（年）			2023	2024	2025	2026	2027
家族・年齢	近藤　隼人	本人	49歳	50歳	51歳	52歳	53歳
	由美香	妻	47歳	48歳	49歳	50歳	51歳
	純也	長男	12歳	13歳	14歳	15歳	16歳
	理子	長女	8歳	9歳	10歳	11歳	12歳
ライフイベント		変動率		純也中学校入学	海外旅行		純也高校入学
収入	給与収入(本人)	1%	628	634			
	給与収入(妻)	1%	572				
	収入合計	－	1,200				
支出	基本生活費	1%	593			（　ア　）	
	住宅関連費	－	184	184	184	184	184
	教育費	－	130	140	130	130	140
	保険料	－	40	40	40	40	40
	一時的支出	－					
	その他支出	－	50	50	50	50	50
	支出合計	－		1,013			
年間収支				（　イ　）	135		
金融資産残高		1%		896	（　ウ　）		

※年齢および金融資産残高は各年12月31日現在のものとし、2023年を基準年とする。

※給与収入は可処分所得で記載している。

※記載されている数値は正しいものとする。

※問題作成の都合上、一部を空欄にしてある。

1．（ア）　　611

2．（イ）　　199

3．（ウ）1,041

② 下記の 問1 、 問2 について解答しなさい。

'23-9 解答・解説 p24

問1 Check ☐☐☐

　公表された他人の著作物を自分の著作物に引用する場合の注意事項に関する次の記述のうち、最も不適切なものはどれか。

１．自らが作成する部分が「主」で、引用する部分が「従」となる内容にした。

２．自らが作成する部分と引用する部分を区別できないようにまとめて表現した。

３．引用する著作物のタイトルと著作者名を明記した。

問2

　下記は、小山家のキャッシュフロー表（一部抜粋）である。このキャッシュフロー表の空欄（ア）〜（ウ）にあてはまる数値として、誤っているものはどれか。なお、計算過程においては端数処理をせず計算し、計算結果については万円未満を四捨五入すること。

＜小山家のキャッシュフロー表＞ （単位：万円）

	経過年数		基準年	1年	2年	3年	4年
	西暦　（年）		２０２３	２０２４	２０２５	２０２６	２０２７
家族・年齢	小山　信介	本人	４１歳	４２歳	４３歳	４４歳	４５歳
	美緒	妻	４０歳	４１歳	４２歳	４３歳	４４歳
	健太郎	長男	９歳	１０歳	１１歳	１２歳	１３歳
	沙奈	長女	５歳	６歳	７歳	８歳	９歳
ライフイベント		変動率		自動車の買替え	沙奈小学校入学		健太郎中学校入学
収入	給与収入(本人)	1%	４２８	４３２	４３７	４４１	４４５
	給与収入(妻)	1%	４０２	４０６	４１０	４１４	４１８
	収入合計	―	８３０	８３８	８４７	８５５	８６３
支出	基本生活費	2%	２８７				（　ア　）
	住宅関連費	―		１６２	１６２	１６２	１６２
	教育費						
	保険料	―		４８	４８	４８	４８
	一時的支出	―		４００			
	その他支出	―		６０	６０	６０	６０
	支出合計	―	６２７				
	年間収支			（　イ　）		２０８	
	金融資産残高	1%	８２３	６２７	（　ウ　）		

※年齢および金融資産残高は各年12月31日現在のものとし、2023年を基準年とする。

※給与収入は可処分所得で記載している。

※記載されている数値は正しいものとする。

※問題作成の都合上、一部を空欄にしてある。

1．（ア）310

2．（イ）203

3．（ウ）841

❸ 下記の [問1]、[問2] について解答しなさい。

'23-5　　解答・解説 p25

[問1]　Check □□□

　ファイナンシャル・プランニング業務を行うに当たっては、関連業法を順守することが重要である。ファイナンシャル・プランナー（以下「FP」という）の行為に関する次の記述のうち、最も不適切なものはどれか。

１．税理士資格を有していない FP が、無料の相続相談会において、相談者の持参した資料に基づき、相談者が納付すべき相続税額を計算した。
２．社会保険労務士資格を有していない FP が、顧客の「ねんきん定期便」等の資料を参考に、公的年金の受給見込み額を試算した。
３．投資助言・代理業の登録を受けていない FP が、顧客が保有する投資信託の運用報告書に基づき、その記載内容について説明した。

問②

Check
□□□

　下記は、山岸家のキャッシュフロー表（一部抜粋）である。このキャッシュフロー表の空欄（ア）〜（ウ）にあてはまる数値として、誤っているものはどれか。なお、計算に当たっては、キャッシュフロー表中に記載の整数を使用し、計算過程においては端数処理をせず計算し、計算結果については万円未満を四捨五入すること。

＜山岸家のキャッシュフロー表＞　　　　　　　　　　　　　　　　　　　　（単位：万円）

経過年数		基準年	1年	2年	3年	4年
西暦（年）		２０２２	２０２３	２０２４	２０２５	２０２６
家族・年齢	山岸　雄太　本人	３６歳	３７歳	３８歳	３９歳	４０歳
	美咲　妻	４１歳	４２歳	４３歳	４４歳	４５歳
	尚人　長男	６歳	７歳	８歳	９歳	１０歳
	由香　長女	２歳	３歳	４歳	５歳	６歳
ライフイベント	変動率		尚人小学校入学			
収入	給与収入(本人) 1%	３９０			（　ア　）	
	給与収入（妻） －	８０	８０	８０	８０	８０
	収入合計 －	４７０				４８６
支出	基本生活費 2%	１８２	１８６			
	住宅関連費 －	１０６		１０６	１０６	１０６
	教育費 －	５０		４０	４０	８０
	保険料 －	２２		２２	２２	２２
	一時的支出 －					
	その他支出 －	２０		２０	２０	２０
	支出合計 －	３８０		３７７		４２５
年間収支	－	９０	６０		１０１	（　イ　）
金融資産残高	1%	1,160	（　ウ　）		1,459	

※年齢および金融資産残高は各年12月31日現在のものとし、2022年を基準年とする。

※給与収入は可処分所得で記載している。

※記載されている数値は正しいものとする。

※問題作成の都合上、一部を空欄にしてある。

1．（ア）　　402
2．（イ）　　 61
3．（ウ）　1,220

ライフプランニングと資金計画

学科 ○×式

○× FPと倫理、関連法規

1 正解 ▶ ×

任意後見契約の受任者となることに、特別な資格は必要ない。したがって**弁護士法に抵触することはない。** ❗ ココが誤り

2 正解 ▶ ○

ファイナンシャルプランナーが顧客と投資顧問契約を締結し、当該契約に基づき金融商品取引法で定める投資助言・代理業を行うためには、内閣総理大臣の登録を受けなければならない。

3 正解 ▶ ×

弁護士の資格を有しないFPは、一般法律事務を行うことはできないが、**一般的な法制度の説明等を行うことは問題ない。** ❗ ココが誤り

○× ライフプランニングの考え方・手法

4 正解 ▶ ○

住宅ローンの一部繰上げ返済では、返済期間を変更せずに毎月の返済額を減額する返済額軽減型よりも、毎月の返済額を変更せずに返済期間を短くする期間短縮型のほうが、他の条件が同一である場合、通常、総返済額は少なくなる。

5 正解 ▶ ○

日本学生支援機構の奨学金と日本政策金融公庫の教育一般貸付（国の教育ローン）は重複して利用することができる。

⑥ 正解 ▶ ×

日本政策金融公庫の教育一般貸付の使途は、学校納付金の他にも、受験費用、**在学のための住居費用**、パソコン購入費、学生本人の国民年金保険料等、**幅広く認められている**。　❗ココが誤り

○× 社会保険

⑦ 正解 ▶ ×

労働者災害補償保険の保険料は、**事業主が全額を負担する**。なお、保険料を計算する際の労災保険率は、事業の種類により異なっている。　❗ココが誤り

⑧ 正解 ▶ ×

労働者災害補償保険（労災保険）の被保険者は、全ての労働者であり、**週の所定労働時間などの要件はない**。労災保険でいう労働者とは、「職業の種類を問わず、事業に使用される者で、賃金を支払われる者」をいい、アルバイトやパートタイマー等の雇用形態は問わない。　❗ココが誤り

⑨ 正解 ▶ ○

基本手当を受給するためには、原則として、離職の日以前2年間に被保険者期間が通算して12ヵ月以上あることが必要である。倒産、解雇、雇止めなどの理由による離職の場合は、離職の日以前1年間に被保険者期間が通算して6ヵ月以上あることとなる。

○× 公的年金

⑩ 正解 ▶ ×

国民年金の第1号被保険者は、日本国内に住所を有する20歳以上60歳未満の者で**第2号被保険者および第3号被保険者以外の者**である。国民年金の被保険者の要件に国籍要件はない。
❗ココが誤り

⓫ 正解 ▶ ○

　国民年金の学生納付特例制度の適用を受けた期間に係る保険料のうち、追納することができる保険料は、その一部または全部を承認の日の属する月前10年以内まで遡って納付することができる。

⓬ 正解 ▶ ○

　年金のしくみにおける「子」とは、18歳になった年度の3月31日までにある者、または20歳未満で障害年金の障害等級1級または2級の状態にある未婚の者をいう。

⓭ 正解 ▶ ○

　遺族の範囲には受給順位があり、第1順位：配偶者および子、第2順位：父母、第3順位：孫、第4順位：祖父母となっている。兄弟姉妹は範囲に入っていない。なお、いったん上位者が受給すると次順位以下の者は受給することはできない。

⓮ 正解 ▶ ×

　障害基礎年金に、配偶者に係る**加算額のしくみはない**。配偶者に係る加算額があるのは、障害厚生年金である。障害基礎年金については、受給権者に生計維持関係にある年金法上の子がいる場合、子に係る加算額が加算される。

❗ ココが誤り

○×	**企業年金等、年金と税金**

⓯ 正解 ▶ ○

　国民年金基金は、加入は任意であるが、加入後の自己都合による脱退はできない。ただし、国民年金の第1号被保険者ではなくなるなど、加入資格を失うと脱退となる。

学科 三肢択一式

三択 ライフプランニングの考え方・手法

⑯ 正解 ▶ 2

　貸金業法による総量規制では、個人が貸金業者から個人向けの貸付を利用する場合の借入合計額を、原則として**年収の3分の1以内**に制限している。なお、住宅ローンやマイカーローン等は、総量規制の対象とはなっていない。

⑰ 正解 ▶ 2

　毎年一定金額を積み立てながら、一定の利率で複利運用した場合の一定期間経過後の元利合計額を計算する際、用いる係数は**年金終価係数**である。

⑱ 正解 ▶ 3

　可処分所得とは、年収から社会保険料と所得税および住民税を控除した後の所得である。したがって、Aさんの2023年分の可処分所得の金額は下記のとおりである。

Aさんの2023年分の可処分所得の金額

＝750万円（給与収入）－80万円（所得税・住民税）－100万円（社会保険料）

＝**570万円**

⑲ 正解 ▶ 2

　一定の利率で複利運用しながら一定期間、毎年一定金額を受け取るために必要な元本を試算する際、毎年受け取る一定金額に乗じる係数は、**年金現価係数**である。

⑳ 正解 ▶ 1

　住宅ローンの返済方法は、毎回の返済額が一定でその返済額に占める元金と利息の割合が返済時期により異なる「元利均等返済方式」と、当初借り入れた元金部分を返済期間で均等に按分し元金部分の残高に対して計算した利息が上乗せされる「元金均等返済方式」がある。問題のイメージ図は、毎回金額が同じQが**元金**部分であり、金額が減少していくPの部分は**利息**となり、**元金均等返済方式**であることがわかる。

㉑ **正解 ▶ 1**

フラット35の融資額は、100万円以上**8,000万円**以下で、土地取得費を含めた住宅建設費用または住宅購入価額以内であり、金利は**固定金利**である。

＜フラット35の特徴＞

融資金額	100万円以上8,000万円以下で、建築費・購入価額の100%以内
適用金利	**固定金利（融資実行時点の金利**が適用)
返済期間	**最長35年**
担　　保	住宅金融支援機構を抵当権者とする第1順位の抵当権を設定
保証人・保証料	不要
繰上げ返済	100万円以上から可能(インターネット経由は10万円以上)、手数料は無料
借り換え	ローンの借り換えにも利用可

㉒ **正解 ▶ 3**

フラット35の融資金利は、全期間**固定金利**で**融資実行時点の金利**が適用される。

三択	社会保険

㉓ **正解 ▶ 3**

退職により健康保険の被保険者資格を喪失した場合、被保険者資格喪失日の前日までに継続して**2ヵ月**以上被保険者であり、被保険者でなくなった日から20日以内に申出を行うことで、最長**2年間**、任意継続被保険者となることができる。

㉔ **正解 ▶ 2**

健康保険の傷病手当金の休業1日当たりの額は、「支給開始日以前継続した**12ヵ月間**の標準報酬月額を平均した額÷30日×**2/3**」である。支給される期間は、支給開始した日から通算して1年6ヵ月間である。

㉕ **正解 ▶ 3**

75歳以上の高齢者を後期高齢者といい、後期高齢者は今まで加入していた医療保険制度から脱退し、後期高齢者医療制度に加入しなければならない。被保険者は**75歳以上の者**であるが、**65歳以上75歳未満の者**であって、一定の障害状態である旨の認定を受けた者も対象となる。

㉖ 正解 ▶ 3

　雇用保険の基本手当の受給資格は、原則、離職の日以前**2年間**に被保険者期間が通算して **12ヵ月**以上あることが必要となる。なお、倒産、解雇、雇止め等による離職の場合は、離職の日以前1年間に被保険者期間が通算して6ヵ月以上あるときに支給される。

三択 公的年金

㉗ 正解 ▶ 1

　国民年金の第1号被保険者は、**月額400円**の付加保険料を国民年金保険料に加えて納付することで、将来、老齢基礎年金の受給をする際に、「**200円×付加保険料納付月数**」で計算した付加年金が加算される。

㉘ 正解 ▶ 2

　加給年金額は、厚生年金保険の被保険者期間が**20年**以上ある者が、65歳到達時点（または定額部分支給開始年齢に達した時点）で、その者に生計を維持されている**65歳**未満の配偶者または子がいるときに加算される。

㉙ 正解 ▶ 1

　子のいない障害等級1級に該当する者に支給される障害基礎年金の額は、子のいない障害等級2級に該当する者に支給される障害基礎年金の額の**1.25倍**に相当する額である。

三択 企業年金等、年金と税金

㉚ 正解 ▶ 1

　確定拠出年金の老齢給付金は、原則60歳に達したときに受給することができるが、60歳時点で通算加入者等期間が**10年**に満たない場合は、その期間により支給開始年齢が異なる。ただし、2022年4月1日以降は遅くとも75歳までに受給を開始しなければならない。

通算加入者等期間	支給開始年齢
10年以上	60歳
8年以上10年未満	61歳
6年以上8年未満	62歳
4年以上6年未満	63歳
2年以上4年未満	64歳
1月以上2年未満	65歳

1 **問1** 正解 ▶ 1

1．最も不適切。

　税理士資格を有しないＦＰは、税務代理行為、税務書類の作成、個別具体的な税務相談業を業として行なうことは**有償・無償を問わず、税理士法によりできない**。一般的な税法の解説、税金のしくみの説明や仮定の事例に基づいた計算等を行うことは問題ない。

❗ ココが不適切

2．適切。

　生命保険募集人、保険仲立人、金融サービス仲介業の登録を受けていないＦＰは保険契約の募集勧誘を行うことはできないが、保険商品の一般的な説明を行うことは問題ない。

3．適切。

　金融商品取引業の登録を受けていないＦＰは、投資判断を一任され、自己の判断にて顧客のための投資を行うことはできない。また、具体的な投資判断の基となるアドバイスを行うと金融商品取引法に抵触する可能性がある。一般的な運用商品の特徴についての説明、公表されている資料の提供、問題のような投資信託の運用報告書の記載内容について説明をする等については問題ない。

① **問2** **正解** ▶ **3**

1. 正しい。

空欄（ア）は、基準年の基本生活費に変動率を考慮し3年後の数値を計算する。

（ア）＝元の数値×（1＋変動率）^{経過年数}

= 593 ×（1 + 0.01)³= 610.9… ⇒611

> **＜電卓を使った計算手順＞**
>
> 1.01 ⊠ ⊠ ⊟ ⊟ ⊟ ⊠ 593
>
> ※ ⊠キーを2回押すことで累乗計算モードとなり、⊟キーは
> 「経過年数−1回」

2. 正しい。

（イ）は収入合計から支出合計を差し引き、年間収支を計算する。ただし、妻の収入がブランクになっているため、まずはここから計算していく。

・妻の給与収入＝ 572 ×（1 + 0.01)≒ 578 ⇒選択肢1．と同様、解説参照

・収入合計＝ 634（夫収入）＋ 578（妻収入）＝ 1,212

・年間収支＝収入合計−支出合計＝ 1,212 − 1,013 ＝ 199

3. 誤り。

（ウ）は金融資産残高を計算する。金融資産残高は、前年の残高に1年分の運用益を考慮した数値に当年の年間収支を加算する。

（ウ）＝前年の金融資産残高×（1＋変動率）＋当年年間収支

= 896 ×（1 + 0.01）+ 135 = 1,039.96 ⇒ 1,040

! ココが誤り

2 問1 **正解 ▶ 2**

　公表された他人の著作物を引用する際の要件は次のとおりである。

①他人の著作物を引用する必然性があること

②かぎ括弧をつけるなど、**自分の著作物と引用部分とが区別されていること**

③自分の著作物が主で引用する著作物が従であること　　❗ ココが不適切

④出所の明示がなされていること

　上記要件から、選択肢**2.** が最も不適切となる。

2 問2 **正解 ▶ 1**

（ア）将来の予想額は「現在の金額×（1＋変動率）^{経過年数}」で算出する。

　　　$287 ×（1 + 0.02）^4 = 310.6\cdots$　⇒ **311**（万円）（万円未満四捨
五入）

> ＜参考：電卓の使い方＞
>
> 「$(1 + 0.02)^4$」を先に計算：1.02 ⊠ ⊠ ⊟ ⊟ ⊟ ⇒ 1.0824321
>
> 次に「287」を乗じる：⊠ 287 ⊟ ⇒ 310.6…
>
> ※⊟（イコールキー）は経過年数から1を引いた数だけ押す
>
> （問題では4－1＝3回）

（イ）年間収支は「収入合計－支出合計」で算出する。

　　　$830 - 627 = $ **203**（万円）

（ウ）金融資産残高は「前年の金融資産残高×（1＋運用率）＋年間収支」
　　　で算出する。

　　　$627 ×（1 + 0.01）+ 208 = 841.27$　⇒ **841**（万円）（万円未
　　　満四捨五入）

　したがって、選択肢**1.** が誤りである。

③ **問1** **正解 ▶ 1**

1．最も不適切。

　税理士資格を有していないFPは、税務代理行為、税務書類作成行為、個別具体的な**税務相談を有償・無償に関わらず行うことはできない**。一般的な税法の解説や、仮定の事例に基づく計算等を行うことは問題ない。

！ ココが不適切

2．適切。

　社会保険労務士の資格を有しないFPは、労働社会保険諸法令に基づく申請書等の作成や手続きの代行などを行うことはできないが、公的年金制度の一般的な説明や公的年金の受給見込み額の試算を行うことは問題ない。

3．適切。

　投資助言・代理業の登録を受けていないFPは、顧客と資産運用に関する投資助言契約を締結し投資判断の基となる具体的な情報の提供などを行うことはできない。一般的な情報の提供や制度等に関する説明を行うことは問題ない。

ポイント整理 他の専門家との関係、関連法規

この表は、よ〜く覚えておきましょう

	専門分野の資格がないとできないこと	FP資格だけでできること
税理士法	税務代理行為、税務書類作成、個別具体的な税務相談（有償・無償は問わない）	一般的な税法の解説、仮定の事例に基づく計算
保険業法	保険の募集や販売	一般的な商品内容の説明、加入や解約のアドバイス
金融商品取引法	具体的な投資判断、個別具体的な商品提案、投資タイミングの提案	過去の高値・安値などの情報提供、経済指標や金融商品の一般的な仕組みの説明
弁護士法	一般の法律事務、個別具体的な法律相談、法律の解釈や法律判断	法律の一般的な解説

③ **問②** 正解 ▶ 3

（ア）正しい。

　将来の数値を求めたい場合は、「現在の金額×（１＋変動率）^{経過年数}」で計算する。

　390 ×（１＋0.01)³ ≒ **402**（万円未満四捨五入：以下同じ）

> ＜参考：累乗計算の電卓の使い方＞
>
> 「（１＋0.01)³」を電卓で計算する場合、1.01 を表示させ、☓キーを２回押し（累乗計算モードになる）、＝キーを２回（経過年数－１回）押す。
>
> 電卓を押す流れを示すと、
>
> 1.01 ☓ ☓ ＝ ＝ ☓ 390 ⇒ 401.8… ⇒ 402

ポイント整理 キャッシュフロー表　将来価値の求め方

　将来価値を求めるには、以下の計算式を用います。覚えておきましょう

現在価値×（１＋変動率）^{経過年数}

（イ）正しい。

　年間収支を求めたい場合は「収入合計－支出合計」で計算する。

　486 － 425 ＝ **61**

（ウ）誤り。

　金融資産残高を求めたい場合は、「前年の金融資産残高×（１＋変動率）＋年間収支」で計算する。

　1,160 ×（１＋0.01）＋ 60 ≒ **1,232**

　したがって、選択肢**3**．が誤り。

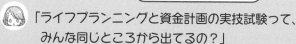

試験のツボ

「ライフプランニングと資金計画の実技試験って、
みんな同じところから出てるの?」

「ほぼ関連法規とキャッシュフロー表から出題されます。
しっかり準備しておいてくださいね」

第2章
リスク管理

　この分野では**生命保険・損害保険**の保険商品に関して特徴をおさえることが一番重要です。特に生命保険については、**終身**や**定期保険、生前給付タイプの保険**、損害保険では**火災保険**および**自動車保険**が頻出論点です。生命保険は一般的に長期にわたるものなので、その**払込み方法や契約の継続**に関する論点も頻出です。

　また、**税金**に関する知識は毎回必ず出題されています。契約者・被保険者・受取人の関係により税金の種類が変わりますが、単純に暗記するのではなく、背景を理解しましょう。

リスク管理

問題編

学科 ○×式

次の各文章を読んで、正しいものまたは適切なものには○を、誤っているものまたは不適切なものには×を、選びなさい。

| ○× 生命保険の仕組みと商品の種類 | 解答・解説 p46  |

1

Check
□□□
'24-1

個人年金保険（終身年金）の保険料は、性別以外の契約条件が同一であれば、被保険者が女性のほうが男性よりも高くなる。

2

Check
□□□
'24-1

こども保険（学資保険）において、保険期間中に契約者（＝保険料負担者）である親が死亡した場合、一般に、既払込保険料相当額の死亡保険金が支払われて保険契約は消滅する。

3

Check
□□□
'23-9

変額個人年金保険は、特別勘定の運用実績によって、将来受け取る年金額や死亡給付金額は変動するが、解約返戻金額は変動しない。

4

Check
□□□
'23-5

収入保障保険の死亡保険金を一時金で受け取る場合の受取額は、一般に、年金形式で受け取る場合の受取総額よりも少なくなる。

○× 生命保険の見直し方法等と第三分野の保険

解答・解説 p47

延長保険とは、一般に、保険料の払込みを中止して、その時点での解約返戻金を基に、元契約よりも長い保険期間の定期保険に変更する制度である。

定期保険特約付終身保険（更新型）は、定期保険特約を同額の保険金額で更新する場合、更新にあたって被保険者の健康状態についての告知や医師の診査は必要ない。

○× 損害保険の仕組みと種類

解答・解説 p47

地震保険では、保険の対象である居住用建物または生活用動産（家財）の損害の程度が「全損」「大半損」「小半損」「一部損」のいずれかに該当した場合に、保険金が支払われる。

自動車損害賠償責任保険（自賠責保険）では、他人の自動車や建物などの財物を損壊し、法律上の損害賠償責任を負担することによって被る損害は補償の対象とならない。

自動車保険の車両保険では、一般に、被保険自動車が洪水により水没したことによって被る損害は、補償の対象となる。

自動車保険の人身傷害保険では、被保険者が被保険自動車を運転中、自動車事故により負傷した場合、損害額から自己の過失割合に相当する部分を差し引いた金額が補償の対象となる。

家族傷害保険（家族型）において、保険期間中に契約者（＝被保険者本人）に子が生まれた場合、その子を被保険者に加えるためには追加保険料を支払う必要がある。

⑫

Check ☐☐☐
'23-5

普通傷害保険では、特約を付帯していない場合、細菌性食中毒は補償の対象とならない。

○× 保険と税金、法人と保険

⑬

Check ☐☐☐
'24-1

少額短期保険業者と契約した少額短期保険の保険料は、所得税の生命保険料控除の対象とならない。

⑭

Check ☐☐☐
'23-5

自宅が火災で焼失したことにより契約者（＝保険料負担者）が受け取る火災保険の保険金は、一時所得として所得税の課税対象となる。

○× 保険制度全般と契約者保護

⑮

Check ☐☐☐
'23-9

国内で事業を行う生命保険会社が破綻した場合、生命保険契約者保護機構による補償の対象となる保険契約については、高予定利率契約を除き、既払込保険料相当額の 90％まで補償される。

次の各文章の（　　）内にあてはまる最も適切な文章、語句、数字またはそれらの組合せを1）～3）のなかから選びなさい。

三択 **生命保険の仕組みと商品の種類**　　　解答・解説 p49

16 生命保険の保険料は、大数の法則および（　①　）に基づき、予定死亡率、予定利率、（　②　）の3つの予定基礎率を用いて計算される。

1）①　適合性の原則　　②　予定事業費率
2）①　適合性の原則　　②　予定損害率
3）①　収支相等の原則　②　予定事業費率

17 生命保険会社が（　　）を引き上げた場合、通常、その後の終身保険の新規契約の保険料は安くなる。

1）予定利率
2）予定死亡率
3）予定事業費率

18 生命保険の保険料は、純保険料および付加保険料で構成されており、このうち付加保険料は、（　　）に基づいて計算される。

1）予定利率
2）予定死亡率
3）予定事業費率

⑲
Check
□□□
'23-9

医療保険等に付加される先進医療特約では、（　　）時点において厚生労働大臣により定められている先進医療が給付の対象となる。
1）申込日
2）責任開始日
3）療養を受けた日

⑳
Check
□□□
'24-1

がん保険において、がんの治療を目的とする入院により被保険者が受け取る入院給付金は、一般に、1回の入院での支払日数（　　）。
1）に制限はない
2）は90日が限度となる
3）は180日が限度となる

㉑
Check
□□□
'23-5

がん保険では、一般に、（　　）程度の免責期間が設けられており、この期間中にがんと診断されたとしても診断給付金は支払われない。
1）　90日
2）120日
3）180日

㉒
Check
□□□
'23-5

民法および失火の責任に関する法律（失火責任法）において、借家人が軽過失によって火事を起こし、借家と隣家を焼失させた場合、借家の家主に対して損害賠償責任を（　①　）。また、隣家の所有者に対して損害賠償責任を（　②　）。
1）①　負わない　　②　負う
2）①　負う　　　　②　負う
3）①　負う　　　　②　負わない

地震保険の保険金額は、火災保険の保険金額の一定範囲内で設定するが、居住用建物については（　①　）、生活用動産については（　②　）が上限となる。

1）① 1,000万円　② 500万円
2）① 3,000万円　② 1,000万円
3）① 5,000万円　② 1,000万円

自動車損害賠償責任保険（自賠責保険）において、被害者1人当たりの保険金の支払限度額は、加害車両が1台の場合、死亡による損害については（　①　）、傷害による損害については（　②　）である。

1）① 3,000万円　② 120万円
2）① 3,000万円　② 150万円
3）① 4,000万円　② 150万円

自動車を運転中にハンドル操作を誤ってガードレールに衝突し、被保険者である運転者がケガをした場合、（　　）による補償の対象となる。

1）対人賠償保険
2）人身傷害保険
3）自動車損害賠償責任保険

個人賠償責任保険（特約）では、被保険者が（　　）、法律上の損害賠償責任を負うことによって被る損害は、補償の対象となる。

1）業務中に自転車で歩行者に衝突してケガをさせてしまい
2）自動車を駐車する際に誤って隣の自動車に傷を付けてしまい
3）買い物中に誤って商品を落として破損させてしまい

㉗ スーパーマーケットを経営する企業が、火災により店舗が全焼し、休業した場合の利益損失を補償する保険として、（　　　）がある。

1）請負業者賠償責任保険

2）企業費用・利益総合保険

3）施設所有（管理）者賠償責任保険

解答・解説 p52

三択 保険と税金、法人と保険

㉘ 所得税において、個人が支払う地震保険の保険料に係る地震保険料控除は、原則として、（　①　）を限度として年間支払保険料の（　②　）が控除額となる。

1）① 5万円　　　② 全額

2）① 5万円　　　② 2分の1相当額

3）① 10万円　　② 2分の1相当額

㉙ 生命保険契約において、契約者（＝保険料負担者）および被保険者が夫、死亡保険金受取人が妻である場合、夫の死亡により妻が受け取る死亡保険金は、（　　　）の課税対象となる。

1）贈与税

2）相続税

3）所得税

30

Check
☐☐☐

'24-1

　　国内で事業を行う生命保険会社が破綻した場合、生命保険契約者保護機構による補償の対象となる保険契約については、高予定利率契約を除き、（　①　）の（　②　）まで補償される。

1）①　既払込保険料相当額　　②　70%

2）①　死亡保険金額　　　　　②　80%

3）①　責任準備金等　　　　　②　90%

1 下記の **問1** ～ **問3** について解答しなさい。

`'24-1`　解答・解説 p53

問1　Check □□□

　山根正人さんが加入している終身医療保険（下記＜資料＞参照）の保障内容に関する次の記述の空欄（　ア　）にあてはまる金額として、正しいものはどれか。なお、保険契約は有効に継続しているものとする。また、正人さんはこれまでに＜資料＞の保険から保険金および給付金を一度も受け取っていないものとする。

＜資料＞

保険種類　終身医療保険（無配当）		保険証券記号番号　△△△－××××

保険契約者	山根　正人　様	保険契約者印	◆契約日（保険期間の始期） 　２０１８年７月１日 ◆主契約の保険期間 　終身 ◆主契約の保険料払込期間 　終身
被保険者	山根　正人　様 契約年齢　５０歳　男性	（山根）	
受取人	〔給付金受取人〕被保険者　様 〔死亡保険金受取人〕山根　桜　様 　＊保険契約者との続柄：妻		

■ご契約内容

給付金・保険金の内容	給付金額・保険金額	保険期間
入院給付金	日額　１０，０００円 ＊病気やケガで２日以上の入院をした場合、入院開始日を含めて１日目から支払います。 ＊同一事由の１回の入院給付金支払い限度は６０日、通算して１，０００日となります。	終身
手術給付金	給付金額　入院給付金日額×１０・２０・４０倍 ＊所定の手術を受けた場合、手術の種類に応じて、手術給付金（入院給付金日額の１０倍・２０倍・４０倍）を支払います。	
死亡・高度障害保険金	保険金　１，０００，０００円 ＊死亡または所定の高度障害状態となった場合に支払います。	

■保険料の内容

払込保険料合計　×，×××円／月
払込方法（回数）：年１２回
払込期月　　　　：毎月

■その他付加されている特約・特則等

保険料口座振替特約 ＊以下余白

正人さんは、2023年10月に交通事故により約款所定の手術（給付倍率10倍）を1回受け、その後継続して12日間入院した。また、同年12月には急性心筋梗塞で継続して7日間入院し、その後死亡した。この場合に支払われる保険金および給付金は、合計（　ア　）である。

1. 1,170,000円
2. 1,190,000円
3. 1,290,000円

問2　Check □□□

　西里光一さんが2023年中に支払った生命保険の保険料は下記＜資料＞のとおりである。この場合の光一さんの2023年分の所得税の計算における生命保険料控除の金額として、正しいものはどれか。なお、＜資料＞の保険について、これまでに契約内容の変更はないものとする。また、2023年分の生命保険料控除額が最も多くなるように計算すること。

＜資料＞

[終身保険（無配当、新生命保険料）]
契約日：2015年1月1日
保険契約者：西里 光一
被保険者：西里 光一
死亡保険金受取人：西里 由美子（妻）
2023年の年間支払保険料：78,600円

[医療保険（無配当、介護医療保険料）]
契約日：2018年3月1日
保険契約者：西里 光一
被保険者：西里 光一
死亡保険金受取人：西里 由美子（妻）
2023年の年間支払保険料：48,300円

＜所得税の生命保険料控除額の速算表＞

[2012年1月1日以後に締結した保険契約（新契約）等に係る控除額]

年間の支払保険料の合計		控除額
	20,000円 以下	支払保険料の全額
20,000円 超	40,000円 以下	支払保険料×1／2＋10,000円
40,000円 超	80,000円 以下	支払保険料×1／4＋20,000円
80,000円 超		40,000円

（注）支払保険料とは、その年に支払った金額から、その年に受けた剰余金や割戻金を差し引いた残りの金額をいう。

1. 39,650 円
2. 40,000 円
3. 71,725 円

問3　Check ☐☐☐

　伊丹さんは地震保険の加入を検討しており、FP の筒井さんに質問をした。地震保険に関する筒井さんの次の説明のうち、最も不適切なものはどれか。

1. 「地震保険の保険料は、保険会社による違いはありません。」
2. 「地震保険の損害認定の区分は、『全損』『半損』『一部損』の3区分に分けられています。」
3. 「地震保険の保険金額は、火災保険の保険金額の 30%〜50%の範囲内で設定されますが、居住用建物については 5,000 万円が上限となります。」

2 下記の 問1 ～ 問3 について解答しなさい。

'23-9 　解答・解説 p54

問1

　飯田雅彦さんが加入している定期保険特約付終身保険（下記＜資料＞参照）の保障内容に関する次の記述の空欄（ア）にあてはまる金額として、正しいものはどれか。なお、保険契約は有効に継続しており、特約は自動更新されているものとする。また、雅彦さんはこれまでに＜資料＞の保険から保険金および給付金を一度も受け取っていないものとする。

＜資料＞

定期保険特約付終身保険		保険証券記号番号○○△△××□□
保険契約者	飯田　雅彦　様	保険契約者印
被保険者	飯田　雅彦　様　契約年齢３０歳 １９７６年８月１０日生まれ　男性	（飯田）
受取人	（死亡保険金） 飯田　光子　様（妻）　　受取割合　１０割	

◇契約日（保険期間の始期）
　２００６年１０月１日

◇主契約の保険期間
　終身

◇主契約の保険料払込期間
　６０歳払込満了

◆ご契約内容

終身保険金額（主契約保険金額）　　　　　５００万円
定期保険特約保険金額　　　　　　　　　３，０００万円
特定疾病保障定期保険特約保険金額　　　　４００万円
傷害特約保険金額　　　　　　　　　　　　３００万円
災害入院特約［本人・妻型］入院５日目から　日額５，０００円
疾病入院特約［本人・妻型］入院５日目から　日額５，０００円
※不慮の事故や疾病により所定の手術を受けた場合、手術の種類に応じて手術給付金（入院給付金日額の１０倍・２０倍・４０倍）を支払います。
※妻の場合は、本人の給付金の６割の日額となります。
リビング・ニーズ特約

◆お払い込みいただく合計保険料

毎回	××，×××円

［保険料払込方法（回数）］
　団体月払い

◇社員配当金支払方法
　利息をつけて積立て

◇特約の払込期間および保険期間
　１５年

飯田雅彦さんが、2023年中に交通事故により死亡（入院・手術なし）した場合に支払われる死亡保険金は、合計（　ア　）である。

1. 3,500 万円
2. 3,900 万円
3. 4,200 万円

問2 Check □□□

　大垣正臣さんが 2023 年中に支払った生命保険の保険料は下記＜資料＞のとおりである。この場合 の正臣さんの 2023 年分の所得税の計算における生命保険料控除の金額として、正しいものはどれか。なお、下記＜資料＞の保険について、これまでに契約内容の変更はないものとする。また、2023 年分の生命保険料控除額が最も多くなるように計算すること。

＜資料＞

[定期保険（無配当、新生命保険料）]
契約日：2019 年 5 月 1 日
保険契約者：大垣 正臣
被保険者：大垣 正臣
死亡保険金受取人：大垣 悦子（妻）
2023 年の年間支払保険料：65,040 円

[医療保険（無配当、介護医療保険料）]
契約日：2012 年 8 月 10 日
保険契約者：大垣 正臣
被保険者：大垣 正臣
死亡保険金受取人：大垣 悦子（妻）
2023 年の年間支払保険料：50,400 円

＜所得税の生命保険料控除額の速算表＞

[2012 年 1 月 1 日以後に締結した保険契約（新契約）等に係る控除額]

年間の支払保険料の合計		控除額
	20,000 円 以下	支払保険料の全額
20,000 円 超	40,000 円 以下	支払保険料×1／2＋10,000 円
40,000 円 超	80,000 円 以下	支払保険料×1／4＋20,000 円
80,000 円 超		40,000 円

（注）支払保険料とは、その年に支払った金額から、その年に受けた剰余金や割戻金を差し引いた残りの金額をいう。

1. 36,260 円
2. 40,000 円
3. 68,860 円

問3

損害保険の用語についてFPの青山さんが説明した次の記述のうち、最も適切なものはどれか。

1.「通知義務とは、契約の締結に際し、危険に関する『重要な事項』のうち保険会社が求めた事項について事実を正確に通知する義務のことです。」
2.「一部保険とは、保険金額が保険の対象の価額（保険価額）を超えている保険のことです。」
3.「再調達価額とは、保険の対象と同等のものを新たに建築または購入するのに必要な金額のことです。」

3 下記の 問1 〜 問3 について解答しなさい。

'23-5　解答・解説 p56

問1 Check ☐☐☐

明石誠二さんが加入しているがん保険（下記＜資料＞参照）の保障内容に関する次の記述の空欄（　ア　）にあてはまる金額として、正しいものはどれか。なお、保険契約は有効に継続しているものとし、誠二さんはこれまでに＜資料＞の保険から保険金および給付金を一度も受け取っていないものとする。

＜資料＞

保険証券記号番号（○○○）△△△△△		保険種類　がん保険（愛称　＊＊＊＊＊）	
保険契約者	明石　誠二　様	保険契約者印	◇契約日（保険期間の始期） 　２０１８年８月１日
被保険者	明石　誠二　様 契約年齢　５８歳　男性	（明石）	◇主契約の保険期間 　終身
受取人	（給付金） 被保険者　様		◇主契約の保険料払込期間 　終身
	（死亡給付金） 明石　久美子　様（妻）	受取割合 １０割	

◆ご契約内容		◆お払い込みいただく合計保険料
主契約	がん入院給付金　１日目から　　　　　　　日額１０，０００円 がん通院給付金　　　　　　　　　　　　日額５，０００円 がん診断給付金　初めてがんと診断されたとき　　　２００万円 手術給付金　　　１回につき　手術の種類に応じてがん入院給付金 　　　　　　　　　　　　　　日額の１０倍・２０倍・４０倍 死亡給付金　　　　　　　　　がん入院給付金日額の１００倍（が 　　　　　　　　　　　　　　ん以外の死亡の場合は、がん入院給 　　　　　　　　　　　　　　付金日額の１０倍）	毎回　　×，×××円 ［保険料払込方法］ 　月払い

誠二さんは、2022年中に初めてがん（膵臓がん、悪性新生物）と診断され、がんの治療で42日間入院し、がんにより病院で死亡した。入院中には手術（給付倍率20倍）を1回受けている。2022年中に支払われる保険金および給付金は、合計（　ア　）である。

1．1,620,000円
2．2,720,000円
3．3,620,000円

問2 Check ☐☐☐

会社員の村瀬徹さんが加入している生命保険は下表のとおりである。下表の保険契約A〜Cについて、保険金が支払われた場合の課税に関する次の記述のうち、最も適切なものはどれか。

	保険種類	保険契約者 （保険料負担者）	被保険者	死亡保険金 受取人	満期保険金 受取人
契約A	終身保険	徹さん	徹さん	妻	－
契約B	特定疾病保障保険	徹さん	妻	子	－
契約C	養老保険	徹さん	徹さん	妻	徹さん

1. 契約Aについて、徹さんの妻が受け取る死亡保険金は贈与税の課税対象となる。
2. 契約Bについて、徹さんの子が受け取る死亡保険金は相続税の課税対象となる。
3. 契約Cについて、徹さんが受け取る満期保険金は所得税・住民税の課税対象となる。

問3 Check ☐☐☐

損害保険の種類と事故の内容について記述した次の1〜3の事例のうち、契約している保険で補償の対象になるものはどれか。なお、いずれの保険も特約などは付帯していないものとする。

	事故の内容	契約している保険種類
1	勤務しているレストランで仕事中にヤケドを負い、その治療のために通院した。	普通傷害保険
2	噴火により保険の対象となる建物に噴石が衝突して屋根に穴が開いた。	住宅総合保険
3	原動機付自転車（原付バイク）で買い物に行く途中に他人の家の塀に接触して塀を壊してしまい、法律上の損害賠償責任を負った。	個人賠償責任保険

リスク管理

解答・解説　編

学科 ○×式

○× 生命保険の仕組みと商品の種類

1 正解 ▶ ○

終身タイプの個人年金保険の場合、被保険者が生存している限り年金が支払われる。したがって同じ年齢であれば男性よりも平均寿命が長い女性の方が、年金を長く受給する可能性が高いため、保険料は男性よりも高くなる。

2 正解 ▶ ×

こども保険（学資保険）では、保険期間中に契約者（＝保険料負担者）である親が死亡した場合、**以後の保険料の支払は免除され、なおかつ保険契約自体は継続する。**❗ ココが誤り

3 正解 ▶ ×

変額個人年金保険は、株式や債券を中心に特別勘定で資産を運用し、その運用実績により将来受け取る年金額や死亡給付金額、**解約返戻金が変動する。**❗ ココが誤り

4 正解 ▶ ○

収入保障保険は、死亡保険金を一時金ではなく年金形式で受け取ることを前提とした保険商品である。死亡保険金を一時金で受け取ることもできるが、その場合の受取額は、年金形式で受け取る場合の受取総額よりも、一般的に少なくなる。

○× 生命保険の見直し方法等と第三分野の保険

⑤ 正解 ▶ ×

延長保険とは、一般に保険料の払込を中止して、その時点での解約返戻金を基に、元の契約の保険金額を変更せず、**保険期間を短縮して一時払いの定期保険に変更する制度**である。 ❗ ココが誤り

⑥ 正解 ▶ ○

定期保険特約を同額の保険金額で更新する場合、被保険者の健康状態についての告知や医師の診査は必要ない。健康状態に関わらず更新をすることができる。

○× 損害保険の仕組みと種類

⑦ 正解 ▶ ○

地震保険では、損害の程度を「全損」「大半損」「小半損」「一部損」と損害の程度に応じて4つに区分されており、該当する区分により保険金額の一定割合が支払われる。

⑧ 正解 ▶ ○

自賠責保険の補償対象は、対人事故のみである。他人の財物に損害を与える対物事故は補償対象とならない。

⑨ 正解 ▶ ○

自動車保険の車両保険は、被保険自動車の偶然の事故による損害を補償する保険である。衝突、接触、盗難、墜落、転覆、物の飛来、火災、爆発、台風、洪水などが支払い対象となる。ただし、地震・噴火・津波により生じた事故については、特約を付けなければ補償対象とならない。

⑩ 正解 ▶ ×

人身傷害保険では、自己の**過失割合に関係なく**、保険金額の範囲内で**損害額全額が補償**される。 ❗ ココが誤り

⓫ 正解 ▶ ✕

家族傷害保険における「家族」とは、「本人・本人の配偶者・本人または配偶者と生計を一にする同居の親族および別居の未婚の子」を指し、これは契約時ではなく事故発生時で判定を行う。したがって、**保険期間中に生まれた被保険者の子も被保険者となる**。追加の保険料を支払う必要はない。

⓬ 正解 ▶ ◯   ❗ ココが誤り

普通傷害保険では、特約を付帯していない場合、細菌性食中毒は補償の対象とならない。

◯✕ **保険と税金、法人と保険**

⓭ 正解 ▶ ◯

少額短期保険の保険料は、所得税の生命保険料控除の対象外である。

⓮ 正解 ▶ ✕

個人契約における火災保険等の**「モノ」**に損害が生じたことにより支払われる**保険金等は、非課税**である。   ❗ ココが誤り

◯✕ **保険制度全般と契約者保護**

⓯ 正解 ▶ ✕

国内で事業を行う生命保険会社が破綻した場合、生命保険契約者保護機構による補償の対象となる保険契約については、高予定利率契約を除き、**破綻時点の責任準備金等の90%まで**補償される。なお、責任準備金とは、生命保険傾斜が将来の保険金や年金・給付金等の支払に備え、収入保険料の一部から積み立てている積立金のことである。   ❗ ココが誤り

三択 生命保険の仕組みと商品の種類

16 正解 ▶ 3

　生命保険の保険料は、大数の法則および**収支相当の原則**に基づき、予定死亡率、予定利率、**予定事業費率**の３つの予定基礎率を用いて計算される。なお、３つの予定基礎率は保険種類や契約時期等により異なる。

17 正解 ▶ 1

１）予定利率は保険会社があらかじめ見込んでいる運用利回りで、運用益は保険料の割引というかたちで契約者に還元される。つまり、**予定利率の引き上げ**は、運用益および割引率が増えることになり、**保険料は安くなる。**

２）予定死亡率は、過去の統計に基づいて性別年齢ごとに算出した死亡率であるので、死亡率を引き上げた場合、死亡保険金の支払いが増えることに繋がり保険料は高くなる。

３）予定事業費率は、保険会社の事業運営コストであるので、引き上げた場合、保険料は高くなる。

ポイント整理 純保険料と付加保険料

　生命保険料の構成を理解しましょう

生命保険料の額

純保険料	付加保険料
将来の保険金支払いの財源となる部分 ・死亡保険料…死亡保険金支払いの財源 ・生存保険料…満期保険金支払いの財源	保険事業を維持・管理するための経費に充てる部分
予定死亡率と**予定利率**をもとに計算	**予定事業費率**をもとに計算

⑱ 正解 ▶ 3

生命保険の保険料は、将来の保険金等の支払に充てられる「純保険料」と、保険事業を運営するための費用に充てられる「付加保険料」で構成されている。純保険料は、3つの予定基礎率のうち、予定利率、予定死亡率に基づき計算され、付加保険料は**予定事業費率**に基づいて計算される。

三択 生命保険の見直し方法等と第三分野の保険

⑲ 正解 ▶ 3

先進医療は厚生労働省により適宜変更されるため、「**療養を受けた日**」に厚生労働大臣の認定により定められているものが給付対象となる。

⑳ 正解 ▶ 1

一般に、がん保険では、医療保険のような入院給付金に対する支払日数の**上限はない**。

㉑ 正解 ▶ 1

がん保険では、一般に**90日（3ヵ月）程度の免責期間**が設けられている。この期間中にがんと診断された場合、保険金等は支払われない。

三択 損害保険の仕組みと種類

㉒ 正解 ▶ 3

借家人が軽過失により火事を起こし、借家と隣家を焼失させた場合、失火責任法により**隣家**に対する民法第709条の不法行為に基づく**損害賠償責任は免れる**と規定されている。一方で、**家主**に対しては、賃貸借契約により退去時の原状回復義務があり、借家の消失によりこれを履行することができないことから、民法第415条の債務不履行責任に基づく**損害賠償責任を負わなければならない**。

㉓ 正解 ▶ 3

地震保険の保険金額は、主契約となる火災保険の保険金額の30%から50%の範囲内で設定し、**居住用建物は5,000万円**、**生活用動産は1,000万円**が上限となる。

㉔　正解 ▶ 1

　自動車損害賠償責任保険（自賠責保険）における被害者1名当たり（1事故当たりではない）の保険金の支払い限度額は、下表のとおり。なお、この金額は加害車両1台の場合であり、加害車両が複数ある場合は、それぞれの加害車両について被害者1名につき下表限度額が適用される。

＜被害者1名当たり保険金の支払い限度額＞

死亡による損害	最高 3,000 万円
後遺障害による損害	後遺障害の程度に応じ最高 4,000 万円
傷害による損害	最高 120 万円

㉕　正解 ▶ 2

　被保険者が被保険自動車の運転中に自動車事故により死傷した場合の損害を補償するのは**人身傷害保険**である。相手がいる事故・単独事故は問わず、過失相殺による減額をせず自分の過失分を含めた損害額が保険金額の範囲内で全額支払われる。示談を待つ必要もない。

㉖　正解 ▶ 3

　個人賠償責任保険（特約）は、個人またはその家族が**日常生活で誤って他人にケガをさせたり、他人のモノを壊してしまったことで法律上の損害賠償責任を負った場合の損害を補償する保険**である。仕事中の賠償事故や自動車による賠償事故、他人からの預かりものに対する賠償責任などについては、補償の対象外となっている。

1）業務中の賠償事故なので、補償の対象とならない。

2）自動車による賠償事故なので、補償の対象とならない。

3）日常生活に起因する賠償責任なので、**補償の対象となる**。

27 正解 ▶ 2

1）請負賠償責任保険は、請負作業に起因する偶然な事故、または請負作業遂行のために所有・使用・管理している施設の欠陥、管理の不備により発生した偶然な事故に基因して法律上の損害賠償責任を負った場合に被る損害を補償する保険である。

2）**企業費用・利益総合保険**は、火災、落雷、破裂、爆発など様々なリスクにより保険の対象となる施設に物的損害が生じ、休業等、事業が中断された場合の利益損失を補償する保険である。

3）施設所有（管理）者賠償責任保険は、事業者が所有、使用、管理する施設の欠陥や従業員の仕事の遂行に起因する賠償責任を補償する保険である。

したがって、選択肢**2**. が正解である。

三択 保険と税金、法人と保険

28 正解 ▶ 1

所得税における地震保険料控除は、原則として年間支払保険料の**全額**（**5万円**が限度）が控除額となる。

29 正解 ▶ 2

生命保険における死亡保険金の課税は、契約者、被保険者、受取人の関係により異なる。

＜死亡保険金の課税関係＞

契約者	被保険者	受取人	税金
A	A	B	**相続税**
A	B	C	贈与税
A	B	A	所得税

三択 保険制度全般と契約者保護

30 正解 ▶ 3

生命保険契約者保護機構による補償の範囲は、高予定利率契約を除き、**責任準備金等**の**90%**までとなる。

実技 リスク管理（資産設計提案業務）

❶ 問1 正解 ▶ 3

事案に基づき契約内容から対象となる保険金・給付金を計算する。

・交通事故による手術（給付倍率10倍）：

入院給付金日額×10倍＝10,000円×10倍＝100,000円…①

・上記手術後の入院：10,000円×12日間＝120,000円…②

・心筋梗塞による入院：10,000円×7日間＝70,000円…③

・その後死亡：1,000,000円…④

①＋②＋③＋④＝ **1,290,000円**

> 正人さんは、2023年10月に交通事故により約款所定の手術（給付倍率10倍）を1回受け、その後継続して12日間入院した。また、同年12月には急性心筋梗塞で継続して7日間入院し、その後死亡した。この場合に支払われる保険金および給付金は、合計（**ア：1,290,000円**）である。

❶ 問2 正解 ▶ 3

2012年1月1日以後に締結した保険契約（新契約）においては、所得税における生命保険料控除は「一般の生命保険料控除」「個人年金保険料控除」「介護医療保険料控除」の3区分であり、控除額はそれぞれ4万円が限度で合計12万円までとなる。

・終身保険（一般の生命保険料控除に該当）

速算表から

78,600円（年間支払保険料）×1／4＋20,000円＝39,650円

・医療保険（介護医療保険料控除に該当）

48,300円×1／4＋20,000円＝32,075円

・生命保険料控除の額：39,650円＋32,075円＝ **71,725円** ＜12万円

1 問3 正解 ▶ 2

1．適切。

　地震保険の保険料は、保険会社による違いはない。

2．最も不適切。

　地震保険の損害認定区分は、「全損」「大半損」「小半損」「一部損」の**4区分**である。
❗ ココが不適切

3．適切。

　なお、家財については 1,000 万円が上限となる。

2 問1 正解 ▶ 3

　交通事故による死亡（入院・手術なし）というケースなので、支払われる保険金は次のとおりとなる。

500 万円（終身保険）＋ 3,000 万円（定期保険特約）＋ 400 万円（特定疾病保障定期保険特約）＋ 300 万円（傷害特約）＝ **4,200 万円**

・終身保険：被保険者が死亡した場合に、保険金が支払われる。保険期間は一生涯。

・定期保険：保険期間は一定で、その間に被保険者が死亡した場合、保険金が支払われる。

・特定疾病保障保険：3 大疾病で所定の状態となったとき死亡保険金と同額の特定疾病保険金を受け取れる。また、特定疾病保険金を受け取ることなく死亡した場合は、死亡保険金が支払われる。

・傷害特約：不慮の事故が原因で事故日から 180 日以内に死亡したとき、所定の感染症で死亡した場合、災害死亡保険金が、所定の障害状態になった場合は、程度に応じた給付金が支払われる。

> 飯田雅彦さんが、2023 年中に交通事故により死亡（入院・手術なし）した場合に支払われる死亡保険金は、合計（ア：**4,200 万円**）である。

2 問2 正解 ▶ 3

2012年1月1日以後に締結した保険契約に係る所得税の生命保険料控除は、一般の生命保険料控除、個人年金保険料控除、介護医療保険料控除の3つの区分となっており、それぞれにおいて控除額を計算し合算する。なお、各控除額は所得税においては40,000円を限度とし、合計で12万円が限度となる。

大垣さんが加入している保険契約は、定期保険が「一般の生命保険料控除」、医療保険が「介護医療生命保険料控除」に該当する。

・定期保険：年間支払保険料が65,040円なので、＜所得税の生命保険料控除額の速算表＞から「65,040円×1／4＋20,000円＝36,260円」が控除額となる。
・医療保険：年間支払保険料が50,400円なので、「50,400円×1／4＋20,000円＝32,600円」が控除額となる。
・36,260円＋32,600円＝**68,860円** ＜ 12万円

したがって、選択肢**3**．が正しい。

2 問3 正解 ▶ 3

1．不適切。

通知義務とは、保険契約者または被保険者が、保険契約の締結後、内容に変更が生じた場合に、保険会社に対してその事実を報告しなければならない義務をいう。問題文は、**「告知義務」の説明**である。

2．不適切。 ❗ ココが不適切

一部保険とは、保険金額が保険価額よりも**少ない保険**のことをいう。問題文は、超過保険の説明である。 ❗ ココが不適切

3．最も適切。

再調達価額とは、保険の対象と同等のものを新たに調達するのに必要となる金額のことである。

③ 問1 正解 ▶ 3

・がんの診断：がん診断給付金 2,000,000 円…①
・入院：がん入院給付金 10,000 円× 42 日間（初日から）
　　　　＝ 420,000 円…②
・手術：手術給付金 10,000 円× 20 倍＝ 200,000 円…③
・死亡：死亡給付金 10,000 円× 100 倍＝ 1,000,000 円…④
　①＋②＋③＋④＝ **3,620,000 円**

> 誠二さんは、2022 年中に初めてがん（膵臓がん、悪性新生物）と診断
> され、がんの治療で 42 日間入院し、がんにより病院で死亡した。入院
> 中には手術（給付倍率 20 倍）を 1 回受けている。2022 年中に支払わ
> れる保険金および給付金は、合計（**ア：3,620,000 円**）である。

③ 問2 正解 ▶ 3

1．**不適切。**
　契約者と被保険者が同じで、死亡保険金受取人が異なる終身保険におい
て、受け取る死亡保険金は、**相続税**の課税対象となる。
2．**不適切。**　　　　　　　　　　❗ココが不適切
　契約者、被保険者、死亡保険金受取人すべてが異なる特定疾病保障保険に
おいて、受取人が受け取る死亡保険金は、**贈与税**の課税対象となる。
3．**最も適切。**　　　　　　　　　❗ココが不適切
　契約者が受け取る満期保険金は、**所得税・住民税**の課税対象となる。

③ 問3 正解 ▶ 1

1．**補償の対象になる。**
　仕事中も含む**日常生活上における傷害**は、**傷害保険の補償対象**である。
2．**補償の対象にならない。**
　地震、噴火またはこれらによる津波を原因とする火災・損壊・埋没・流出
による損害は、**地震保険の補償対象**である。
3．**補償の対象にならない。**
　原付バイクで第三者の財物に損害を与えたことにより、法律上の損害賠償
責任を負い被る損害は、**自動車保険の補償対象**である。

試験のツボ

「保険証券の問題って、よく出るんだね」

「そうですね。特に生命保険の保険証券は、ほぼ必ず出るので、
十分な準備が必要です」

第3章
金融資産運用

　　　　　　全体からバランスよく出題されてきます。特に、**株式、債券、投資信託、外貨建て商品**についてはその仕組みはもちろんのこと、どのようなリスクがあるのかを整理することが大切です。

　また、**金融商品の税金**についても出題される論点ですが、個別に学習する前に全体として理解を深めていくとよいでしょう。

　金融経済の基礎知識も毎回2問程度出題される論点ですので、主な経済・景気指標や金融政策を中心に基本的な知識をおさえましょう。また、最近では**ポートフォリオ運用**の基礎知識からも毎回1問程度の出題が見られます。3級の範囲としては深い知識を学習する必要はありませんが、ポートフォリオ運用などの言葉の意味や、相関係数の概要などをおさえておきましょう。

金融資産運用

問　題　編

学科　○×式

次の各文章を読んで、正しいものまたは適切なものには○を、誤っているものまたは不適切なものには×を、選びなさい。

○×　マーケット環境の理解

解答・解説 p76

1 Check □□□ '23–9

景気動向指数において、コンポジット・インデックス（CI）は、景気拡張の動きの各経済部門への波及度合いを測定することを主な目的とした指標である。

2 Check □□□ '23–5

全国企業短期経済観測調査（日銀短観）は、企業間で取引される財に関する価格の変動を測定した統計である。

3 Check □□□ '24–1

日本銀行の金融政策の1つである公開市場操作（オペレーション）のうち、国債買入オペは、日本銀行が長期国債（利付国債）を買い入れることによって金融市場に資金を供給するオペレーションである。

○×　債　券

解答・解説 p76

4 Check □□□ '24–1

元金2,500,000円を、年利4％（1年複利）で3年間運用した場合の元利合計額は、税金や手数料等を考慮しない場合、2,812,160円である。

5
Check
☐☐☐
'23-9

債券の信用格付とは、債券やその発行体の信用評価を記号等で示したものであり、一般に、BBB（トリプルビー）格相当以上の格付が付された債券は、投資適格債とされる。

 6
Check
☐☐☐
'23-5

一般に、残存期間や表面利率（クーポンレート）が同一であれば、格付の高い債券ほど利回りが低く、格付の低い債券ほど利回りが高くなる。

○× 株　式
解答・解説 p77

 7
Check
☐☐☐
'23-5

配当性向とは、株価に対する1株当たり年間配当金の割合を示す指標である。

8
Check
☐☐☐
'23-9

日経平均株価は、東京証券取引所スタンダード市場に上場している代表的な225銘柄を対象として算出される。

○× 投資信託
解答・解説 p78

 9
Check
☐☐☐
'24-1

株式投資信託の運用において、個別銘柄の投資指標の分析や企業業績などのリサーチによって投資対象とする銘柄を選定し、その積上げによりポートフォリオを構築する手法を、トップダウン・アプローチという。

 10
Check
☐☐☐
'23-5

投資信託のパッシブ運用は、日経平均株価や東証株価指数（TOPIX）などのベンチマークに連動した運用成果を目指す運用手法である。

 11
Check
☐☐☐
'23-9

追加型の国内公募株式投資信託において、収益分配金支払後の基準価額が受益者の個別元本を下回る場合、当該受益者に対する収益分配金は、その全額が普通分配金となる。

3章　金融資産運用【問題編】

| ○× | 外貨建て商品 | 解答・解説 p79  |

12

Check
☐☐☐
'24-1

為替予約を締結していない外貨定期預金において、満期時の為替レートが預入時の為替レートに比べて円高になれば、当該外貨定期預金の円換算の利回りは高くなる。

| ○× | 金融商品と税金、セーフティーネット | 解答・解説 p79 |

13

Check
☐☐☐
'23-9

オプション取引において、他の条件が同一であれば、満期までの残存期間が長いほど、プレミアム（オプション料）は高くなる。

14

Check
☐☐☐
'23-5

オプション取引において、特定の商品を将来の一定期日に、あらかじめ決められた価格（権利行使価格）で売る権利のことを、コール・オプションという。

15

Check
☐☐☐
'24-1

日本国内に本店のある銀行の国内支店に預け入れた外貨預金は、元本1,000万円までとその利息が預金保険制度による保護の対象となる。

学科 三肢択一式

次の各文章の（　　）内にあてはまる最も適切な文章、語句、数字または それらの組合せを 1)～3) のなかから選びなさい。

三択 マーケット環境の理解　　　　　　解答・解説 p80

16
Check
□□□
'24-1

　景気動向指数において、完全失業率は、（　　）に採用されている。
1) 先行系列
2) 一致系列
3) 遅行系列

17
Check
□□□
'23-9

　一定期間内に国内で生産された財やサービスの付加価値の合計額から物価変動の影響を取り除いた指標を、（　　）という。
1) 実質GDP
2) 名目GDP
3) GDPデフレーター

18
Check
□□□
'23-5

　一般法人、個人、地方公共団体などの通貨保有主体が保有する通貨量の残高を集計したものを（　①　）といい、（　②　）が作成・公表している。
1) ①　マネーストック　　②　財務省
2) ①　マネーストック　　②　日本銀行
3) ①　GDP　　　　　　②　日本銀行

⑲

Check
□□□
'24-1

表面利率（クーポンレート）4％、残存期間5年の固定利付債券を額面100円当たり104円で購入した場合の最終利回り（年率・単利）は、（　　）である。なお、税金等は考慮しないものとし、計算結果は表示単位の小数点以下第3位を四捨五入している。

1）3.08％
2）3.20％
3）3.33％

⑳

Check
□□□
'23-9

表面利率（クーポンレート）3％、残存期間2年の固定利付債券を額面100円当たり105円で購入した場合の最終利回り（年率・単利）は、（　　）である。なお、税金等は考慮しないものとし、計算結果は表示単位の小数点以下第3位を四捨五入している。

1）0.48％
2）0.50％
3）0.53％

㉑

Check
□□□
'23-5

表面利率（クーポンレート）2％、残存期間5年の固定利付債券を、額面100円当たり104円で購入し、2年後に額面100円当たり102円で売却した場合の所有期間利回り（年率・単利）は、（　　）である。なお、税金や手数料等は考慮しないものとし、答は表示単位の小数点以下第3位を四捨五入している。

1）0.96％
2）1.54％
3）2.88％

㉒
Check
☐☐☐
'24-1

　株式の投資指標のうち、（　　）は、株価を1株当たり当期純利益で除して算出される。

1）PBR
2）PER
3）BPS

㉓
Check
☐☐☐
'23-9

　株式の投資指標として利用されるROEは、（　①　）を（　②　）で除して算出される。

1）①　当期純利益　　　②　自己資本
2）①　当期純利益　　　②　総資産
3）①　営業利益　　　　②　総資産

㉔
Check
☐☐☐
'23-9

　投資信託の運用において、株価が企業の財務状況や利益水準などからみて、割安と評価される銘柄に投資する運用手法を、（　　）という。

1）グロース運用
2）バリュー運用
3）パッシブ運用

㉕ 追加型株式投資信託を基準価額1万200円（1万口当たり）で1万口購入した後、最初の決算時に1万口当たり700円の収益分配金が支払われ、分配落ち後の基準価額が 1万円（1万口当たり）となった場合、その収益分配金のうち、普通分配金は（ ① ）であり、元本払戻金（特別分配金）は（ ② ）である。

1）① 200円　　② 500円
2）① 500円　　② 200円
3）① 700円　　② 200円

㉖ 追加型株式投資信託を基準価額1万3,000円（1万口当たり）で1万口購入した後、最初の決算時に1万口当たり400円の収益分配金が支払われ、分配落ち後の基準価額が1万2,700円（1万口当たり）となった場合、その収益分配金のうち、普通分配金は（ ① ）であり、元本払戻金（特別分配金）は（ ② ）である。

1）①　　　0円　　② 400円
2）① 100円　　② 300円
3）① 300円　　② 100円

三択 外貨建て商品　　　　　　　　　　　　　　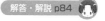

㉗ 外貨預金の預入時において、預入金融機関が提示する（　　）は、預金者が円貨を外貨に換える際に適用される為替レートである。

1）TTB
2）TTM
3）TTS

㉘
Check
□□□
'24-1

　　異なる2資産からなるポートフォリオにおいて、2資産間の相関係数が（　　）である場合、分散投資によるリスクの低減効果は最大となる。

1）＋1

2）　0

3）－1

㉙
Check
□□□
'23-5

　　A資産の期待収益率が3.0％、B資産の期待収益率が5.0％の場合に、A資産を40％、B資産を60％の割合で組み入れたポートフォリオの期待収益率は、（　　）となる。

1）1.8％

2）4.0％

3）4.2％

三択 **金融商品と税金、セーフティーネット** 解答・解説 p85

㉚
Check
□□□
'23-5

　　預金保険制度の対象金融機関に預け入れた（　　）は、預入金額の多寡にかかわらず、その全額が預金保険制度による保護の対象となる。

1）定期積金

2）決済用預金

3）譲渡性預金

1 下記の **問1** ～ **問3** について解答しなさい。

`'24-1`　解答・解説 p86

問1　Check ☐☐☐

　下記＜資料＞に基づくWX株式会社の投資指標に関する次の記述のうち、最も適切なものはどれか。なお、記載のない事項は一切考慮しないものとし、計算結果については表示単位の小数点以下第3位を四捨五入すること。

＜資料：WX株式会社に関するデータ＞

株価	2,000円
1株当たり純利益（今期予想）	300円
1株当たり純資産	2,200円
1株当たり年間配当金（今期予想）	30円

1．株価純資産倍率（PBR）は、1.1倍である。

2．配当性向は、10％である。

3．配当利回りは、1.36％である。

Check
□□□

　下記<資料>は、香川さん、細井さんおよび大津さんがWA銀行（預金保険制度の対象となる銀行）で保有している金融商品の時価の一覧表である。WA銀行が破綻した場合、この時価に基づいて預金保険制度によって保護される金額に関する次の記述のうち、最も適切なものはどれか。

<資料>

	香川さん	細井さん	大津さん
普通預金	100万円	180万円	700万円
定期預金	500万円	300万円	350万円
外貨預金	300万円	－	－
株式投資信託	－	300万円	－

※香川さん、細井さんおよび大津さんはいずれも、WA銀行からの借入れ
　はない。
※普通預金は決済用預金ではない。
※預金の利息については考慮しないものとする。

1．香川さんの金融商品のうち、保護される金額の合計は600万円である。
2．細井さんの金融商品のうち、保護される金額の合計は780万円である。
3．大津さんの金融商品のうち、保護される金額の合計は1,050万円である。

景気動向指数に関する下表の空欄（ア）～（ウ）にあてはまる語句として、最も適切なものはどれか。

	採用指標名（抜粋）
先行系列	・新規求人数（除く学卒） ・新設住宅着工床面積 ・（　ア　）
一致系列	・鉱工業用生産財出荷指数 ・耐久消費財出荷指数 ・（　イ　）
遅行系列	・常用雇用指数（調査産業計、前年同月比） ・完全失業率（逆サイクル※） ・（　ウ　）

※「逆サイクル」とは、指数の上昇・下降が景気の動きと反対になる指標であることを指す。

1．（ア）有効求人倍率（除く学卒）
2．（イ）東証株価指数
3．（ウ）消費者物価指数（生鮮食品を除く総合、前年同月比）

2 下記の 問1 ～ 問3 について解答しなさい。

'23-9 解答・解説 p87

問1 Check ☐☐☐

下記＜資料＞に基づくＨＸ株式会社の投資指標に関する次の記述のうち、最も不適切なものはどれか。なお、購入時の手数料および税金は考慮しないものとする。

＜資料＞

[株式市場に関するデータ]

◇投資指標（ＰＥＲと配当利回りの太字は予想、カッコ内は前期基準、ＰＢＲは四半期末基準、連結ベース）

	PER (倍)	PBR (倍)	配当利回り (%) 単純平均	加重平均
日経平均採用銘柄	12.27(13.10)	1.11	2.37(2.20)	
ＪＰＸ日経400採用銘柄	12.66(13.16)	1.24	2.20(2.04)	2.62(2.45)
東証プライム全銘柄	13.10(13.85)	1.12	2.45(2.25)	2.60(2.42)
東証スタンダード全銘柄	14.08(16.92)	0.90	2.27(2.24)	2.01(1.94)

（出所：日本経済新聞　２０２３年１月１３日朝刊　２０面）

[ＨＸ株式会社に関するデータ]

株価	2,200円
1株当たり純利益（今期予想）	730円
1株当たり純資産	4,280円
1株当たり年間配当金（今期予想）	200円

1. 株価収益率（PER）で比較した場合、ＨＸ株式会社の株価は日経平均採用銘柄の平均（予想ベース）より割安である。

2. 株価純資産倍率（PBR）で比較した場合、ＨＸ株式会社の株価は東証プライム全銘柄の平均より割安である。

3. 配当利回り（単純平均）で比較した場合、ＨＸ株式会社の配当利回りは東証スタンダード全銘柄の平均（予想ベース）より低い。

東京証券取引所に上場されている国内株式の買い付け等に関する次の記述のうち、最も適切なものはどれか。なお、解答に当たっては、下記のカレンダーを使用すること。

2023 年 9 月／10 月						
日	月	火	水	木	金	土
9／24	25	26	27	28	29	30
10／1	2	3	4	5	6	7

※網掛け部分は、市場休業日である。

1．9月29日に国内上場株式を買い付けた場合、受渡日は10月3日である。
2．配当金の権利確定日が9月29日である国内上場株式を9月28日に買い付けた場合、配当金を受け取ることができる。
3．権利確定日が9月29日である国内上場株式の権利落ち日は、10月2日である。

金投資に関する次の記述の空欄（　ア　）～（　ウ　）にあてはまる語句の組み合わせとして、最も適切なものはどれか。なお、金の取引は継続的な売買でないものとする。

・金地金の売買において、海外の金価格（米ドル建て）が一定の場合、円高（米ドル／円相場）は国内金価格の（　ア　）要因となる。
・個人が金地金を売却した場合の所得については、保有期間が（　イ　）以内の場合、短期譲渡所得として課税される。
・純金積立てにより購入した場合、積み立てた金を現物で受け取ることが（　ウ　）。

1．（ア）上昇　（イ）10年　　（ウ）できない
2．（ア）上昇　（イ）5年　　（ウ）できない
3．（ア）下落　（イ）5年　　（ウ）できる

3 下記の 問1 ～ 問3 について解答しなさい。

'23-5 解答・解説 p90

問1 Check □□□

露木さんは、投資信託の費用について FP の中井さんに質問をした。下記の空欄（ア）～（ウ）にあてはまる語句に関する次の記述のうち、最も適切なものはどれか。

露木さん：投資信託の費用について教えてください。
中井さん：まず、購入する際に「購入時手数料」がかかります。中には、この手数料が無料である「（ ア ）型」の投資信託もあります。
露木さん：無料もあるのですね。
中井さん：購入時に払う手数料がなくても、保有中に差し引かれる費用がありますよ。「（ イ ）」といって信託報酬とも呼ばれ、運用にかかる経費として、信託財産の残高から日々、差し引かれます。
露木さん：保有中に差し引かれるということは、長期投資をする場合には気にしておきたいですね。
中井さん：そうですね。また、解約する際に「（ ウ ）」が差し引かれる投資信託もあります。これは、投資家同士の公平性を期し、投資信託の純資産を安定的に保つ目的です。解約する投資家から徴収して投資信託の純資産に残す趣旨で、手数料とは性格が異なります。

1．（ア）にあてはまる語句は、「オープン」である。

2．（イ）にあてはまる語句は、「口座管理料」である。

3．（ウ）にあてはまる語句は、「信託財産留保額」である。

佐野さんは、預金保険制度の対象となるMA銀行の国内支店に下記<資料>の預金を預け入れている。仮に、MA銀行が破綻した場合、預金保険制度によって保護される金額に関する次の記述のうち、最も不適切なものはどれか。

<資料>

決済用預金	2,500万円
円定期預金	500万円
円普通預金	200万円
外貨預金	700万円

※佐野さんはMA銀行からの借入れはない。

※預金の利息については考慮しないこととする。

※円普通預金は決済用預金ではない。

1. 決済用預金2,500万円は全額保護される。

2. 円定期預金・円普通預金および外貨預金は、合算して1,000万円が保護される。

3. 円定期預金・円普通預金の合算額700万円は全額保護される。

問3　Check ☐☐☐

下記＜資料＞に基づくMX株式会社の投資指標に関する次の記述のうち、最も不適切なものはどれか。なお、購入時の手数料および税金は考慮しないこととする。

＜資料＞

[株式市場に関するデータ]

◇投資指標　（PERと配当利回りの太字は予想、カッコ内は前期基準、PBRは四半期末基準、連結ベース）

	PER (倍)	PBR (倍)	配当利回り（%）単純平均	配当利回り（%）加重平均
日経平均採用銘柄	12.62（13.23）	1.15	2.50（2.40）	
JPX日経400採用銘柄	13.15（13.48）	1.32	2.19（2.08）	2.52（2.41）
東証プライム全銘柄	13.60（14.24）	1.18	2.36（2.25）	2.49（2.37）
東証スタンダード全銘柄	14.83（16.51）	0.91	2.15（2.21）	1.96（1.94）
東証グロース全銘柄	104.30（ ― ）	4.05	0.32（0.28）	0.21（0.19）

株式益回り（東証プライム全銘柄）　　予想　7.35%　　前期基準　7.02%

（出所：日本経済新聞　2022年9月17日朝刊）

[MX株式会社に関するデータ]

株価	4,500円
1株当たり純利益（今期予想）	685円
1株当たり純資産	5,150円
1株当たり年間配当金（今期予想）	150円

1. 株価収益率（PER）で比較した場合、MX株式会社の株価は日経平均採用銘柄の平均（予想ベース）より割安である。

2. 株価純資産倍率（PBR）で比較した場合、MX株式会社の株価は東証プライム全銘柄の平均より割高である。

3. 配当利回りで比較した場合、MX株式会社の配当利回りは東証グロース全銘柄の単純平均（予想ベース）より高い。

金融資産運用

解答・解説　編

学科　○×式

○× マーケット環境の理解

① 正解 ▶ ×

　景気動向指数においては CI と DI（ディフュージョン・インデックス）があるが、景気拡張の動きの各経済部門への波及度合いを測定することを主な目的とした指標は、DI である。CI は、**景気変動の大きさやテンポなどの量感を測定することを主な目的とした指標**である。

② 正解 ▶ ×　　　　　　　　　❗ ココが誤り

　全国企業短期経済観測調査（日銀短観）は、日本銀行が全国の企業動向を把握し、適切な金融政策を行うために、**景気の現状と先行き**について全国の企業に対し行う**アンケート調査**である。　　❗ ココが誤り

③ 正解 ▶ ○

　日本銀行が行う公開市場操作には買いオペレーション（買いオペ）と売りオペレーション（売りオペ）があり、日本銀行が民間金融機関等から長期国債を買い入れる買いオペの場合、買入の資金を日本銀行が民間金融機関等へ払うことで、金融市場に資金を供給するオペレーションである。これにより金利を低めに誘導する効果がある。

○× 債　券

④ 正解 ▶ ○

　元利合計額を算出は「元金×（１＋利率）^{預入年数}」の計算式で行う。「2,500,000 円×（１＋0.04）^{3} ＝ 2,812,160 円」となる。

<参考：電卓の使い方>

累乗の計算を電卓で行う場合、「年利⊠ ⊠ 🟰 🟰・・・⊠元金」で計算する。イコールキーを押す回数は「預入年数−1回」である。問題の場合は3年なので2回押す。

「1.04 ⊠ ⊠ 🟰 🟰 ⊠ 2,500,000」という流れである。

5 正解 ▶ ○

債権の信用格付けにおいて、一般に、BBB格相当以上の格付が付された債券は、投資適格債とされる。

6 正解 ▶ ○

格付けの高い債券ほど、安全性が高いことから債券価格は高くなり、利回りは低くなる。逆に格付けの低い債券ほど、安全性が低いことから債券価格は安くなり、利回りは高くなる。

○×	株　式

7 正解 ▶ ×

配当性向とは、**当期純利益に対する年間配当金の割合を示す指標**である。

配当性向（％）＝年間配当金／当期純利益×100　　❗ ココが誤り

8 正解 ▶ ×

日経平均株価は、東京証券取引所プライム市場に上場されている銘柄から代表的な225銘柄を選定し、その平均値を過去との連動性を保ちながら計算して公表している**修正平均株価**である。

❗ ココが誤り

ポイント整理 日経平均株価と東証株価指数

この表はチョー重要なんだネ

	日経平均株価 (日経平均株価225種、日経225)	東証株価指数 (TOPIX)
対象 銘柄	東京証券取引所プライム市場 主要225銘柄	東証に上場されている流通株式時価総額100億円以上の銘柄
算出 方法	採用銘柄の株価を合計し除数で割って求める。過去の株価との連続性を失わないように、除数に修正を加えていく修正平均株価	1968年1月4日の時価総額を100として現在の時価総額を数値化している(単位:ポイント)。その際、時価総額は浮動株比率を考慮した株式数で算出している時価総額加重型指数
特徴	株価水準の高い値がさ株の値動きに影響を受けやすい	時価総額の大きい大型株の値動きに影響を受けやすい

○× 投資信託

9 正解 ▶ ×

　個別銘柄の投資指標の分析や企業業績などのリサーチによって投資対象銘柄を選定、ポートフォリオの構築をする手法を**ボトムアップ・アプローチ**という。トップダウン・アプローチとは、マクロ経済に対する調査・分析から銘柄の選定を行っていく手法である。　❗ココが誤り

10 正解 ▶ ○

　投資信託の運用手法の一つであるパッシブ運用は、ベンチマークに連動した運用成果を目指す運用手法である。インデックス運用ともいう。

11 正解 ▶ ×

　追加型の国内公募株式投資信託において、収益分配金支払後の基準価額が受益者の個別元本を下回る場合、その個別元本を下回る部分の収益分配金については、**元本の払戻し金として非課税**となり、それ以外の部分については普通分配金として課税対象となる。
❗ココが誤り

○× **外貨建て商品**

⑫ 正解 ▶ ×

満期時の為替レートが預入時の為替レートよりも**円高**になる場合、**円での受取額が減り**、円換算での**利回りは低下する**。 ❗ ココが誤り

○× **金融商品と税金、セーフティーネット**

⑬ 正解 ▶ ○

オプション取引におけるプレミアム（オプション料）は、「本質的価値＋時間的価値」で構成される。時間的価値は原資産の将来への値動きに対する不確定さから生じる価値であり、一般的に満期までの残存期間が長ければ、利益が生まれる方に値動きする可能性も高くなるため時間的価値も大きくなる。つまり、プレミアムは高くなる。

⑭ 正解 ▶ ×

特定の商品を将来の一定期日に、権利行使価格で**売る権利**のことを「**プット・オプション**」、買う権利のことを「コール・オプション」という。

⑮ 正解 ▶ × ❗ ココが誤り

外貨預金は、金額に関わらず**預金保険制度の保護の対象とならない**。 ❗ ココが誤り

三択 マーケット環境の理解

16 正解 ▶ 3

完全失業率は、景気が悪くなっていく中で結果として現れてくる。そのため、景気動向指数においては、景気に対して遅れて動く**遅行系列**に採用されている。

17 正解 ▶ 1

名目 GDP は、GDP をその時の市場価格で評価をしたもので、**実質 GDP**は、名目 GDP から物価の変動による影響を取り除いたものである。また、GDP デフレーターは、実質 GDP を算出するための物価指数で、「実質GDP ＝名目 GDP ÷ GDP デフレーター× 100」となる。

18 正解 ▶ 2

マネーストックは、金融部門から経済全体に供給される**通貨の総量**のことであり、一般法人、個人、地方公共団体などが保有する通貨は含まれているが、国や金融機関が保有する通貨は含まれていない。**日本銀行が毎月公表**している。

三択 債 券

19 正解 ▶ 1

利付債券の最終利回り（年率・単利）の計算式は次のとおり。

$$最終利回り（\%）= \frac{表面利率 + \dfrac{額面（100\,円）-購入価格}{残存期間}}{購入価格} \times 100$$

$$= \frac{4 + \dfrac{100 - 104}{5}}{104} \times 100$$

$$= 3.076\cdots \Rightarrow \textbf{3.08\%}（小数点以下第 3 位四捨五入）$$

㉑ 正解 ▶ 1

$$\text{最終利回り（\%）} = \frac{\text{表面利率} + \dfrac{\text{額面（100円）} - \text{購入価格}}{\text{残存期間}}}{\text{購入価格}} \times 100$$

$$= \frac{3 + \dfrac{100円 - 105円}{2年}}{105円} \times 100 = 0.476\cdots$$

$$\Rightarrow \quad \textbf{0.48\%}（小数点以下第3位四捨五入）$$

㉑ 正解 ▶ 1

所有期間利回りは、新発債もしくは既発債を購入し、途中売却した場合の利回りをいう。

$$\text{所有期間利回り（\%）} = \frac{\text{表面利率} + \dfrac{\text{売却価格} - \text{買付価格または発行価格}}{\text{所有期間（年）}}}{\text{買付価格または発行価格}} \times 100$$

$$= \frac{2 + \dfrac{102円 - 104円}{2年}}{104円} \times 100 \fallingdotseq 0.961\cdots \Rightarrow \textbf{0.96\%}$$

（小数点以下第3位四捨五入）

ポイント整理 **4つの利回りの計算式**

> 債券の利回りは4つありますが、最終利回りは特に重要です

応募者利回り	$\text{応募者利回り（\%）} = \dfrac{\text{クーポン} + \dfrac{\text{額面（100）} - \text{発行価格}}{\text{償還年限}}}{\text{発行価格}} \times 100$
最終利回り	$\text{最終利回り（\%）} = \dfrac{\text{クーポン} + \dfrac{\text{額面（100）} - \text{買付価格}}{\text{残存年限}}}{\text{買付価格}} \times 100$
所有期間利回り	$\text{所有期間利回り（\%）} = \dfrac{\text{クーポン} + \dfrac{\text{売付価格} - \text{買付価格}}{\text{所有期間}}}{\text{買付価格}} \times 100$
直接利回り	$\text{直接利回り（\%）} = \dfrac{\text{クーポン}}{\text{買付価格}} \times 100$

㉒ 正解 ▶ 2

　株式指標のうち、**PER**（株価収益率）は、株価を1株当たり当期純利益で除して算出される。

PER（倍）＝株価÷1株当たり当期純利益＝株式時価総額÷当期純利益

㉓ 正解 ▶ 1

　ROE（自己資本利益率）とは、その企業が自己資本を使ってどれだけ利益をあげたのかを表す指標であり、「**ROE(%)＝当期純利益÷自己資本×100**」で算出する。

ポイント整理 **株式の投資指標**

5つの投資指標を覚えましょう　

配当利回り（％）＝	$\dfrac{1株当たり配当金}{株\ 価} \times 100$
配当性向（％）＝	$\dfrac{配当金総額}{税引き後利益} \times 100$
株価収益率（PER）（倍）＝	$\dfrac{株\ 価}{1株当たり利益}$
株価純資産倍率（PBR）（倍）＝	$\dfrac{株\ 価}{1株当たり純資産}$
自己資本利益率（ROE）（％）＝	$\dfrac{税引き後利益}{自己資本} \times 100$

㉔ 正解 ▶ 2

　株価が企業の財務状況や利益水準などからみて、割安と評価される銘柄に投資する投資信託の運用手法を**バリュー運用**という。グロース運用は、将来の成長性を重視して銘柄を構成する運用手法であり、パッシブ運用は、ベンチマークとなる指標の動きに連動した運用成果を目指す運用手法である。

㉕ 正解 ▶ 2

　追加型株式投資信託の分配金に係る課税において、分配落ち前の個別元本を上回る部分を対象とした普通分配金（純粋な利益なので課税）、分配落ち前の個別元本を下回る部分の元本払戻金（特別分配金：元本の取り戻しなので非課税）に区分される。決算時の基準価額1万700円（分配落ち後の基準価額1万円＋分配金700円）なので個別元本1万200円から超過している**500円**が普通分配金、下回っている**200円**が元本払戻金（特別分配金）となる。

㉖ 正解 ▶ 2

　収益分配金の課税においては、個別元本に対する超過部分が課税対象となり（普通分配金）、個別元本と分配落ち後の基準価額との差額が、元本の払戻しとして非課税となる（元本払戻金）。問題の場合、個別元本は、当初購入した際の基準価額である1万3,000円。決算前の基準価額が1万3,100円で**400円の収益分配金**が支払われ、分配落ち後の基準価額が1万2,700円となっている。したがって**個別元本の超過部分は100円、元本の払戻し部分は300円**となる。

三択 外貨建て商品

㉗ 正解 ▶ 3

外貨預金における外貨と円貨を交換する為替レートは、**TTM**（仲値）を基準とし、円貨を外貨に交換する際は TTS（対顧客電信売相場）、外貨から円貨に交換する際は TTB（対顧客電信買相場）を適用する。

三択 ポートフォリオ運用

㉘ 正解 ▶ 3

相関係数は、－1から＋1までの数値を取り、2資産間に連動性があり同様の動きをする場合、相関係数は正の数値を取る（正の相関）。一方、2資産が逆の動きをする場合、相関係数は負の数値を取る（負の相関）。正の相関の場合は、リスク低減効果は低くなり、＋1である場合リスク軽減効果はない。負の相関の場合は、リスク低減効果は高くなり、－1の場合、最大となる。

ポイント整理 相関係数

相関係数も試験によく出ますよ

相関係数＝－1	完全なる負の相関。リスク低減効果は最大になる Aが値上がりしたら、Bは必ず値下がりする
相関係数＝±0	無相関（値動きに関連性がない） Aが値上がりしたら、Bは値上がりすることもあれば、値下がりすることもある
相関係数＝＋1	完全なる正の相関。リスク低減効果はなし （＝リスクも加重平均値に） Aが値上がりしたら、Bも必ず値上がりする

ポートフォリオの期待収益率は、各資産の期待収益率を**組入比率で加重平均**して算出する。

	A資産	B資産
期待収益率	3.0%	5.0%
組入比率	40%	60%

ポートフォリオの期待収益率（%）
= 3.0%× 0.4 ＋ 5.0%× 0.6 ＝ **4.2%**

> 三択　**金融商品と税金、セーフティーネット**

㉚　正解 ▶ 2

預金保険制度では、**決済用預金**に該当する預金は、全額が預金保険制度の保護の対象となる。決済用預金以外の預金の場合は、１金融機関ごとに預金者１人あたり元本 1,000 万円までとその利息等が保護される。

3章

金融資産運用【解答・解説編】

1 問1 正解 ▶ 2

1．不適切。

株価純資産倍率（PBR）＝株価÷1株当たり純資産

＝ 2,000円÷2,200円≒0.909… ⇒ 0.91倍

2．最も適切。 ❗ ココが不適切

配当性向（％）＝1株当たり年間配当金÷1株当たり純利益×100

＝ 30円÷300円×100＝10％

3．不適切。

配当利回り（％）＝1株当たり年間配当金÷株価×100

＝ 30円÷2,000円×100＝1.5％

1 問2 正解 ▶ 1 ❗ ココが不適切

預金保険制度の保護の範囲は、決済用預金は預入金額に関わらず全額が保護されるが、決済用預金以外の預金では、1金融機関ごとに預金者1人当たり元本1,000万円までとその利息等となる。外貨預金は保護対象外である。

1．最も適切。

保護の対象となるのは、普通預金100万円と定期預金500万円の合計600万円である。外貨預金は上記にあるとおり、保護対象外である。

2．不適切。

株式投資信託は預金保険制度の対象外である。普通預金180万円と定期預金300万円の合計**480万円**が保護される。

3．不適切。 ❗ ココが不適切

普通預金と定期預金は保護の対象であるが、決済用預金以外は上記にあるとおり、元本1,000万までとその利息が保護対象である。大津さんの普通預金と定期預金の合計は1,000万円を超えているので、**1,000万円**が保護される。

❗ ココが不適切

① 問3 正解 ▶ 3

1．不適切。

　有効求人倍率は、景気にほぼ一致して動くので**一致系列に採用**されている。❗ ココが不適切

2．不適切。

　東証株価指数は、株価が景気を先取りして動くので**先行系列に採用**されている。❗ ココが不適切

3．最も適切。

　消費者物価指数は、全国の世帯が購入する各種の財・サービスの価格の平均的な変動を示す。

② 問1 正解 ▶ 3

1．適切。

　株価収益率（PER）は、利益水準から見た株価の割安・割高を判定する指標で「株価／1株当たり純利益」で算出する。同業他社や業界の平均などと比較し、数値が低い方が割安と判断する。

　HX社のPER：2,200円／730円＝3.01…（倍）

　日経平均採用銘柄の平均（予想ベース）の12.27倍より低いので、HX社の株価の方が割安といえる。

2．適切。

　株価純資産倍率（PBR）は、企業の資産価値から株価の割安・割高を判定する指標で「株価／1株当たり純資産」で算出する。PERと同じように、数値が低い方が割安と判断する。

　HX社のPBR：2,200円／4,280円＝0.51…（倍）

　東証プライム全銘柄平均の1.12倍より低いので、HX社の株価の方が割安といえる。

3．最も不適切。

　配当利回りは、投資額に対して配当金がどの程度得られるかをみる指標で「1株当たり配当金／株価×100」で算出する。

　HX社の配当利回り：200円／2,200円×100＝10（％）

　東証スタンダード全銘柄平均の2.27%なので、HX社の配当利回りの方が**高い**。❗ ココが不適切

② **問②** **正解 ▶ 1**

1．最も適切。

　国内の証券取引所における上場株式の普通取引では、売買成立の日から起算して3営業日目に決済（受け渡し）が行われる（土日祝日、年末年始の休業日は数えない）。買付が9月29日の場合、受け渡しは10月3日となる。

2．不適切。

　配当金を受け取るためには、配当金の権利確定日において当該株式を保有していなければならない。受け渡しが約定日から起算して3営業日目になるので、9月28日に買付をした場合、受け渡しは10月2日となり、**配当金を受け取ることはできない。9月27日に買付をしなければならない。**

　　　　　　　　　　　　　　　　　　　　❗ ココが不適切

3．不適切。

　上記解説にもあるとおり、権利確定日において当該株式の保有をするには、9月27日にまでに買付をしなければならない。この権利を得るための最終日を「権利付き最終日」といい、その翌日は権利を得られなくなるため、「権利落ち日」という。問題では、9月27日が権利付き最終日となるので、**権利落ち日は9月28日**である。

　　　　　　　　❗ ココが不適切

② **問3** **正解 ▶ 3**

（ア）金地金は国際的には国際表示価格1トロイオンス（＝31.1035 グラム）当たりの米ドル建てで取引され、日本国内では1グラム当たりの円建て取引となる。そのため、対ドル為替レートで円換算したものを1グラム当たりの価格に換算するため、円安になれば国内金価格は上昇、円高になれば**下落**する。

（イ）金現物の売買益は、原則譲渡所得として総合課税となる（事業または営利目的による継続的売買を除く）。総合課税の譲渡所得は、**所有期間が5年以内であれば短期譲渡所得**、5年を超えると長期譲渡所得となり計算方法が異なる。

（ウ）純金積立ては、毎月一定額を投資し、その金額をその月の営業日数で除し、毎日の小売価格で買い付けをしていく仕組みである。ドルコスト平均法の効果を得ることができる。積み立てた金は、買い取り価格で売却ができるほか、**金現物での受取や宝飾品との等価交換もできる**。

したがって、選択肢**3**．が最も適切である。

・金地金の売買において、海外の金価格（米ドル建て）が一定の場合、円高（米ドル／円相場）は国内価格の（**ア：下落**）要因となる。

・個人が金地金を売却した場合の所得については、保有期間が（**イ：5年**）以内の場合、短期譲渡所得として課税される。

・純金積立てによる購入した場合、積み立てた金を現物で受け取ることが（**ウ：できる**）。

---

❸ 問1 正解 ▶ 3

1．不適切。（ア）にあてはまる語句は、「**ノーロード**」である。

2．不適切。（イ）にあてはまる語句は、「**運用管理費用**」である。

3．最も適切。（ウ）にあてはまる語句は、「**信託財産留保額**」である。

❸ 問2 正解 ▶ 2

1．適切。

　決済用預金については、金額の多寡に関わらず、預け入れた全額が保護の対象となる。したがって決済用預金の 2,500 万円は全額保護される。

2．最も不適切。

　預金保険制度では、**外貨預金は保護の対象外**である。

❗ ココが不適切

3．適切。

　決済用預金以外の預金では、１金融機関ごとに預金者１人当たり元本 1,000 万円までとその利息が保護される。したがって円定期預金・円普通預金の合計額 700 万円は全額保護される。

❸ 問3 正解 ▶ 2

1．適切。

　株価収益率（PER）は株価が１株当たり純利益の何倍になっているかを見る指標で「**株価÷１株当たり純利益**」で計算する。

＜ＭＸ社のPER＞

　4,500 円÷ 685 円≒ 6.56 倍＜ 12.62 倍（日経平均採用銘柄）

　したがって、ＭＸ社の株価は、日経平均採用銘柄の平均（予想ベース）より割安である。

2．最も不適切。

　株価純資産倍率（PBR）は株価が１株当たり純資産の何倍になっているかを見る指標で「**株価÷１株当たり純資産**」で計算する。

＜ＭＸ社のＰＢＲ＞

　4,500 円÷ 5,150 円≒ 0.87 倍＜ 1.18 倍（東証プライム全銘柄）

　したがって、ＭＸ社の株価は、東証プライム全銘柄の平均より**割安**である。

❗ ココが不適切

3．適切。

　配当利回りは、株価（投資額）に対する配当金の割合を見る指標で「**1株当たり配当金÷株価×100**」で計算する。

＜MX社の配当利回り＞

　150円÷4,500円×100≒3.33％＞0.32％（東証グロース全銘柄）

　したがって、MX社の配当利回りは、東証グロース全銘柄の単純平均（予想ベース）より高い。

 試験のツボ

「NISAって、よく出るんだね」

「NISAは非課税の特典があるので、問われやすい論点ですね。基本的な仕組みを整理しておくとよいですよ。他にも、資料を読み取って株式指標の計算をさせる問題もよく出題されます。日頃から新聞などで見方を身につけることも大切ですね」

第4章
タックスプランニング

　この分野は、3級試験においてはほぼ**所得税**からの出題となり、**個人住民税**および**個人事業税**で1問出題があるかどうかです。**所得税に的を絞り学習すれば問題ありません**。所得税においては満遍なく出題されますので、**税額計算の体系・流れをマスターすることが必須**となります。**所得税の基礎知識**からは毎回2問程度の出題があります。なかでも**青色申告制度、確定申告および納付**については重要です。それぞれの特徴や要件、決まった数字についてはしっかりと学習するようにしましょう。

　各種所得金額の知識についても毎回3、4問程度出題され、この分野では一番ウエイトが高くなります。なぜ、所得は10種類に分類されているのかということを意識しながら学習することで知識の定着が図れます。**損益通算**および**所得控除**も頻出論点です。

　損益通算については比較的難易度の高い傾向があります。損益通算の対象となる損失の所得、また制限を受けるものなどを中心に学習しましょう。所得控除は**配偶者控除**や**扶養控除**は基本的項目ですが、**医療費控除**も頻出です。

タックスプランニング

問題編

学科 ○×式

　次の各文章を読んで、正しいものまたは適切なものには○を、誤っているものまたは不適切なものには×を、選びなさい。

○×　所得税の仕組み  解答・解説 p110

1
Check
□□□
'23-9

　電車・バス等の交通機関を利用して通勤している給与所得者が、勤務先から受ける通勤手当は、所得税法上、月額10万円を限度に非課税とされる。

○×　各種所得の内容① 解答・解説 p110

2
Check
□□□
'24-1

　所得税において、上場株式の配当に係る配当所得について申告分離課税を選択した場合、配当控除の適用を受けることができない。

3
Check
□□□
'23-9

　上場不動産投資信託（J-REIT）の分配金は、確定申告をすることにより所得税の配当控除の適用を受けることができる。

4
Check
□□□
'23-5

　所得税において、国債や地方債などの特定公社債の利子は、総合課税の対象となる。

5
Check
□□□
'24-1

　個人が賃貸アパートの敷地および建物を売却したことにより生じた所得は、不動産所得となる。

○× 各種所得の内容②

解答・解説 p111

6

'23-9

　　確定拠出年金の個人型年金の老齢給付金を全額一時金で受け取った場合、当該老齢給付金は、一時所得として所得税の課税対象となる。

7

'23-5

　　退職手当等の支払を受ける個人がその支払を受ける時までに「退職所得の受給に関する申告書」を提出した場合、その支払われる退職手当等の金額に 20.42 ％の税率を乗じた金額に相当する所得税および復興特別所得税が源泉徴収される。

8
Check
□□□
'24-1

　　所得税における一時所得に係る総収入金額が 400 万円で、その収入を得るために支出した金額が 200 万円である場合、一時所得の金額のうち総所得金額に算入される金額は、75 万円である。

○× 所得税の所得控除

解答・解説 p111

9

'24-1

　　所得税において、納税者の合計所得金額が 1,000 万円を超えている場合、医療費控除の適用を受けることができない。

10

'23-9

　　セルフメディケーション税制（特定一般用医薬品等購入費を支払った場合の医療費控除の特例）の対象となるスイッチ OTC 医薬品等の購入費を支払った場合、その購入費用の全額を所得税の医療費控除として総所得金額等から控除することができる。

11

'23-5

　　所得税において、国民年金基金の掛金は、社会保険料控除の対象となる。

⑫

Check □□□ '23-5

所得税において、生計を一にする配偶者の合計所得金額が48万円を超える場合、配偶者控除の適用を受けることはできない。

⑬

Check □□□ '24-1

所得税において、その年の12月31日時点の年齢が16歳未満である扶養親族は、扶養控除の対象となる控除対象扶養親族に該当しない。

○× 所得税の計算と税額控除　　　　　　解答・解説 p112

⑭

Check □□□ '23-5

住宅ローンを利用してマンションを取得し、所得税の住宅借入金等特別控除の適用を受ける場合、借入金の償還期間は、20年以上でなければならない。

○× 所得税の申告・納付　　　　　　　　解答・解説 p112

⑮

Check □□□ '23-9

給与所得者のうち、その年中に支払を受けるべき給与の収入金額が1,000万円を超える者は、所得税の確定申告をしなければならない。

次の各文章の（　）内にあてはまる最も適切な文章、語句、数字またはそれらの組合せを 1)～3) のなかから選びなさい。

三択 **所得税の仕組み**　解答・解説 p113

16
Check
□□□
'24-1

所得税において、病気で入院したことにより医療保険の被保険者が受け取った入院給付金は、（　　）とされる。
1) 非課税所得
2) 一時所得
3) 雑所得

三択 **各種所得の内容①**　解答・解説 p113

17
Check
□□□
'24-1

日本国内において支払を受ける預貯金の利子は、原則として、所得税および復興特別所得税と住民税の合計で（　①　）の税率による（　②　）分離課税の対象となる。
1) ①　10.21%　　②　申告
2) ①　20.315%　　②　申告
3) ①　20.315%　　②　源泉

18
Check
□□□
'23-9

固定資産のうち、（　　）は減価償却の対象とされない資産である。
1) 特許権
2) ソフトウエア
3) 土地

⑲

Check
□□□
'23-5

所得税において、2022年中に取得した建物（鉱業用減価償却資産等を除く）に係る減価償却の方法は、（　　）である。

1）定額法

2）定率法

3）低価法

三択　**各種所得の内容②**　　　　　　　　　　　　解答・解説 p113

⑳

Check
□□□
'24-1

所得税において、為替予約を締結していない外貨定期預金を満期時に円貨で払い戻した結果生じた為替差益は、（　　）として総合課税の対象となる。

1）利子所得

2）一時所得

3）雑所得

三択　**所得税の損益通算**　　　　　　　　　　　　解答・解説 p114

㉑

Check
□□□
'23-5

所得税において、（　　）、事業所得、山林所得、譲渡所得の金額の計算上生じた損失の金額は、一定の場合を除き、他の所得の金額と損益通算することができる。

1）一時所得

2）不動産所得

3）雑所得

三択　**所得税の所得控除**　　　　　　　　　　　　解答・解説 p114

㉒

Check
□□□
'24-1

年末調整の対象となる給与所得者は、所定の手続により、年末調整で所得税の（　　）の適用を受けることができる。

1）雑損控除

2）寄附金控除

3）小規模企業共済等掛金控除

㉓

所得税において、ふるさと納税の謝礼として地方公共団体から受ける返礼品に係る経済的利益は、（　　　）として総合課税の対象となる。

1）一時所得

2）配当所得

3）雑所得

㉔

所得税において、所定の要件を満たす子を有し、現に婚姻をしていない者がひとり親控除の適用を受けるためには、納税者本人の合計所得金額が（　　　）以下でなければならない。

1）200万円

2）350万円

3）500万円

㉕

所得税において、控除対象扶養親族のうち、その年の12月31日時点の年齢が（　①　）以上（　②　）未満である者は、特定扶養親族に該当する。

1）①　16歳　　②　19歳

2）①　18歳　　②　22歳

3）①　19歳　　②　23歳

㉖

所得税において、控除対象扶養親族のうち、その年の12月31日時点の年齢が16歳以上19歳未満である扶養親族に係る扶養控除の額は、扶養親族1人につき（　　　）である。

1）38万円

2）48万円

3）63万円

4章

タックスプランニング【問題編】

27

所得税において、納税者の合計所得金額が 2,400 万円以下である場合、基礎控除の控除額は、（　　　）である。

1）38 万円

2）48 万円

3）63 万円

三択　**所得税の申告・納付**　　　　　　　　　　解答・解説 p116

28

所得税の確定申告をしなければならない者は、原則として、所得が生じた年の翌年の（　①　）から（　②　）までの間に、納税地の所轄税務署長に対して確定申告書を提出しなければならない。

1）①　2月　1日　　②　3月15日

2）①　2月16日　　②　3月15日

3）①　2月16日　　②　3月31日

三択　**青色申告制度**　　　　　　　　　　　　解答・解説 p116

29

その年の1月16日以後新たに事業所得を生ずべき業務を開始した納税者が、その年分から所得税の青色申告の承認を受けようとする場合、原則として、その業務を開始した日から（　　）以内に、青色申告承認申請書を納税地の所轄税務署長に提出しなければならない。

1）2カ月

2）3カ月

3）6カ月

30
Check
□□□
'23-5

　所得税において、青色申告者に損益通算してもなお控除しきれない損失の金額（純損失の金額）が生じた場合、その損失の金額を翌年以後最長で（　　）繰り越して、翌年以後の所得金額から控除することができる。

1）3年間
2）5年間
3）7年間

1 下記の 問1 ～ 問3 について解答しなさい。

'24-1　解答・解説 p117

問1 Check ☐☐☐

　所得税の青色申告特別控除に関する次の記述の空欄（ア）～（ウ）にあてはまる語句の組み合わせとして、最も適切なものはどれか。

・不動産所得または事業所得を生ずべき事業を営んでいる青色申告者で、これらの所得に係る取引を正規の簿記の原則（一般的には複式簿記）により記帳し、その記帳に基づいて作成した貸借対照表および（　ア　）を確定申告書に添付して法定申告期限内に提出している場合には、原則として、これらの所得を通じて最高（　イ　）を控除することができる。

・この（　イ　）の青色申告特別控除を受けることができる人が、所定の帳簿の電子帳簿保存または国税電子申告・納税システム（e-Tax）により電子申告を行っている場合には、最高（　ウ　）の青色申告特別控除が受けられる。

1．（ア）損益計算書　　（イ）10 万円　　（ウ）55 万円
2．（ア）損益計算書　　（イ）55 万円　　（ウ）65 万円
3．（ア）収支内訳書　　（イ）55 万円　　（ウ）65 万円

　Check □□□

　給与所得者の横川忠さん（50歳）は、生計を一にしている妻の由紀さん（48歳）に係る配偶者控除または配偶者特別控除について、ＦＰで税理士でもある小田さんに質問をした。忠さんと由紀さんの2023年分の所得等の状況が下記＜資料＞のとおりである場合、小田さんが行った次の説明の空欄（ア）～（ウ）にあてはまる語句の組み合わせとして、最も適切なものはどれか。なお、記載のない事項については一切考慮しないものとする。

＜資料＞

| 横川　忠さん | 合計所得金額（給与所得のみ） | 600万円 |
| 横川　由紀さん | 合計所得金額（給与所得のみ） | 43万円 |

［小田さんの説明］
「納税者の配偶者の合計所得金額が（　ア　）以下の場合、配偶者控除が適用され、（　ア　）超133万円以下の場合は配偶者特別控除が適用されます。なお、納税者の合計所得金額が（　イ　）超の場合、配偶者の所得金額にかかわらず、配偶者控除および配偶者特別控除の適用を受けることができません。従って、忠さんの所得税の計算上、（　ウ　）の適用を受けることができます。」

1．（ア）38万円　　（イ）1,000万円　　（ウ）配偶者特別控除
2．（ア）48万円　　（イ）　900万円　　（ウ）配偶者特別控除
3．（ア）48万円　　（イ）1,000万円　　（ウ）配偶者控除

問3　Check ☐☐☐

　野村さんは、15年前に購入し、現在居住している自宅の土地および建物を売却する予定である。売却に係る状況が下記<資料>のとおりである場合、所得税における課税長期譲渡所得の金額として、正しいものはどれか。なお、記載のない事項については一切考慮しないものとする。

<資料>

譲渡価額（合計）：6,000万円
取得費（合計）：1,500万円
譲渡費用（合計）：500万円
※居住用財産を譲渡した場合の3,000万円特別控除の特例の適用を受けるものとする。
※所得控除は考慮しないものとする。

1. 1,000万円
2. 1,500万円
3. 4,000万円

2 下記の 問1 、問2 について解答しなさい。

'23-9 解答・解説 p118

問1 Check ☐☐☐

大津さん（66歳）の2023年分の収入は下記＜資料＞のとおりである。大津さんの2023年分の所得税における総所得金額として、正しいものはどれか。なお、記載のない事項については一切考慮しないものとする。

＜資料＞

内容	金額
アルバイト収入	200万円
老齢基礎年金	78万円

※アルバイト収入は給与所得控除額を控除する前の金額である。
※老齢基礎年金は公的年金等控除額を控除する前の金額である。

＜給与所得控除額の速算表＞

給与等の収入金額		給与所得控除額
	162.5万円 以下	55万円
162.5万円 超	180万円 以下	収入金額×40%－ 10万円
180万円 超	360万円 以下	収入金額×30%＋ 8万円
360万円 超	660万円 以下	収入金額×20%＋ 44万円
660万円 超	850万円 以下	収入金額×10%＋110万円
850万円 超		195万円（上限）

<＜公的年金等控除額の速算表＞

納税者区分	公的年金等の収入金額（A）		公的年金等控除額 公的年金等に係る雑所得以外 の所得に係る合計所得金額 1,000 万円 以下
65 歳未満の者		130 万円以下	60 万円
	130 万円超	410 万円以下	（A）× 25%＋ 27.5 万円
	410 万円超	770 万円以下	（A）× 15%＋ 68.5 万円
	770 万円超	1,000 万円以下	（A）× 5%＋ 145.5 万円
	1,000 万円超		195.5 万円
65 歳以上の者		330 万円以下	110 万円
	330 万円超	410 万円以下	（A）× 25%＋ 27.5 万円
	410 万円超	770 万円以下	（A）× 15%＋ 68.5 万円
	770 万円超	1,000 万円以下	（A）× 5%＋ 145.5 万円
	1,000 万円超		195.5 万円

1．132 万円

2．150 万円

3．200 万円

問2　Check ☐☐☐

　会社員の井上大輝さんが 2023 年中に支払った医療費等が下記＜資料＞のとおりである場合、大輝さんの 2023 年分の所得税の確定申告における医療費控除の金額として、正しいものはどれか。なお、大輝さんの 2023 年中の所得は、給与所得 800 万円のみであり、支払った医療費等はすべて大輝さんおよび生計を一にする妻のために支払ったものである。また、医療費控除の金額が最も大きくなるよう計算することとし、セルフメディケーション税制（特定一般用医薬品等購入費を支払った場合の医療費控除の特例）については、考慮しないものとする。

＜資料＞

支払年月	医療等を受けた人	内容	支払金額
2023 年 1 月	大輝さん	人間ドック代（※1）	8 万円
2023 年 5 月〜6 月		入院費用（※2）	30 万円
2023 年 8 月	妻	健康増進のためのビタミン剤の購入代	3 万円
2023 年 9 月		骨折の治療のために整形外科へ支払った治療費	5 万円

（※1）人間ドックの結果、重大な疾病は発見されていない。

（※2）この入院について、加入中の生命保険から入院給付金が 6 万円支給された。

1.　19 万円
2.　25 万円
3.　27 万円

③ 下記の 問1 、問2 について解答しなさい。

'23-5 　解答・解説 p119

問1　Check □□□

下記<資料>に基づき、目黒昭雄さんの2022年分の所得税を計算する際の所得控除に関する次の記述のうち、最も適切なものはどれか。

<資料>

氏名	続柄	年齢	2022年分の所得等	備考
目黒　昭雄	本人（世帯主）	50歳	給与所得620万円	会社員
聡美	妻	48歳	給与所得100万円	パート
幸一	長男	21歳	所得なし	大学生
浩二	二男	14歳	所得なし	中学生

※2022年12月31日時点のデータである。

※家族は全員、昭雄さんと同居し、生計を一にしている。

※障害者または特別障害者に該当する者はいない。

1．妻の聡美さんは控除対象配偶者となり、昭雄さんは38万円を控除することができる。

2．長男の幸一さんは特定扶養親族となり、昭雄さんは63万円を控除することができる。

3．二男の浩二さんは一般の扶養親族となり、昭雄さんは38万円を控除することができる。

問2

　杉野さん（67歳）の2022年分の公的年金等の収入金額は300万円である。杉野さんの2022年分の公的年金等の雑所得の金額として、正しいものはどれか。なお、杉野さんは公的年金等以外に収入はないものとする。

<公的年金等控除額の速算表>

納税者区分	公的年金等の収入金額（A）		公的年金等控除額
			公的年金等に係る雑所得以外の所得に係る合計所得金額 1,000万円 以下
65歳未満の者		130万円 以下	60万円
	130万円 超	410万円 以下	（A）×25%+ 27.5万円
	410万円 超	770万円 以下	（A）×15%+ 68.5万円
	770万円 超	1,000万円 以下	（A）× 5%+145.5万円
	1,000万円 超		195.5万円
65歳以上の者		330万円 以下	110万円
	330万円 超	410万円 以下	（A）×25%+ 27.5万円
	410万円 超	770万円 以下	（A）×15%+ 68.5万円
	770万円 超	1,000万円 以下	（A）× 5%+145.5万円
	1,000万円 超		195.5万円

1. 　110万円

2. 　190万円

3. 197.5万円

タックスプランニング

解答・解説　編

学科　○×式

○×　所得税の仕組み

1　正解 ▶ ×

給与所得者が勤務先から受ける通勤手当は、所得税法上、月額**15万円**を限度に非課税とされる。　❗ ココが誤り

○×　各種所得の内容①

2　正解 ▶ ○

上場株式の配当に係る配当所得において、所得税の配当控除の適用を受けるには総合課税で確定申告をすることが要件である。申告分離課税や申告不要を選択した場合は、適用を受けることはできない。

3　正解 ▶ ×

上場不動産投資信託（J-REIT）の分配金は、配当控除の**適用を受けることはできない**。　❗ ココが誤り

4　正解 ▶ ×

国債や地方債などの特定公社債の利子は、**申告分離課税の対象**となるが、確定申告しないこと（申告不要）も選択できる。　❗ ココが誤り

5　正解 ▶ ×

個人が土地や建物等の資産を譲渡したことにより生じた所得は、**譲渡所得**となる。不動産所得は、不動産等の貸付により生じた所得である。❗ ココが誤り

○× 各種所得の内容②

6 正解 ▶ ×

確定拠出年金の老齢給付金を全額一時金で受け取った場合、**退職所得**として所得税の課税対象となる。 ❗ ココが誤り

7 正解 ▶ ×

「退職所得の受給に関する申告書」を提出した場合は、支払いを受ける際に、適正額の所得税および住民税が源泉徴収され、原則として**確定申告の必要がない**。問題文の記述は「退職所得の受給に関する申告書」の提出がない場合であり、この場合は、確定申告により精算をする。 ❗ ココが誤り

8 正解 ▶ ○

一時所得の金額は「総収入金額－その収入を得るための支出金額－特別控除額（最高50万円）」にて算出する。一時所得は、原則として総合課税であるが、総所得金額に算入される金額は、一時所得の金額の2分の1となる。

一時所得の金額＝400万円－200万円－50万円＝150万円

総所得金額に算入される金額＝150万円（一時所得の金額）×1／2＝75万円

○× 所得税の所得控除

9 正解 ▶ ×

医療費控除の適用要件において、**納税者の所得要件はない**。

❗ ココが誤り

10 正解 ▶ ×

セルフメディケーション税制の対象となるスイッチOTC医薬品等の購入費を支払った場合、その合計額のうち、**12,000円を超える部分の金額**を所得税の医療費控除として総所得金額等から控除することができる（88,000円が限度）。なお、本特例と通常の医療費控除はどちらか選択適用となる。❗ ココが誤り

⑪ **正解 ▶ ○**

国民年金基金の掛金は、社会保険料控除の対象となる。

⑫ **正解 ▶ ○**

配偶者控除の対象となる配偶者は、生計を一にする年間合計所得金額 48 万円以下の者である（青色事業専従者または事業専従者は除かれる）。

⑬ **正解 ▶ ○**

所得税の扶養控除において、控除対象となる扶養親族とは、16 歳以上の扶養親族である。

○× 所得税額の計算と税額控除

⑭ **正解 ▶ ×**

所得税の住宅借入金等特別控除の適用を受ける場合、借入金の償還期間は、**10 年以上**でなければならない。

❗ ココが誤り

○× 所得税の申告・納付

⑮ **正解 ▶ ×**

給与所得者のうち、その年中に支払いを受けるべき給与の収入金額が **2,000 万円を超える者**は、所得税の確定申告をしなければならない。

❗ ココが誤り

三択 | 所得税の仕組み

⑯ 正解 ▶ 1

被保険者本人、配偶者、直系血族、生計を一にするその他の親族が受け取る医療保険の入院給付金は、**非課税所得**とされる。

三択 | 各種所得の内容①

⑰ 正解 ▶ 3

預貯金の利子は利子所得として **20.315%**（所得税15%、復興特別所得税0.315%、住民税5%）の税率による**源泉**分離課税の対象となる。支払いの際に適正な税額が引かれ、課税関係は終了する。

⑱ 正解 ▶ 3

固定資産のうち、**土地**は減価償却の対象とされない。

⑲ 正解 ▶ 1

所得税において、減価償却の方法は定額法と定率法を選択することができるが、建物と2016年4月1日以後取得の建物付属設備および構築物についての減価償却方法は**定額法**である。

三択 | 各種所得の内容②

⑳ 正解 ▶ 3

為替予約を締結していない外貨定期預金の満期時における為替差益は、**雑所得**として総合課税の対象となる。

㉑　正解 ▶ 2

　所得税では、赤字になった所得のうち、**不動産所得**、事業所得、山林所得、譲渡所得の4つの所得に限り、一定の場合を除き、他の所得の金額から控除することができる（損益通算）。

㉒　正解 ▶ 3

　所得税の所得控除において、**雑損控除**、**寄附金控除**（ふるさと納税ワンストップ特例を利用する場合を除く）、医療費控除の3つについては**年末調整で適用を受けることはできない**。年末調整の対象となる給与所得者であっても、適用には確定申告が必要となる。

㉓　正解 ▶ 1

　ふるさと納税の返礼品に係る経済的利益は、所得税の**一時所得**として総合課税の対象となる。なお、ふるさと納税制度において、都道府県等が返礼品を送付する場合、返戻割合を3割以下にしなければならない。

㉔　正解 ▶ 3

　所得税において、ひとり親控除の適用を受けるには、その年の12月31日において、婚姻していないことまたは配偶者の生死が明らかでない一定の者のうち、以下の3つの要件すべてにあてはまる必要がある。

①その者と事実上婚姻関係と同様の事情にあると認められる一定の者がいないこと

②生計を一にする子（総所得金額等48万円以下）がいること

③本人の合計所得金額が**500万円**以下であること

㉕　**正解 ▶ 3**

　　所得税における扶養控除の対象となる控除対象扶養親族のうち、特定扶養親族は、その年の 12 月 31 日現在の年齢が **19 歳**以上 **23 歳**未満の者をいう。特定扶養親族に該当する場合の控除額は 1 人につき 63 万円である。

㉖　**正解 ▶ 1**

　　所得税における扶養控除では、控除対象扶養親族の年齢等により控除額が異なっている。

＜扶養控除額＞

扶養親族の区分		控除額
一般の控除対象扶養親族 **（16 歳以上）**		**38 万円**
特定扶養親族（19 歳以上 23 歳未満）		63 万円
老人扶養親族 （70 歳以上）	同居老親等	58 万円
	同居老親等以外	48 万円

※年齢は、その年の 12 月 31 日時点

㉗　**正解 ▶ 2**

　　所得税において、納税者の合計所得金額が 2,500 万円以下の場合、合計所得金額の区分に応じて定められた金額の基礎控除を受けることができる。

合計所得金額	控除額
2,400 万円以下	**48 万円**
2,400 万円超 2,450 万円以下	32 万円
2,450 万円超 2,500 万円以下	16 万円

28 　正解 ▷ 2

　所得税の確定申告をしなければならない者は、原則として、所得が生じた年の翌年の**2月16日**から**3月15日**までの間に、納税地の所轄税務署長に対して確定申告書を提出しなければならない。

三択 青色申告制度

29 　正解 ▷ 1

　所得税の青色申告の承認を受ける場合、原則としてその申請をしようとする年の**3月15日**まで（その年の**1月16日**以後に新たに業務を開始した場合は、業務を開始した日から**2ヵ月**以内）に「青色申告承認申請書」を納税地の所轄税務署長に提出しなければならない。

30 　正解 ▷ 1

　青色申告者に損益通算をしても控除しきれない損失の金額（これを純損失の金額という）が生じた場合、翌年以降**3年間**繰り越し、翌年以後の所得金額から控除することができる（純損失の繰越控除）。なお、純損失の繰越控除は青色申告者の場合は、全額繰り越せるが、白色申告者の場合は、原則として繰り越すことができない。

実技 タックスプランニング（資産設計提案業務）

❶ 問1 正解 ▷ 2

- 不動産所得または事業所得を生ずべき事業を営んでいる青色申告者で、これらの所得に係る取引を正規の簿記の原則（一般的には複式簿記）により記帳し、その記帳に基づいて作成した貸借対照表および（**ア：損益計算書**）を確定申告書に添付して法定申告期限内に提出している場合には、原則として、これらの所得を通じて最高（**イ：55万円**）を控除することができる。
- この（**イ：55万円**）の青色申告特別控除を受けることができる人が、所定の帳簿の電子帳簿保存または国税電子申告・納税システム（e-Tax）により電子申告を行っている場合には、最高（**ウ：65万円**）の青色申告特別控除が受けられる。

❶ 問2 正解 ▷ 3

　所得税における配偶者控除は、合計所得金額が1,000万円以下の納税者が控除対象配偶者を有する場合に適用を受けることができる。控除対象配偶者とは、納税者と生計を一にする合計所得金額が48万円以下の配偶者である。合計所得金額が48万円を超えている場合、133万円以下であれば配偶者特別控除の適用を受けることができる。横川さんの場合＜資料＞から夫妻とも合計所得金額の要件を満たしているので、配偶者控除の適用対象であることがわかる。

［小田さんの説明］
「納税者の配偶者の合計所得金額が（**ア：48万円**）以下の場合、配偶者控除が適用され、（**ア：48万円**）超133万円以下の場合は配偶者特別控除が適用されます。なお、納税者の合計所得金額が（**イ：1,000万円**）超の場合、配偶者の所得金額にかかわらず、配偶者控除および配偶者特別控除の適用を受けることができません。従って、正さんの所得税の計算上、（**ウ：配偶者控除**）の適用を受けることができます。」

① 問3 正解 ▶ 1

所有期間が5年を超えているので、長期譲渡所得となる。

課税長期譲渡所得の金額＝総収入金額－（取得費＋譲渡費用）－特別控除

＝6,000万円－（1,500万円＋500万円）－3,000万円

＝**1,000万円**

② 問1 正解 ▶ 1

大津さんのアルバイト収入は「給与所得」、老齢基礎年金収入は「雑所得」である。所得の金額は「収入－必要経費」で計算する。

・アルバイト収入：

給与所得控除額（給与所得控除額速算表から）：

200万円×30％＋8万円＝68万円

給与所得の金額：200万円－68万円＝132万円

・老齢基礎年金：

雑所得の金額：78万円－110万円（公的年金等控除額・65歳以上）

⇒0円

・大津さんの2023年所得税における総所得金額：

132万円＋0円＝**132万円**

したがって、選択肢1．が正しい。

② 問2 正解 ▶ 1

所得税における通常の医療費控除の控除額は「（実際に支払った医療費合計－保険金等で補てんされる金額）－10万円または総所得金額等×5％のいずれか少ない方」で計算する（最高で200万円）。

＜井上さんの2023年分医療費控除の額＞

大輝さん入院費用と妻の骨折治療に係る治療費（人間ドック代および健康増進のためのビタミン剤購入代は対象外）、大輝さんの入院については、6万円の入院給付金支給。

30万円－6万円＋5万円－10万円※＝**19万円**

※大輝さんの総所得金額は問題から給与所得の800万円なので、「800万円×5％＝40万円＞10万円」

したがって、選択肢1．が正しい。

❸ 問1 正解 ▶ 2

1．不適切。

　配偶者控除の控除対象配偶者は、配偶者の合計所得金額が **48万円以下で** <u>なければならない。聡美さんは、所得金額が100万円で48万円を超えて</u> いる。　　　　　　　　　　　　　　　　　　　　　　❗ ココが不適切

2．最も適切。

　納税者と生計を一にする配偶者以外の16歳以上の親族で、その親族の合計所得金額が48万円以下の者は、扶養控除の対象となる。19歳以上23歳未満の親族は、特定扶養親族となり、控除額は63万円となる。

3．不適切。

　上記選択肢2．の解説参照。<u>扶養控除の対象となる親族は **16歳以上** であ</u> る。浩二さんは14歳なので、扶養控除の対象とならない。　❗ ココが不適切

❸ 問2 正解 ▶ 2

　公的年金等に係る雑所得の金額は、「収入金額−公的年金等控除額」にて計算する。

　公的年金等控除は、年齢と収入金額等により区分されている。

　杉野さんは67歳で公的年金等の収入金額は300万円なので、＜公的年金等控除額の速算表＞から公的年金等控除額は110万円であることがわかる。

　・杉野さん2022年分公的年金等の雑所得の金額
　　＝300万円−110万円＝ **190万円**

◦⚙◦ 試験のツボ

> 「タックスプランニングは、他と比べて、出題内容があまり固定してないんだね」

> 「ただ、医療費控除や配偶者控除など、頻出のテーマはありますから、十分な準備をしておきましょう」

第5章
不　動　産

　　　　　この分野は苦手意識を持っている人も多いよう
ですが、3級試験においては出題傾向がハッキリし
ており、比較的点を取りやすい分野ともいえます。
分野全体から満遍なく出題されていますが、基本
知識をおさえることで対応は十分です。

　不動産の見方からは土地の価格および登記に関して出題されます。
登記については公信力のない点や登記事項証明書の基本構成などを
学習しましょう。

　不動産の取引では、特に**借地借家法**の数字や要件などの項目、ま
た契約に関する留意点（手付金、契約不適合責任）は頻出事項です。
ただ、これらの項目は毎回同じような内容の出題になっていますの
で、過去問題をこなすことで攻略できます。

　都市計画法や**建築基準法**に関することも重要論点です。特に建築
基準法については頻出です。**建蔽率および容積率は実技試験でも頻
出論点**ですので、それも見据えて計算を含めた学習が必要です。た
だし、あくまで基本的事項で十分ですので、深く掘り下げすぎない
ように注意しましょう。

　税金も頻出事項で毎回2問程度は出題されますが、特に**譲渡**に関
する項目は特例を整理してしっかりおさえましょう。**固定資産税**お
よび**不動産取得税**も頻出です。

不　動　産

問　題　編

　次の各文章を読んで、正しいものまたは適切なものに○を、誤っているものまたは不適切なものには×を、選びなさい。

○× 不動産の見方

1
Check
☐☐☐
'24-1

　不動産の登記記録において、所有権の移転に関する事項は、権利部（甲区）に記録される。

2
Check
☐☐☐
'23-9

　不動産の登記事項証明書は、対象不動産について利害関係を有する者以外であっても、交付を請求することができる。

3
Check
☐☐☐
'23-5

　不動産登記には公信力が認められていないため、登記記録上の権利者が真実の権利者と異なっている場合に、登記記録を信じて不動産を購入した者は、原則として、その不動産に対する権利の取得について法的に保護されない。

○× 不動産の取引

解答・解説 p136

4
Check
☐☐☐
'24-1

　宅地建物取引業法によれば、宅地または建物の売買の媒介契約のうち、専任媒介契約を締結した宅地建物取引業者は、依頼者に対し、当該契約に係る業務の処理状況を2カ月に1回以上報告しなければならない。

5
Check
☐☐☐
'23-5

　アパートやマンションの所有者が、当該建物を賃貸して家賃収入を得るためには、宅地建物取引業の免許を取得しなければならない。

⑥

Check ☐☐☐ '23-9

借地借家法によれば、定期建物賃貸借契約（定期借家契約）では、貸主に正当の事由があると認められる場合でなければ、貸主は、借主からの契約の更新の請求を拒むことができないとされている。

○× 不動産に関する法令上の規制① （都市計画法）　　解答・解説 p137

⑦

Check ☐☐☐ '23-9

都市計画法によれば、市街化区域については、用途地域を定めるものとし、市街化調整区域については、原則として用途地域を定めないものとされている。

○× 不動産に関する法令上の規制② （建築基準法）　　解答・解説 p137

⑧

Check ☐☐☐ '24-1

建築基準法によれば、建築物が防火地域および準防火地域にわたる場合、原則として、その全部について、敷地の過半が属する地域内の建築物に関する規定が適用される。

⑨

Check ☐☐☐ '23-9

建築基準法によれば、建築物の敷地が2つの異なる用途地域にわたる場合、その全部について、建築物の用途制限がより厳しい用途地域の建築物の用途に関する規定が適用される。

⑩

Check ☐☐☐ '23-5

都市計画区域内にある建築物の敷地は、原則として、建築基準法に規定する道路に2m以上接していなければならない。

○× 不動産の取得時に係る税金　　解答・解説 p138

⑪

Check ☐☐☐ '24-1

不動産取得税は、相続人が不動産を相続により取得した場合には課されない。

⑫ 「居住用財産を譲渡した場合の長期譲渡所得の課税の特例」（軽減税率の特例）の適用を受けるためには、譲渡した居住用財産の所有期間が譲渡した日の属する年の1月1日において10年を超えていなければならない。

⑬ 個人が相続により取得した被相続人の居住用家屋およびその敷地を譲渡し、「被相続人の居住用財産（空き家）に係る譲渡所得の特別控除の特例」の適用を受けるためには、譲渡資産の譲渡対価の額が6,000万円以下であることなどの要件を満たす必要がある。

⑭ 不動産投資に係る収益性を測る指標のうち、純利回り（NOI利回り）は、対象不動産から得られる年間の総収入額を総投資額で除して算出される。

⑮ 土地の有効活用において、一般に、土地所有者が入居予定の事業会社から建設資金を借り受けて、事業会社の要望に沿った店舗等を建設し、その店舗等を事業会社に賃貸する手法を、建設協力金方式という。

次の各文章の（　　）内にあてはまる最も適切な文章、語句、数字またはそれらの組合せを１）〜３）のなかから選びなさい。

三択　不動産の見方　　　　　　　　　　　　　　解答・解説 p139

宅地に係る固定資産税評価額は、原則として、（　①　）ごとの基準年度において評価替えが行われ、前年の地価公示法による公示価格等の（　②　）を目途として評定される。

1）① 3年　　② 70%
2）① 3年　　② 80%
3）① 5年　　② 80%

相続税路線価は、相続税や（　①　）を算定する際の土地等の評価額の基準となる価格であり、地価公示法による公示価格の（　②　）を価格水準の目安として設定される。

1）① 贈与税　　　　② 70%
2）① 贈与税　　　　② 80%
3）① 固定資産税　　② 80%

相続税路線価は、地価公示の公示価格の（　①　）を価格水準の目安として設定されており、（　②　）のホームページで閲覧可能な路線価図で確認することができる。

1）① 70%　　② 国土交通省
2）① 80%　　② 国税庁
3）① 90%　　② 国税庁

⑲
Check
☐☐☐
'23-5

借地借家法によれば、定期建物賃貸借契約（定期借家契約）の賃貸借期間が１年以上である場合、賃貸人は、原則として、期間満了の１年前から（　　）前までの間に、賃借人に対して期間満了により契約が終了する旨の通知をしなければ、その終了を賃借人に対抗することができない。

1）１カ月
2）３カ月
3）６カ月

三択 **不動産に関する法令上の規制①** （都市計画法） 解答・解説 p140

⑳
Check
☐☐☐
'24-1

都市計画法によれば、市街化調整区域は、（　　）とされている。
1）既に市街地を形成している区域
2）市街化を抑制すべき区域
3）優先的かつ計画的に市街化を図るべき区域

三択 **不動産に関する法令上の規制②** （建築基準法） 解答・解説 p140

㉑
Check
☐☐☐
'24-1

都市計画区域内にある幅員４m未満の道で、建築基準法第42条第２項により道路とみなされるものについては、原則として、その中心線からの水平距離で（　①　）後退した線がその道路の境界線とみなされ、当該境界線と道路の間の敷地部分は建蔽率や容積率を算定する際の敷地面積に算入（　②　）。

1）①　２m　　②　することができる
2）①　２m　　②　することができない
3）①　４m　　②　することができない

㉒ 下記の200㎡の土地に建築面積120㎡、延べ面積160㎡の2階建ての住宅を建築した場合、当該建物の建蔽率は、（　　）である。

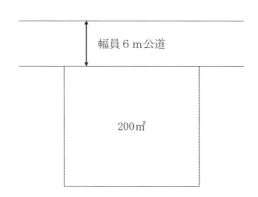

幅員6m公道

200㎡

1）　60%
2）　80%
3）100%

㉓ 建築基準法によれば、第一種低層住居専用地域内の建築物の高さは、原則として（　　）のうち当該地域に関する都市計画において定められた建築物の高さの限度を超えてはならないとされている。
1）10mまたは12m
2）10mまたは20m
3）12mまたは15m

三択 **不動産に関する法令上の規制③**（区分所有法）　　　

㉔ 建物の区分所有等に関する法律（区分所有法）によれば、規約の変更は、区分所有者および議決権の各（　　）以上の多数による集会の決議によらなければならない。
1）3分の2
2）4分の3
3）5分の4

5章

不動産【問題編】

㉕
Check
□□□
'24-1

　農地法によれば、農地を農地以外のものに転用する場合、原則として、（　①　）の許可を受けなければならないが、市街化区域内にある農地を農地以外のものに転用する場合、あらかじめ当該転用に係る届出書を（　②　）に提出すれば、（　①　）の許可を受ける必要はない。
1）①　農林水産大臣　　　②　都道府県知事等
2）①　農林水産大臣　　　②　農業委員会
3）①　都道府県知事等　　②　農業委員会

㉖
Check
□□□
'23-5

　市街化区域内において、所有する農地を自宅の建築を目的として宅地に転用する場合、あらかじめ（　）に届出をすれば都道府県知事等の許可は不要である。
1）農業委員会
2）市町村長
3）国土交通大臣

㉗
Check
□□□
'23-9

　自己が居住していた家屋を譲渡する場合、その家屋に居住しなくなった日から（　①　）を経過する日の属する年の（　②　）までに譲渡しなければ、「居住用財産を譲渡した場合の3,000万円の特別控除」の適用を受けることができない。
1）①　3年　　②　　3月15日
2）①　3年　　②　12月31日
3）①　5年　　②　12月31日

28
Check
□□□
'24-1

　　所得税額の計算において、個人が土地を譲渡したことによる譲渡所得が長期譲渡所得に区分されるためには、土地を譲渡した年の1月1日における所有期間が（　　）を超えていなければならない。

1）　5年
2）10年
3）20年

29
Check
□□□
'23-5

　　個人が自宅の土地および建物を譲渡し、「特定の居住用財産の買換えの場合の長期譲渡所得の課税の特例」の適用を受けるためには、譲渡した年の1月1日において譲渡資産の所有期間が（　①　）を超えていることや、譲渡資産の譲渡対価の額が（　②　）以下で あることなどの要件を満たす必要がある。

1）① 　5年　　　② 　1億円
2）① 　5年　　　② 　1億6,000万円
3）① 　10年　　 ② 　1億円

三択 **不動産投資と有効活用**　　　解答・解説 p142

30
Check
□□□
'23-9

　　投資総額5,000万円で購入した賃貸用不動産の年間収入の合計額が270万円、年間費用の合計額が110万円である場合、この投資の純利回り（NOI利回り）は、（　　）である。

1）2.2%
2）3.2%
3）5.4%

5章

不動産【問題編】

実技 不動産（資産設計提案業務）

1 下記の 問1 ～ 問3 について解答しなさい。

'24-1　解答・解説 p143

問1 Check ☐☐☐

建築基準法に従い、下記<資料>の土地に建築物を建築する場合の延べ面積（床面積の合計）の最高限度として、正しいものはどれか。なお、記載のない事項については一切考慮しないものとする。

<資料>

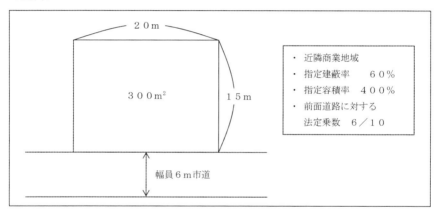

近隣商業地域
・ 指定建蔽率　　６０％
・ 指定容積率　　４００％
・ 前面道路に対する
　法定乗数　６／１０

１.　　180㎡
２. 1,080㎡
３. 1,200㎡

問2 Check ☐☐☐

土地登記記録に関する下表の空欄（ア）〜（ウ）に関する次の記述のうち、最も適切なものはどれか。

＜土地登記記録の構成＞

土地登記記録	表題部		（　ア　）
	権利部	甲区	（　イ　）
		乙区	（　ウ　）

1. 当該土地が初めて造成されたときに、所有権保存登記がされるのは、表題部（ア）である。
2. 当該土地の地目や面積等が登記されるのは、権利部甲区（イ）である。
3. 金融機関から融資を受け、土地を担保として抵当権が設定される場合、抵当権設定登記がされるのは、権利部乙区（ウ）である。

問3 Check ☐☐☐

都市計画法に基づく都市計画区域に関する下表の空欄（ア）〜（ウ）にあてはまる数値または語句の組み合わせとして、最も適切なものはどれか。

市街化区域	すでに市街地を形成している区域およびおおむね（　ア　）年以内に優先的かつ計画的に市街化を図るべき区域
市街化調整区域	市街化を（　イ　）すべき区域
非線引き区域	（　ウ　）の定められていない都市計画区域

1. （ア）　5　　（イ）抑制　　（ウ）用途地域
2. （ア）10　　（イ）抑制　　（ウ）区域区分
3. （ア）10　　（イ）調整　　（ウ）区域区分

2 下記の 問1 、問2 について解答しなさい。

'23-9   解答・解説 p144

問1   Check ☐☐☐

　下表は、定期借地権についてまとめた表である。下表の空欄（ア）～（ウ）にあてはまる数値または語句の組み合わせとして、最も適切なものはどれか。

種類	一般定期借地権	（ イ ）定期借地権等	建物譲渡特約付借地権
借地借家法	第 22 条	第 23 条	第 24 条
存続期間	（ ア ）年以上	10 年以上 50 年未満	30 年以上
契約方式	公正証書等の書面	公正証書	指定なし
契約終了時の建物	原則として借地人は建物を取り壊して土地を返還する	原則として借地人は建物を取り壊して土地を返還する	（ ウ ）が建物を買い取る

1．（ア）30　　（イ）居住用　　（ウ）借地人
2．（ア）50　　（イ）事業用　　（ウ）土地所有者
3．（ア）50　　（イ）居住用　　（ウ）土地所有者

　下表は、宅地建物の売買・交換において、宅地建物取引業者と交わす媒介契約の種類とその概要についてまとめた表である。下表の空欄（ア）〜（ウ）にあてはまる語句または数値の組み合わせとして、最も適切なものはどれか。なお、自己発見取引とは、自ら発見した相手方と売買または交換の契約を締結する行為を指すものとする。

	一般媒介契約	専任媒介契約	専属専任媒介契約
複数業者への重複依頼	可	不可	不可
自己発見取引	可	（　イ　）	不可
依頼者への業務処理状況報告義務	（　ア　）	2週間に1回以上	1週間に1回以上
指定流通機構への登録義務	なし	媒介契約締結日の翌日から7営業日以内	媒介契約締結日の翌日から（　ウ　）営業日以内

1.（ア）なし　　　　　　　　（イ）可　　　（ウ）5
2.（ア）3週間に1回以上　　（イ）不可　（ウ）5
3.（ア）3週間に1回以上　　（イ）可　　　（ウ）3

3 下記の [問1]、[問2] について解答しなさい。

[問1]　Check
　　□□□

　下記＜資料＞の甲土地の建築面積の最高限度を算出する基礎となる敷地面積として、正しいものはどれか。なお、この土地の存する区域は、特定行政庁が指定する区域に該当しないものとし、その他記載のない条件については一切考慮しないこととする。

＜資料＞

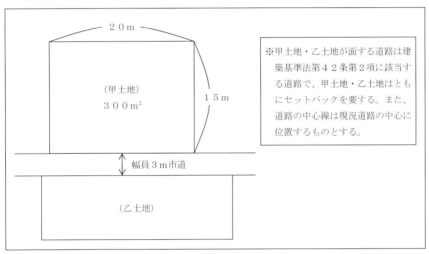

1．260㎡
2．280㎡
3．290㎡

問 2   Check
□□□

　井上さんは、下記<資料>の物件の購入を検討している。この物件の購入金額（消費税を含んだ金額）として、正しいものはどれか。なお、<資料>に記載されている金額は消費税を除いた金額であり、消費税率は10%として計算すること。また、記載のない条件については一切考慮しないこととする。

<資料>

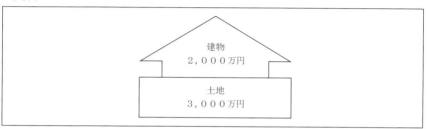

1．5,200万円
2．5,300万円
3．5,500万円

5 章

不動産【問題編】

不　動　産

解答・解説　編

○× 不動産の見方

1　正解 ▶ ○

不動産登記記録は、不動産の物理的現況を記録する表題部と権利関係を記録する権利部で構成され、権利部はさらに甲区、乙区と区分されている。甲区は所有権に関する事項を記録し、乙区はそれ以外の権利に関する事項を記録する。

2　正解 ▶ ○

不動産の登記事項証明書は、手数料を納めることで誰でも請求することができる。

3　正解 ▶ ○

不動産登記には公信力が認められていないため、登記記録上の権利者が真実の権利者と異なっている場合に、登記記録を信じて不動産を購入した者は、原則として、その不動産に対する権利の取得について法的に保護されない。

○× 不動産の取引

4　正解 ▶ ×

宅地建物取引業法において媒介契約には、依頼者が他の業者へ依頼することや自己発見取引が認められているか否かの違いで、一般媒介契約、専任媒介契約、専属専任媒介契約の３種類がある。この中で業務処理状況の依頼者への報告義務について、**専任媒介契約**の場合は、**２週間に１回以上報告義務がある**。ちなみに専属専任媒介契約の場合は１週間に１回以上の報告義務があり、一般媒介契約については報告義務がない。

❗ ココが誤り

⑤　正解 ▶ ✕

　土地・建物の売買、交換、賃貸の媒介それらの代理、および自ら不動産の売買、交換を業として行う場合、宅地建物取引業の免許を取得しなければならないが、**自ら当事者**として賃貸を行うことは、業として行うものであっても**宅地建物取引業には該当せず、免許も必要ない**。　　　❗ ココが誤り

⑥　正解 ▶ ✕

　定期建物賃貸借契約（定期借家契約）は、**契約で定めた期間の満了により、建物賃貸借契約が更新されることなく終了するものである**。なお、普通借家契約の場合は、貸主に正当事由がなければ、借主からの更新請求を拒むことはできない。　　　❗ ココが誤り

〇✕　不動産に関する法令上の規制①（都市計画法）

⑦　正解 ▶ 〇

　都市計画法によれば、市街化区域については、用途地域を定めるものとし、市街化調整区域については、原則として用途地域は定めない。なお、非線引き都市計画区域および準都市計画区域については用途地域を定めることができる。

〇✕　不動産に関する法令上の規制②（建築基準法）

⑧　正解 ▶ ✕

　建築基準法によれば、建築物が防火地域**または**準防火地域と未指定地域の内外にわたる場合、原則としてその**建築物全部について防火規制の厳しい方の制限を受ける**。　　　❗ ココが誤り

⑨　正解 ▶ ✕

　建築物の敷地が２つの異なる用途地域にわたる場合、その全部について**面積の大きい方の用途地域の制限を受ける**。　　　❗ ココが誤り

⑩　正解 ▶ 〇

　都市計画区域内にある建築物の敷地は、原則として、建築基準法に規定する道路に２m以上接していなければならない（接道義務）。

⑪　正解 ▶ ○

不動産取得税は、土地や建物を取得した者に対し都道府県が課税する。ただし、相続や法人の合併による取得については非課税である。

○× 不動産の譲渡時に係る税金

⑫　正解 ▶ ○

居住用財産を譲渡した年の1月1日において、所有期間が10年を超えている場合、「居住用財産を譲渡した場合の長期譲渡所得の課税の特例」の適用を受けることができる。

⑬　正解 ▶ ×

「空き家に係る譲渡所得の特別控除の特例」の主な適用要件として、**譲渡対価は1億円以下**でなければならない。 ←──────── ❗ ココが誤り

○× 不動産投資と有効活用

⑭　正解 ▶ ×

不動産投資分析における純利回り（NOI利回り）は、対象不動産から得られる**年間の純利益（総収入金額から諸経費を差し引いた金額）**を総投資額で除して算出する。問題文の計算は表面利回りである。　❗ ココが誤り

⑮　正解 ▶ ○

建設協力金方式は、土地所有者が事業会社から建設資金を借り受け、建物等を建築し、その建物等を事業会社に賃貸する手法である。建設協力金は、事業会社からの賃料を受け取りつつ、分割で返還をしていく。

16 **正解 ▶ 1**

宅地に係る固定資産税評価額は、原則として**3年**ごと評価替えが行われ、前年の地価公示法による公示価格等の**70%**を目途として評価される。

17 **正解 ▶ 2**

相続税路線価は、相続税や**贈与税**を算定する際の評価額の基準となる価格であり、地価公示法による公示価格の**80%**を価格水準の目安として設定される。

＜公的価格の種類＞

	公示価格	基準地標準価格	相続税路線価	固定資産税評価額
所管	国土交通省	都道府県	国税庁	市町村（東京23区は東京都）
実施目的	売買の目安	公示価格の補完的役割	相続税・贈与税の財産評価の基礎	固定資産税等の課税標準の基礎
評価時点	毎年1月1日	毎年7月1日	毎年1月1日	原則基準年度の前年の1月1日（3年に1度の評価替え）
公表	3月	9月	原則7月	3月1日（基準年度は4月1日）
公示価格に対する価格割合	100%	100%	80%	70%

18 **正解 ▶ 2**

相続税路線価は、公示価格の**80%**を価格水準の目安として設定されており、**国税庁**のホームページで確認することができる。

不動産の取引

⑲ 正解 ▶ 3

　期間１年以上の定期借家契約の場合、賃貸人は、原則として期間満了の**１年前から６ヵ月前**までの間に、賃借人に対して期間満了により契約が終了する旨の通知をしなければ、その終了を賃借人に対抗することができない。なお、通知期間経過後に通知をした場合は、その通知の時から６ヵ月の経過により契約は終了する。

不動産に関する法令上の規制① (都市計画)

⑳ 正解 ▶ 2

　都市計画法では、都市計画区域を必要に応じて市街化区域と市街化調整区域に区分する（区域区分）。市街化区域は市街化を促進する区域で、市街化調整区域は**市街化を抑制すべき区域**となっている。なお、いずれにも区分されない地域を「非線引き都市計画区域」などと呼ぶ。

不動産に関する法令上の規制② (建築基準法)

㉑ 正解 ▶ 2

　建築基準法上、道路とは幅員４ｍ以上が基本となるが、４ｍ未満の道路でも２項道路とされるものは道路とみなされる。ただし、原則として道路の中心線から**２ｍ**の水平距離で後退した線を道路の境界線とみなす（セットバック）。またセットバック部分については、建蔽率および容積率の算定の際の敷地面積には算入**することができない。**

㉒ 正解 ▶ 1

　建築基準法における建蔽率は、建築物の建築面積の敷地面積に対する割合のことをいい「建蔽率＝建築物の建築面積／敷地面積」で計算する。
　120㎡（建築面積）／200㎡（敷地面積）＝ **60%**

㉓ 正解 ▶ 1

　建築基準法によれば、第一種・二種低層住居専用地域、田園住居地域内の建築物の高さは、原則として **10ｍ または 12ｍ の高さの制限**がある。

㉔ 正解 ▶ 2

区分所有法によれば、「規約の設定・変更・廃止」は、特別決議となり、区分所有者および議決権の各**4分の3**以上の多数による集会の決議によらなければならない。

ポイント整理 集会の決議

この表は覚えなきゃネ

	決議要件	決議内容
普通決議	各※過半数の賛成	一般的事項
特別決議	各※4分の3以上の賛成	**規約**の設定・**変更**・廃止 共用部分の変更 義務違反者への措置 大規模滅失による共用部分の復旧
	各※5分の4以上の賛成	**建替え決議**

※区分所有者および議決権

三択 **不動産に関する法令上の規制④** （農地法）

㉕ 正解 ▶ 3

農地を農地以外のものに転用する場合、農地法第4条の制限を受け**都道府県知事等**の許可を受ける必要がある。ただし、「市街化区域内」にある農地の転用については、あらかじめ**農業委員会**へ届け出れば、都道府県知事等の許可は不要である。

㉖ 正解 ▶ 1

農地を農地以外のものに転用する場合は、農地法4条により原則として都道府県知事等の許可が必要である。ただし、市街化区域内の農地を転用する場合は、あらかじめ**農業委員会**へ届出をすれば、都道府県知事等の許可は不要である。

27　正解 ▶ 2

　自己が居住していた家屋を譲渡し、「居住用財産を譲渡した場合の 3,000 万円特別控除」の適用を受ける場合、その家屋に居住しなくなった日から **3 年**を経過する日の属する年の **12 月 31 日**までに譲渡しなければならない。

28　正解 ▶ 1

　所得税において、不動産の譲渡による譲渡所得について長期譲渡所得に区分されるには、土地を譲渡した年の 1 月 1 日における所有期間が **5 年**を超えていなければならない。また、不動産の譲渡による譲渡所得は総合課税ではなく、申告分離課税となる。

29　正解 ▶ 3

　「特定の居住用財産の買換えの場合の長期譲渡所得の課税の特例」の適用を受ける場合、譲渡した年の 1 月 1 日において譲渡資産の所有期間が **10 年超**、譲渡資産の譲渡対価の額が **1 億円以下**であることなどの要件を満たす必要がある。

30　正解 ▶ 2

　不動産投資分析の純利回り（NOI 利回り）は、諸経費を考慮した利回りで次の計算式で求める。

純利回り（%）＝（年間総収入合計－諸経費）／総投下元本× 100
　　　　　　　＝（270 万円－ 110 万円）／ 5,000 万円× 100 ＝ **3.2%**

実技 不動産（資産設計提案業務）

❶ 問1 正解 ▶ 2

延べ面積の最高限度を求める場合、敷地面積に適用する容積率を乗じて算出する。接道する前面道路の幅員が12m未満の場合、前面道路の幅員による容積率の制限を受け、①指定容積率②前面道路幅員×法定乗数、の2つのうち小さい方を適用容積率とする。

＜資料＞から前面道路幅員による容積率の制限を受けるのが分かるので、上記①②の比較をする。

① 指定容積率：400％

② 前面道路幅員×法定乗数＝6m×6／10（資料から）＝360％

① より②が小さいので、360％が適用容積率となる。

延べ面積の最高限度＝300m×360％＝**1,080㎡**

❶ 問2 正解 ▶ 3

不動産登記記録は、不動産の物理的現況を記録する表題部と権利関係を記録する権利部で構成され、権利部はさらに甲区、乙区と区分されている。甲区は所有権に関する事項を記録し、乙区は抵当権など、所有権以外の権利に関する事項を記録する。

1. 不適切。

　所有権に関する事項が記録されるのは**権利部甲区**である。

2. 不適切。　　　　　　　　　　　　　　❶ ココが不適切

　土地の地目や面積等、物理的現況が記録されるのは**表題部**である。

3. 最も適切。　　　　　　　　　　　　　❶ ココが不適切

　抵当権など所有権以外の権利に関する事項が記録されるのは権利部乙区である。

❶ 問3 正解 ▶ 2

　都市計画法では、都市計画区域を必要に応じて市街化区域と市街化調整区域に区分する（区域区分）。市街化区域は市街化を促進する区域で、市街化調整区域は市街化を抑制すべき区域となっている。なお、いずれにも区分されない地域を「非線引き区域」などと呼ぶ。

（ア）市街化区域は、すでに市街地を形成している区域およびおおむね **10年**以内に優先的かつ計画的に市街化を図るべき区域である。

（イ）市街化調整区域は、市街化を**抑制**すべき区域である。

（ウ）非線引き区域は、**区域区分**の定められていない都市計画区域である。

❷ 問1 正解 ▶ 2

　定期借地権の種類別の特徴は下記のとおり。

種類	一般定期借地権	(**イ：事業用**) 定期借地権等	建物譲渡特約付 借地権
借地借家法	第 22 条	第 23 条	第 24 条
存続期間	(**ア：50**) 年以上	10 年以上 50 年未満	30 年以上
契約方式	公正証書等の書面	公正証書	指定なし
契約終了時の建物	原則として借地人は建物を取り壊して土地を返還する	原則として借地人は建物を取り壊して土地を返還する	(**ウ：土地所有者**)が建物を買い取る

❷ 問2 正解 ▶ 1

　宅地建物の売買・交換において、宅地建物取引業者と交わす媒介契約には、「一般媒介契約」「専任媒介契約」「専属専任媒介契約」の3つがある。

（ア）一般媒介契約において、依頼者への媒介契約に係る業務処理状況報告義務は**ない**。

（イ）専任媒介契約において、自己発見取引は**可能**である。自己発見取引ができないのは、専属専任媒介契約となる。

（ウ）専任媒介契約と専属専任媒介契約では、指定流通機構（レインズ）への物件情報登録義務がある。登録期間は専任媒介契約では契約締結の日の翌日から7営業日以内、専属専任媒介契約では契約締結の日の翌日から**5営業日以内**である。

したがって、選択肢**1.** が最も適切である。

	一般媒介契約	専任媒介契約	専属専任媒介契約
複数業者への重複依頼	可	不可	不可
自己発見取引	可	**(イ：可)**	不可
依頼者への業務処理状況報告義務	**(ア：なし)**	2週間に1回以上	1週間に1回以上
指定流通機構への登録義務	なし	媒介契約締結日の翌日から7営業日以内	媒介契約締結日の翌日から**(ウ：5)**営業日以内

③ 問1 正解 ▶ 3

甲土地の前面道路は幅員が3mの「2項道路」であるので、セットバックが行われる。

セットバックにおいて、前面道路の中心線から水平距離で2m下がった線を道路の境界線とみなし、建築面積を計算する際の敷地面積には、セットバック部分は含めない。

・甲土地の建築面積の最高限度を算出する基礎となる敷地面積

20m×（15m−0.5m）＝**290㎡**

③ 問2 正解 ▶ 1

消費税は国内において行われる資産の譲渡、貸付、役務の提供について課されるが、消費という性質になじみにくい**土地の譲渡などの取引については非課税**とされている。

問題の計算に当たっては、消費税は建物の部分にのみ考慮することに注意する。

・物件の購入金額

2,000万円＋（2,000万円×10%）＋3,000万円＝**5,200万円**

試験のツボ

 「建蔽率か容積率が必ず出るんだね」

 「そうですね。建築面積の限度を求めるときは建蔽率で、
延べ面積の限度を求めるときは容積率、それぞれ計算式を
あてはめましょう」

第6章
相続・事業承継

　　　この分野は、事業承継も範囲になっていますが、3級試験においてはほとんど出題はされてきておりません。**贈与税**、**相続税**を中心に学習しましょう。税額を計算する体系、流れをしっかりと理解することが大切です。税額計算ができるということは、出題されてくる論点をマスターしていることになりますので、常に計算の流れを意識して学習することが効果的です。

　贈与税については仕組みなど基本的事項で十分ですが、2問程度は出題されますので取りこぼさないようにしましょう。**配偶者控除**、**相続時精算課税制度**は頻出です。

　相続の基礎知識については、**相続分**に関しての出題が毎回あります。日頃から多くの問題をこなし、様々なケースに慣れておくことが大切でしょう。

　遺言に関しても、ほぼ毎回出題される頻出論点です。普通遺言方式である自筆証書遺言、公正証書遺言、秘密証書遺言の特徴や検認等についておさえておきましょう。**相続税の計算**については、生命保険金等の非課税枠、基礎控除、配偶者控除など税額の軽減に関係する論点が頻出です。

　財産評価も毎回2問程度の出題です。**不動産の評価**は必須項目ですし、その他の財産についても基本的事項を学習しましょう。

相続・事業承継

問題編

学科 ○×式

　次の各文章を読んで、正しいものまたは適切なものには○を、誤っているものまたは不適切なものには×を、選びなさい。

○× 贈与の基礎知識　 解答・解説 p164

1
Check
□□□
'24-1

　定期贈与とは、贈与者が受贈者に対して定期的に財産を給付することを目的とする贈与をいい、贈与者または受贈者のいずれか一方が生存している限り、その効力を失うことはない。

2
Check
□□□
'23-5

　書面によらない贈与契約は、その履行前であれば、各当事者は契約の解除をすることができる。

3
Check
□□□
'23-9

　個人が死因贈与により取得した財産は、課税の対象とならないものを除き、贈与税の課税対象となる。

○× 贈与税の計算と申告・納付　解答・解説 p164

4
Check
□□□
'23-9

　親族間において著しく低い価額の対価で土地の譲渡が行われた場合、原則として、その譲渡があった時の土地の時価と支払った対価との差額に相当する金額が、贈与税の課税対象となる。

○× 相続（相続人と法定相続分）　解答・解説 p164

5
Check
□□□
'24-1

　相続において、養子の法定相続分は、実子の法定相続分の2分の1となる。

6
Check
☐☐☐
'23-5

特別養子縁組が成立した場合、養子となった者と実方の父母との親族関係は終了する。

 7
Check
☐☐☐
'23-9

共同相続人は、被相続人が遺言により相続分や遺産分割方法の指定をしていない場合、法定相続分どおりに相続財産を分割しなければならない。

○× **相続**（遺言、遺留分）  解答・解説 p165

 8
Check
☐☐☐
'23-5

自筆証書遺言書保管制度を利用して、法務局（遺言書保管所）に保管されている自筆証書遺言については、家庭裁判所による検認の手続を要しない。

○× **相続税**（課税財産、非課税財産）  解答・解説 p166

 9
Check
☐☐☐
'24-1

相続税額の計算上、被相続人が生前に購入した墓碑の購入代金で、相続開始時において未払いであったものは、債務控除の対象となる。

 10
Check
☐☐☐
'23-5

相続人が負担した被相続人に係る香典返戻費用は、相続税の課税価格の計算上、葬式費用として控除することができる。

○× **相続税**（税額計算と申告・納付） 解答・解説 p166

 11
Check
☐☐☐
'24-1

相続税額の計算上、遺産に係る基礎控除額を計算する際の法定相続人の数は、相続人のうちに相続の放棄をした者がいる場合であっても、その放棄がなかったものとしたときの相続人の数とされる。

 12
Check
☐☐☐
'23-5

「配偶者に対する相続税額の軽減」の適用を受けることができる配偶者は、被相続人と法律上の婚姻の届出をした者に限られ、いわゆる内縁関係にある者は該当しない。

6章

相続・事業承継【問題編】

⑬

Check ☐☐☐ '23-9

相続税の申告書の提出は、原則として、その相続の開始があったことを知った日の翌日から10カ月以内にしなければならない。

○× 相続財産評価・不動産 解答・解説 p166

⑭

Check ☐☐☐ '24-1

個人が、自己が所有する土地上に建築した店舗用建物を第三者に賃貸していた場合、相続税額の計算上、当該敷地は貸家建付地として評価される。

⑮

Check ☐☐☐ '23-9

相続人が相続により取得した宅地が「小規模宅地等についての相続税の課税価格の計算の特例」における特定居住用宅地等に該当する場合、その宅地のうち330㎡までを限度面積として、評価額の80%相当額を減額した金額を、相続税の課税価格に算入すべき価額とすることができる。

次の各文章の（　　）内にあてはまる最も適切な文章、語句、数字またはそれらの組合せを 1）〜3）のなかから選びなさい。

三択 **贈与の基礎知識**　　　　　　　　　　　　　解答・解説 p167

⑯
Check
□□□
'23-5

個人が法人からの贈与により取得する財産は、（　　）の課税対象となる。
1）法人税
2）贈与税
3）所得税

三択 **贈与税の計算と申告・納付**　　　　　　　　解答・解説 p167

⑰
Check
□□□
'24-1

贈与税の申告書は、原則として、贈与を受けた年の翌年の（　①　）から3月15日までの間に、（　②　）の住所地を所轄する税務署長に提出しなければならない。
1）①　2月1日　　　②　受贈者
2）①　2月1日　　　②　贈与者
3）①　2月16日　　②　贈与者

⑱
Check
□□□
'24-1

贈与税の配偶者控除は、婚姻期間が（　①　）以上である配偶者から居住用不動産または居住用不動産を取得するための金銭の贈与を受け、所定の要件を満たす場合、贈与税の課税価格から基礎控除額のほかに最高で（　②　）を控除することができる特例である。
1）①　10年　　②　2,000万円
2）①　20年　　②　2,000万円
3）①　20年　　②　2,500万円

⑲ 「直系尊属から教育資金の一括贈与を受けた場合の贈与税の非課税」の適用を受けた場合、受贈者１人につき（ ① ）までは贈与税が非課税となるが、学校等以外の者に対して直接支払われる金銭については、（ ② ）が限度となる。

1) ① 1,000万円 ② 500万円
2) ① 1,500万円 ② 300万円
3) ① 1,500万円 ② 500万円

三択 **相続**（相続人と法定相続分）

⑳ 下記の＜親族関係図＞において、Ａさんの相続における妻Ｂさんの法定相続分は、（ ）である。

＜親族関係図＞

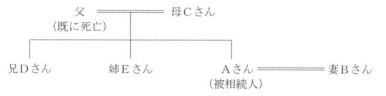

1) ２分の１
2) ３分の２
3) ４分の３

㉑

Check
☐☐☐

'23-5

　　下記の＜親族関係図＞において、Aさんの相続における母Dさんの法定相続分は、（　　）である。

＜親族関係図＞

1）3分の1
2）4分の1
3）6分の1

三択　**相続**（遺言、遺留分）　　　　　　　　　　　　　　　　　　解答・解説 p169

㉒

Check
☐☐☐

'24-1

　　下記の〈親族関係図〉において、Aさんの相続における妻Bさんの法定相続分は、（　　）である。なお、Aさんの父母は、Aさんの相続開始前に死亡している。

〈親族関係図〉

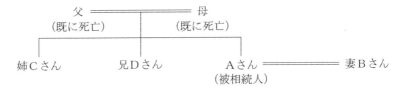

1）2分の1
2）3分の2
3）4分の3

㉓

下記の＜親族関係図＞において、遺留分を算定するための財産の価額が2億4,000万円である場合、長女Eさんの遺留分の金額は、（　　）となる。

＜親族関係図＞

1）1,000万円
2）2,000万円
3）4,000万円

三択　相続税（課税財産、非課税財産）　　　　　　 解答・解説 p169

㉔

相続税額の計算上、死亡退職金の非課税金額の規定による非課税限度額は、「（　　）×法定相続人の数」の算式により算出される。

1）500万円
2）600万円
3）1,000万円

㉕
Check ☐☐☐
'23-9

　　下記の＜親族関係図＞において、Aさんの相続における相続税額の計算上、遺産に係る基礎控除額は、（　　）である。
＜親族関係図＞

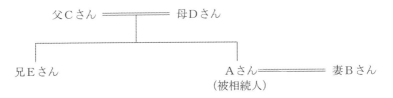

1）4,500万円
2）4,800万円
3）5,400万円

㉖
Check ☐☐☐
'23-9

　　「配偶者に対する相続税額の軽減」の適用を受けた場合、配偶者の相続税の課税価格が、相続税の課税価格の合計額に対する配偶者の法定相続分相当額または（　　）のいずれか多い金額までであれば、原則として、配偶者が納付すべき相続税額は算出されない。
1）1億2,000万円
2）1億6,000万円
3）1億8,000万円

㉗
Check ☐☐☐
'23-5

　　被相続人の（　　）が相続により財産を取得した場合、その者は相続税額の2割加算の対象となる。
1）兄弟姉妹
2）父母
3）孫（子の代襲相続人）

6章 相続・事業承継【問題編】

㉘ 貸家建付地の相続税評価額は、（　　）の算式により算出される。

1) 自用地としての価額×（1－借地権割合）

2) 自用地としての価額×（1－借家権割合×賃貸割合）

3) 自用地としての価額×（1－借地権割合×借家権割合×賃貸割合）

Check □□□ '23-9

㉙ 相続人が相続により取得した宅地が「小規模宅地等についての相続税の課税価格の計算の特例」における特定事業用宅地等に該当する場合、その宅地のうち（　①　）までを限度面積として、評価額の（　②　）相当額を減額した金額を、相続税の課税価格に算入すべき価額とすることができる。

1) ①　200㎡　　②　50%

2) ①　330㎡　　②　80%

3) ①　400㎡　　②　80%

Check □□□ '23-5

㉚ 2024年1月10日（水）に死亡したAさんが所有していた上場株式Xを、相続人が相続により取得した場合の1株当たりの相続税評価額は、下記の〈資料〉によれば、（　　）である。

〈資料〉上場株式Xの価格

2023年11月の毎日の最終価格の月平均額	1,480円
2023年12月の毎日の最終価格の月平均額	1,490円
2024年1月の毎日の最終価格の月平均額	1,500円
2024年1月10日（水）の最終価格	1,490円

1) 1,480円

2) 1,490円

3) 1,500円

Check □□□ '24-1

1 下記の **問1**、**問2** について解答しなさい。

`'24-1` 解答・解説 p1／2

問1 Check ☐☐☐

　2024年1月5日に相続が開始された工藤達夫さん（被相続人）の＜親族関係図＞が下記のとおりである場合、民法上の相続人および法定相続分の組み合わせとして、最も適切なものはどれか。なお、記載のない条件については一切考慮しないものとする。

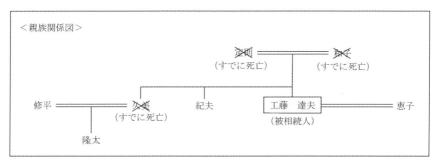

＜親族関係図＞

（すでに死亡）　　　（すでに死亡）

修平　　　　　（すでに死亡）　　紀夫　　　工藤　達夫　　　恵子
　　　　　　　　　　　　　　　　　　　　（被相続人）

隆太

1. 恵子　2／3　紀夫　1／3
2. 恵子　3／4　紀夫　1／4
3. 恵子　3／4　紀夫　1／8　隆太　1／8

Check
☐☐☐

神田綾子さんは、夫から居住用不動産の贈与を受けた。綾子さんは、この居住用不動産の贈与について、贈与税の配偶者控除の適用を受けることを検討しており、FPで税理士でもある米田さんに相談をした。この相談に対する米田さんの回答の空欄（ア）、（イ）にあてはまる語句または数値の組み合わせとして、最も適切なものはどれか。

[米田さんの回答]
「配偶者から居住用不動産の贈与を受けた場合、その（　ア　）において、配偶者との婚姻期間が２０年以上あること等の所定の要件を満たせば、贈与税の配偶者控除の適用を受けることができます。なお、贈与税の配偶者控除の額は、最高（　イ　）万円です。」

1．（ア）贈与があった年の１月１日　　（イ）1,000
2．（ア）贈与があった年の１月１日　　（イ）2,000
3．（ア）贈与があった日　　　　　　　（イ）2,000

② 下記の 問1 〜 問3 について解答しなさい。

'23-9　解答・解説 p172

問1　Check ☐☐☐

　2023年9月2日に相続が開始された鶴見和之さん（被相続人）の＜親族関係図＞が下記のとおりである場合、民法上の相続人および法定相続分の組み合わせとして、最も適切なものはどれか。なお、記載のない条件については一切考慮しないものとする。

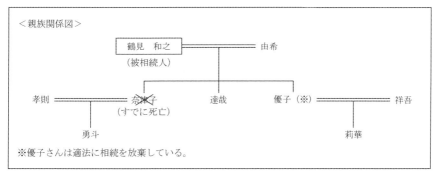

＜親族関係図＞

鶴見　和之（被相続人）＝＝＝由希

孝則＝＝＝奈津子（すでに死亡）　達哉　優子（※）＝＝＝祥吾

勇斗　　　莉華

※優子さんは適法に相続を放棄している。

1．由希　1／2　達哉　1／2
2．由希　1／2　達哉　1／4　勇斗　1／4
3．由希　1／2　達哉　1／6　勇斗　1／6　莉華　1／6

問2　Check ☐☐☐

　落合さん（65歳）は、相続税の計算における生命保険金等の非課税限度額について、FPで税理士でもある佐野さんに質問をした。下記の空欄（ア）、（イ）にあてはまる数値または語句の組み合わせとして、最も適切なものはどれか。

<佐野さんの回答>

「被相続人の死亡によって相続人等が取得した生命保険金や損害保険金で、その保険料の全部または一部を被相続人が負担していたものは、相続税の課税対象となります。

この死亡保険金の受取人が相続人である場合、すべての相続人が受け取った保険金の合計額が次の算式によって計算した非課税限度額を超えるとき、その超える部分が相続税の課税対象になります。非課税限度額は『（　ア　）万円××（　イ　）の数』で求められます。」

1. （ア）300　　（イ）法定相続人
2. （ア）300　　（イ）生命保険契約
3. （ア）500　　（イ）法定相続人

問3　Check ☐☐☐

長岡さん（35歳）が2023年中に贈与を受けた財産の価額および贈与者は以下のとおりである。長岡さんの2023年分の贈与税額として、正しいものはどれか。なお、2023年中において、長岡さんはこれ以外の財産の贈与を受けておらず、相続時精算課税制度は選択していないものとする。

・長岡さんの父からの贈与　現金180万円
・長岡さんの祖父からの贈与　現金50万円
・長岡さんの祖母からの贈与　現金200万円
※上記の贈与は、住宅取得等資金や教育資金、結婚・子育てに係る資金の贈与ではない。

<贈与税の速算表>

（イ）18歳以上の者が直系尊属から贈与を受けた財産の場合（特例贈与財産、特例税率）

基礎控除後の課税価格		税率	控除額
	200万円以下	10%	－
200万円超	400万円以下	15%	10万円
400万円超	600万円以下	20%	30万円
600万円超	1000万円以下	30%	90万円
1000万円超	1500万円以下	40%	190万円
1500万円超	3000万円以下	45%	265万円
3000万円超	4500万円以下	50%	415万円
4500万円超		55%	640万円

（注）「18歳以上の者」とあるのは、2022年3月31日以前の贈与により財産を取得した者の場合、「20歳以上の者」と読み替えるものとする。

（ロ）上記（イ）以外の場合（一般贈与財産、一般税率）

基礎控除後の課税価格		税率	控除額
	200万円以下	10%	－
200万円超	300万円以下	15%	10万円
300万円超	400万円以下	20%	25万円
400万円超	600万円以下	30%	65万円
600万円超	1000万円以下	40%	125万円
1000万円超	1500万円以下	45%	175万円
1500万円超	3000万円以下	50%	250万円
3000万円超		55%	400万円

1．16万円

2．38万円

3．56万円

3 下記の 問1 ～ 問3 について解答しなさい。

'23-5　解答・解説 p173

問1　Check ☐☐☐

2023年5月2日に相続が開始された最上真司さん（被相続人）の＜親族関係図＞が下記のとおりである場合、民法上の相続人および法定相続分の組み合わせとして、最も適切なものはどれか。なお、記載のない条件については一切考慮しないこととする。

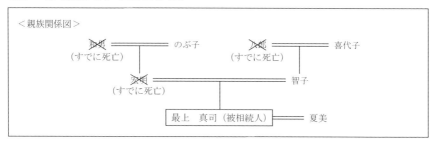

1. 夏美　2／3　智子　1／3
2. 夏美　2／3　智子　1／6　　のぶ子　1／6
3. 夏美　3／4　智子　1／12　のぶ子　1／12　喜代子 1／12

問2　Check ☐☐☐

FPで税理士でもある長谷川さんは、池谷光雄さんと妻の紀子さんから贈与税の配偶者控除に関する相談を受けた。池谷さん夫婦からの相談内容に関する記録は下記＜資料＞のとおりである。この相談に対する長谷川さんの回答の空欄（ア）、（イ）にあてはまる数値の組み合わせとして、最も適切なものはどれか。

＜資料＞

［相談記録］
　相談日：2023年5月3日
　相談者：池谷光雄様（57歳）　池谷紀子様（53歳）
　相談内容：贈与税の配偶者控除を活用して、光雄様所有の居住用不動産
　　　　　　を紀子様に贈与したいと考えている。贈与税の配偶者控除の
　　　　　　適用要件や控除額について知りたい。

［長谷川さんの回答］
「贈与税の配偶者控除の適用を受けるためには、贈与があった日において、
配偶者との婚姻期間が（　ア　）年以上であること等の所定の要件を満
たす必要があります。また、贈与税の配偶者控除の額は、最高（　イ　）
万円です。」

1．（ア）10　　（イ）1,000
2．（ア）20　　（イ）1,000
3．（ア）20　　（イ）2,000

問3　Check □□□

　杉山さんは、家族のために遺言書を作成することを考えている。公正証書遺
言に関する次の記述の空欄（ア）～（ウ）にあてはまる語句の組み合わせとし
て、最も適切なものはどれか。

公正証書遺言は、遺言者が遺言内容を口述し、（　ア　）が筆記したうえ
で、遺言者・証人に読み聞かせ、または閲覧させて作成することを原則と
し、その作成に当たっては、（　イ　）以上の証人の立会いが必要とされ
る。なお、公正証書遺言については、家庭裁判所による検認が（　ウ　）
とされている。

1．（ア）公証人　　（イ）2人　　　（ウ）必要
2．（ア）公証人　　（イ）2人　　　（ウ）不要
3．（ア）裁判官　　（イ）1人　　　（ウ）不要

相続・事業承継

解答・解説 編

○× **贈与の基礎知識**

1 正解 ▶ ×

定期贈与は贈与者または受贈者**いずれかが死亡**したときに**効力を失う**。

2 正解 ▶ ○ 　　　　　　　　　　　　　　　❗ ココが誤り

書面によらない贈与契約は、履行前であれば、各当事者は契約の解除をすることができる。書面による贈与契約の場合は、履行をしているか否かに関係なく、解除することはできない。

3 正解 ▶ ×

死因贈与は贈与者の死亡により効力を発する贈与契約であり、外観上は遺贈に似ていることから、贈与税ではなく**相続税の課税対象**となっている。

○× **贈与税の計算と申告・納付** 　　　　　　❗ ココが誤り

4 正解 ▶ ○

著しく低い価額の対価で財産の譲渡が行われた場合、その財産の譲渡時における時価と支払った対価との差額は、贈与により取得したものとみなされ、贈与税の課税対象となる。

○× **相続**（相続人と法定相続分）

5 正解 ▶ ×

養子と実子の**法定相続分に違いはない**。❗ ココが誤り

6 正解 ▶ ○

特別養子縁組は、養子となった者と実親（生みの親）との法的な親子関係は解消され、養親と実の子と同じ親子関係を結ぶ制度である。

7 正解 ▶ ✕

被相続人の**遺言による指定がない場合**は、**共同相続人全員の協議により分割が行われる**。この分割協議において、法定相続分で分割をする必要はなく、相続人全員の意見の一致をみたすものであれば、結果的にどのような分割になっても有効とされる。

 ❗ ココが誤り

○✕	相続 (遺言、遺留分)

8 正解 ▶ ○

検認とは、遺言書の偽造・変造を防止する手続きであるが、自筆証書遺言書保管制度を利用する場合、遺言書は法務局に保管され偽造等の恐れがないことから、検認の手続きは不要とされている。

ポイント整理 自筆証書遺言

自筆証書遺言のポイントを整理しましょう

作成方法	本人が遺言書の全文・日付・氏名等を自筆し押印。PC での作成、映像や音声は不可。ただし、自筆証書遺言に添付する財産目録の作成は PC での作成も可能（署名押印必要）。
場所	自由
証人	不要
検認	必要（2020 年 7 月 10 日からの法務局による保管制度利用の場合は不要）

● 気軽に作成でき費用もかかりませんが、紛失や改ざんされるおそれがあります。なお、法務局における自筆証書遺言の保管制度が創設されました（2020 年 7 月 10 日施行）。
● 方式の不備等により、遺言書自体が無効になることもあります。

⑨ 正解 ▶ ×

相続税額の計算上、墓地や墓碑等の非課税財産の未払い代金は**債務控除の対象とならない**。

❗ ココが誤り

⑩ 正解 ▶ ×

香典返戻費用は、**葬式に必要な費用と認められていない**ことから、控除することはできない。

❗ ココが誤り

○× **相続税**（税額計算と申告・納付）

⑪ 正解 ▶ ○

相続税額の計算上、遺産に係る基礎控除額を計算する際の法定相続人の数は、相続の放棄をした者がいる場合でも、その放棄がなかったものとして数に算入する。この規定は、生命保険金等の非課税枠等（500万円×法定相続人の数）や相続税総額の計算においても適用される。

⑫ 正解 ▶ ○

「配偶者に対する相続税額の軽減」の適用対象となる配偶者は、被相続人と正式な婚姻関係にある者に限られる。

⑬ 正解 ▶ ○

相続税の申告期限は、原則としてその相続の開始があったことを知った日の翌日から10カ月以内にしなければならない。

○× **相続財産評価・不動産**

⑭ 正解 ▶ ○

自己が所有する土地の上に、自己が所有する貸家を建て付け第三者に賃貸していた場合、その敷地は貸家建付地として評価される。

⑮ 正解 ▶ ○

「小規模宅地等についての相続税の課税価格の計算の特例」において、特定居住用宅地等の場合、その宅地のうち330㎡までを限度面積として、評価額の80%相当額を減額した金額を、相続税の課税価格に算入すべき価額とすることができる。

三択 贈与の基礎知識

⑯ 正解 ▶ 3

個人が法人からの贈与により取得する財産は、贈与税ではなく**所得税（一時所得または給与所得）**の課税対象となる。

三択 贈与税の計算と申告・納付

⑰ 正解 ▶ 1

贈与税の申告期間は原則として贈与を受けた年の翌年の**2月1日**から3月15日となる（所得税の場合は2月16日から3月15日。違いに注意）。**受贈者**の住所地を所轄する税務署長に申告書を提出しなければならない。

⑱ 正解 ▶ 2

贈与税の配偶者控除の適用を受けることができる夫婦は、婚姻期間が**20年以上**あることが条件であり、同じ配偶者間では1度しか受けることができない。控除額は贈与税の基礎控除額（110万円）のほかに最高**2,000万円**までとなる。

ポイント整理 配偶者控除

配偶者控除の適用要件、おぼえなきゃネ

● 夫婦の婚姻期間20年以上
● 居住用不動産またはそれを取得するための金銭を贈与
● 贈与を受けた年の翌年3月15日までにそこに住み、引き続き居住する見込みであること
● 確定申告をすること

---

⑲ 正解 ▶ 3

「直系尊属から教育資金の一括贈与を受けた場合の贈与税の非課税」においては、受贈者1人につき**1,500万円**までは贈与税が非課税となる。なお、学校等以外（習い事など）の者に対して支払われる金銭については、**500万円**が限度となる。

20 正解 ▶ **2**

　被相続人Ａさんには子がなく、母Ｃさんが存命であることから、Ａさんに係る相続における相続人は、配偶者相続人である妻Ｂさんと、血族相続人第２順位（直系尊属）である母Ｃさんとなる。したがって法定相続分は、Ｂさんが**3分の2**、Ｃさんは3分の1となる。

21 正解 ▶ **3**

　被相続人であるＡさんと妻Ｂさんの間には子がいないため、相続人の組み合わせは、配偶者相続人（Ｂ）とＡさんの直系尊属（血族相続人第２順位）であるＣさんとＤさんとなり、法定相続分は配偶者相続人が3分の2、直系尊属は3分の1である。ＣさんおよびＤさんは直系尊属の法定相続分を均分相続となるので、「3分の1×2分の1＝**6分の1**」ずつとなる。

ポイント整理 法定相続分

法定相続分の問題は、この表の理解が必須です

法定相続人	法定相続分
配偶者と子の場合	配偶者：1／2、子：1／2
配偶者と直系尊属の場合	配偶者：2／3、直系尊属：1／3
配偶者と兄弟姉妹の場合	配偶者：3／4、兄弟姉妹：1／4

※子、直系尊属、兄弟姉妹がそれぞれ複数人いる場合は、原則として均等に分ける。
※実子、養子による相続分の差はない。
※半血兄弟姉妹の相続分は、**全血兄弟姉妹の1／2**。
※**代襲相続分**
　被代襲者が相続するはずであった相続分。代襲相続人が**複数人いる場合は、法定相続分で分割**する。

㉒ 正解 ▶ 3

　Aさん夫婦には子がなく、Aさんの両親もすでに亡くなっているので、相続人は妻BさんとAさんの兄姉（Cさん、Dさん）となる。配偶者相続人と血族相続人第3位との組み合わせとなるので、法定相続分は配偶者が**4分の3**、兄姉は4分の1をC、Dさんで均分することになる（8分の1ずつ）。

㉓ 正解 ▶ 2

　遺留分の割合は、相続人が直系尊属のみ以外の場合、2分の1となり、これを法定相続分の割合を乗じて各人の遺留分を算出する。

・総体的遺留分を計算する

　2億4,000万円×1／2＝1億2,000万円

・各人の遺留分

　B：1億2,000万円×1／2＝6,000万円

　E：1億2,000万円×1／2×1／3＝**2,000万円**

　CおよびD：Eと同じ

三択 **相続**（課税財産、非課税財産）

㉔ 正解 ▶ 1

　相続税の計算上、死亡退職金の非課税限度額は「**500万円**×法定相続人の数」で計算する。これは生命保険金においても同様である。

三択 **相続税**（税額計算と申告・納付）

㉕ 正解 ▶ 2

　遺産に係る基礎控除の額は「3,000万円＋600万円×法定相続人の数」で計算する。被相続人Aさんの相続に係る法定相続人は、妻Bさんと血族相続人第2順位である父Cさんおよび母Dさんの3人となる。したがってAさんの相続における遺産に係る基礎控除額は「3,000万円＋600万円×3人＝**4,800万円**」となる。

㉖　正解 ▶ 2

　「配偶者に対する相続税額の軽減」では、配偶者の相続税の課税価格が配偶者の法定相続分相当額または**1億6,000万円**のいずれか多い金額までであれば、原則として、配偶者が納付すべき相続税額は算出されない。

㉗　正解 ▶ 1

　被相続人の**配偶者および1親等の血族（代襲相続人含む）以外の者**は、相続により財産を取得した場合、相続税額の2割加算の対象となる。
1）兄弟姉妹：2割加算の対象
2）父母：被相続人の1親等血族であるので、2割加算対象外
3）孫（子の代襲相続人）：本来孫は2割加算であるが、子の代襲相続人であるので対象外。

三択	相続財産評価・不動産

㉘　正解 ▶ 3

　貸家建付地とは、自己の所有する宅地の上に貸家を建て、その家屋を他に賃貸した場合の宅地をいい、相続税評価額は「**自用地としての価額×（1－借地権割合×借家権割合×賃貸割合）**」の算式により算出される。

㉙　正解 ▶ 3

　「小規模宅地等についての相続税の課税価格の計算の特例」における宅地等の利用区分に応じた限度面積と減額される割合は次のとおり。

宅地等の利用区分	限度面積	減額割合
特定居住用宅地等	330㎡	80%
特定事業用宅地等	400㎡	
特定同族会社事業用宅地等		
貸付事業用宅地等	200㎡	50%

30 正解 ▶ **1**

　相続財産の評価において、上場株式の相続税評価額は、当該銘柄の①課税時期の最終価格②課税時期の属する月の毎日の最終価格の平均額③課税時期の属する月の前月の毎日の最終価格の平均額④課税時期の属する月の前々月の毎日の最終価格の平均額、４つの価額の中で最も低い金額を評価額とする。したがって上場株式Xについては、問題の＜資料＞から **1,480円** が相続税評価額と判断できる。

① 問**1** 正解 **3**

　達夫さんの相続において、民法上の相続人は妻の恵子さんと、兄弟姉妹である紀夫さん、久美さんはすでに死亡しているので代襲相続人として久美さんの子である隆太さんの3人となる。

※　達夫さん夫婦には子がなく、両親も亡くなっていることから、配偶者相続人と血族第3順位である兄弟姉妹の組み合わせとなる。

※　推定相続人が相続開始前に死亡している場合、代襲原因となる。

　従って、法定相続分は恵子さんが**4分の3**、兄弟姉妹が4分の1となり、この4分の1を紀夫さんと隆太さんで均分する（**8分の1**ずつ）。

　したがって、選択肢**3.** が最も適切。

① 問**2** 正解 **3**

　贈与税の配偶者控除の適用を受けることができる夫婦は、婚姻期間が20年以上あることが条件であり、同じ配偶者間では1度しか受けることができない。控除額は贈与税の基礎控除額（110万円）のほかに最高2,000万円までとなる。

［米田さんの回答］
「配偶者から居住用不動産の贈与を受けた場合、その（**ア：贈与があった日**）において、配偶者との婚姻期間が20年以上あること等の所定の要件を満たせば、贈与税の配偶者控除の適用を受けることができます。なお、贈与税の配偶者控除の額は、最高（**イ：2,000**）万円です。」

② 問**1** 正解 **2**

　和之さん（被相続人）に係る相続において、相続人の組み合わせは配偶者相続人と子である血族相続人第1順位となる。子においては、奈津子さんがすでに死亡していることから、奈津子さんの子である（被相続人の孫）勇斗さんが代襲相続人となる。一方、優子さんは相続放棄をしている。相続放棄は代襲原因とはならないため、莉華さんは代襲相続人とはならない。したがって、相続人は、由希さん、達哉さん、勇斗さんとなる。

法定相続分は、配偶者が１／２、子が全体で１／２となり、子はこれを均分相続する。

由希さん：**１／２**

達哉さん：**１／２×１／２＝１／４**

勇斗さん：**１／２×１／２＝１／４**

　したがって、選択肢**２．**が最も適切である。

② 問2 正解 ▶ **3**

　生命保険金等の非課税限度額は「500万円×法定相続人の数」で求める。

＜佐野さんの回答＞

「被相続人の死亡によって相続人等が取得した生命保険金や損害保険金で、その保険料の全部または一部を被相続人が負担していたものは、相続税の課税対象となります。

この死亡保険金の受取人が相続人である場合、すべての相続人が受け取った保険金の合計額が次の算式によって計算した非課税限度額を超えるとき、その超える部分が相続税の課税対象になります。非課税限度額は『（**ア：500**）万円×（**イ：法定相続人**）の数』で求められます。」

② 問3 正解 ▶ **2**

　譲与税の暦年課税において、18歳以上の者が直系尊属から受けた贈与については、特例税率を適用し、贈与税額を計算する。

・長岡さんの贈与税の基礎控除後の課税価格

　180万円＋50万円＋200万円－110万円＝320万円

・長岡さんの2023年分贈与税額

　320万円×15％－10万円＝**38万円**

③ 問1 正解 ▶ **1**

　被相続人には子がいないことから、民法上の相続人は配偶者である夏美さんと、血族相続人第２順位（直系尊属）である母の智子さんの２人であることがわかる。配偶者相続人と血族相続人第２順位の組み合わせでの法定相続分は、**配偶者が３分の２、直系尊属が３分の１**となる。

　したがって、選択肢**１．**が最も適切である。

③ 問２ 正解 ▶ 3

　贈与税の配偶者控除は、所定の配偶者間において居住用不動産またはそれを取得するための金銭の贈与があった場合、基礎控除とは別の控除を受けることができる制度である。

■主な適用要件

・**婚姻期間20年以上**（同じ配偶者間では一生に1回）

・**居住用不動産またはそれを取得するための金銭の贈与**

・贈与を受けた年の**翌年3月15日までに居住を開始**、その後も引き続き居住し続ける見込み

■控除額：最大2,000万円

> ［長谷川さんの回答］
> 「贈与税の配偶者控除の適用を受けるためには、贈与があった日において、配偶者との婚姻期間が（**ア：20**）年以上であること等の所定の要件を満たす必要があります。また、贈与税の配偶者控除の額は、最高（**イ：2,000**）万円です。」

③ 問３ 正解 ▶ 2

> 公正証書遺言は、遺言者が遺言内容を口述し、（**ア：公証人**）が筆記したうえで、遺言者・証人に読み聞かせ、または閲覧させて作成することを原則とし、その作成に当たっては、（**イ：2人**）以上の証人の立会が必要とされる。なお、公正証書遺言については、家庭裁判所による検認が（**ウ：不要**）とされている。

☀ 試験のツボ

「法定相続分の問題は必ず出るんだね」

「三肢択一式でも実技試験でも出題されます。代襲相続や子が複数いる場合など、さまざまな事例に対応できるようにしておきましょう」

第7章
実技　複合問題

　実技試験では、毎年1問（小問5問程度）、各分野から横断的に問われる「複合問題」が出題されます。ある一家の家族構成や財産状況を＜設例＞で提示し、それに基づいて各論点の問題が出題されます。

『ライフプランニングと資金計画』の「バランスシート」の穴埋めや、「係数」の計算問題が頻出ですので、十分な準備が必要です。

　その他、『リスク管理』や『タックスプランニング』などから数問出題されることが多いです。

実技　複合問題

問　題　編

① 下記の 問1 ～ 問4 について解答しなさい。

'24-1　　解答・解説 p188

<設例>
有馬智孝さんは株式会社TSに勤務する会社員である。智孝さんは今後の生活設計について、FPで税理士でもある最上さんに相談をした。なお、下記のデータはいずれも 2024 年 1 月 1 日現在のものである。

[家族構成（同居家族）]

氏名	続柄	生年月日	年齢	職業
有馬　智孝	本人	1968 年 10 月 17 日	55 歳	会社員
弘子	妻	1973 年　5 月　4 日	50 歳	会社員
敬太	長男	2003 年　9 月 10 日	20 歳	大学生

[保有財産（時価）]　　　　　　　　　　　　（単位：万円）

金融資産	
普通預金	370
定期預金	800
財形年金貯蓄	280
投資信託	450
上場株式	320
生命保険（解約返戻金相当額）	125
不動産（自宅マンション）	3,900

［負債残高］
住宅ローン（自宅マンション）：240万円（債務者は智孝さん、団体信用生命保険付き）

［その他］
上記以外については、各設問において特に指定のない限り一切考慮しないものとする。

問1　Check ☐☐☐

　ＦＰの最上さんは、有馬家のバランスシートを作成した。下表の空欄（ア）にあてはまる金額として、正しいものはどれか。なお、＜設例＞に記載のあるデータに基づいて解答するものとする。

＜有馬家のバランスシート＞　　　　　　　　　　　（単位：万円）

［資産］	×××	［負債］	×××
		負債合計	×××
		［純資産］	（ ア ）
資産合計	×××	負債・純資産合計	×××

1．2,345（万円）
2．6,005（万円）
3．6,245（万円）

問②　

□□□

　智孝さんは、60歳で定年を迎えた後、公的年金の支給が始まる65歳までの5年間の生活資金に退職一時金の一部を充てようと考えている。退職一時金のうち500万円を年利1.0%で複利運用しながら5年間で均等に取り崩すこととした場合、年間で取り崩すことができる最大金額として、正しいものはどれか。なお、下記＜資料＞の3つの係数の中から最も適切な係数を選択して計算し、円単位で解答すること。また、税金や記載のない事項については一切考慮しないものとする。

＜資料：係数早見表（年利1.0%）＞

	終価係数	資本回収係数	減債基金係数
5年	1.051	0.20604	0.19604

※記載されている数値は正しいものとする。

1.　　980,200円
2.　1,030,200円
3.　1,051,000円

問③　

Check
□□□

　智孝さんは、定年退職後の公的医療保険について、健康保険の任意継続被保険者になることを検討している。全国健康保険協会管掌健康保険（協会けんぽ）の任意継続被保険者に関する次の記述の空欄（ア）～（ウ）にあてはまる語句の組み合わせとして、最も適切なものはどれか。

被保険者の資格喪失日から（　ア　）以内に申出をすることにより、最長で（　イ　）、任意継続被保険者となることができる。なお、任意継続被保険者となるためには、資格喪失日の前日まで継続して2ヵ月以上被保険者であったことが必要である。また、任意継続被保険者は、一定の親族を被扶養者とすること（　ウ　）。

1．（ア）14日　　（イ）2年間　　（ウ）はできない
2．（ア）20日　　（イ）2年間　　（ウ）ができる
3．（ア）20日　　（イ）4年間　　（ツ）はできない

問4　Check ☐☐☐

　智孝さんは、通常65歳から支給される老齢基礎年金を繰り上げて受給できることを知り、FPの最上さんに質問をした。智孝さんの老齢基礎年金および老齢厚生年金の繰上げ受給に関する次の記述のうち、最も不適切なものはどれか。なお、老齢基礎年金および老齢厚生年金の受給要件は満たしているものとする。

1．老齢基礎年金を繰上げ受給した場合の年金額は、繰上げ年数1年当たり4％の割合で減額される。
2．老齢基礎年金を繰上げ受給した場合の年金額の減額は、一生涯続く。
3．老齢基礎年金を繰上げ受給する場合は、老齢厚生年金も同時に繰上げ受給しなければならない。

'23-9 　　解答・解説 p190

<設例>

安藤貴博さんは株式会社SKに勤務する会社員である。貴博さんは今後の生活設計についてFPで税理士でもある浅見さんに相談をした。なお、下記のデータはいずれも2023年9月1日現在のものである。

[家族構成（同居家族）]

氏名	続柄	生年月日	年齢	職業
安藤　貴博	本人	1978年　7月　4日	45歳	会社員
明子	妻	1981年　5月31日	42歳	専業主婦
大輔	長男	2007年　8月17日	16歳	高校生
裕美	長女	2009年　7月29日	14歳	中学生

[保有財産（時価）]　　　　　　　　　　（単位：万円）

金融資産	
普通預金	230
定期預金	200
投資信託	180
財形年金貯蓄	150
上場株式	270
生命保険（解約返戻金相当額）	35
不動産（自宅マンション）	3,200

[負債残高]

住宅ローン（自宅マンション）：2,800万円（債務者は貴博さん、団体信用生命保険付き）

[その他]

上記以外については、各設問において特に指定のない限り一切考慮しないものとする。

ＦＰの浅見さんは、安藤家のバランスシートを作成した。下表の空欄
（ア）にあてはまる金額として、正しいものはどれか。なお、＜設例＞に記
載のあるデータに基づいて解答するものとする。

＜安藤家のバランスシート＞   （単位：万円）

[資産]	×××	[負債]	×××
		負債合計	×××
		[純資産]	（　ア　）
資産合計	×××	負債・純資産合計	×××

1. 1,195（万円）
2. 1,430（万円）
3. 1,465（万円）

貴博さんは、60歳で定年を迎えた後、公的年金の支給が始まる65歳まで
の5年間の生活資金に退職一時金の一部を充てようと考えている。退職一時金
のうち600万円を年利2.0％で複利運用しながら5年間で均等に取り崩す
こととした場合、年間で取り崩すことができる最大金額として、正しいものはど
れか。なお、下記＜資料＞の係数の中から最も適切な係数を選択して計算し、
円単位で解答すること。また、税金や記載のない事項については一切考慮しな
いものとする。

<資料：係数早見表（5年）>

年利	減債基金係数	現価係数	資本回収係数	終価係数
1.0%	0.19604	0.9515	0.20604	1.051
2.0%	0.19216	0.9057	0.21216	1.104

※記載されている数値は正しいものとする。

1. 1,152,960円
2. 1,236,240円
3. 1,272,960円

問3　Check ☐☐☐

　貴博さんは、通常65歳から支給される老齢基礎年金を繰り上げて受給することができることを知り、ＦＰの浅見さんに質問をした。貴博さんの老齢基礎年金および老齢厚生年金の繰上げ受給に関する次の記述のうち、最も不適切なものはどれか。なお、老齢基礎年金および老齢厚生年金の受給要件は満たしているものとする。

1. 老齢基礎年金を60歳から繰上げ受給した場合、原則として、老齢厚生年金も60歳から繰上げ受給することになる。
2. 老齢基礎年金を繰上げ受給した場合の年金額は、繰上げ月数1月当たり、0.4%の割合で減額される。
3. 老齢基礎年金を繰上げ受給した場合、65歳になるまでであれば、繰上げ受給を取り消し、65歳からの受給に変更することができる。

問4　Check ☐☐☐

　明子さんは、現在、専業主婦であり国民年金の第3号被保険者であるが、パートタイマーとして、株式会社ＳＸにて2023年10月1日より「週25時間、月給12万円、雇用期間の定めなし」という労働条件で働く予定である。この条件で働き始めた場合の明子さんの国民年金の被保険者種別に関する次の記述のうち、最も適切なものはどれか。なお、株式会社ＳＸは特定適用事業所である。

1．国民年金の第1号被保険者である。

2．国民年金の第2号被保険者である。

3．国民年金の第3号被保険者である。

問5   Check
□□□

　貴博さんと明子さんは、個人型確定拠出年金（以下「iDeCo」という）について、FPの浅見さんに質問をした。iDeCoに関する浅見さんの次の説明のうち、最も不適切なものはどれか。

1．「iDeCoに加入した場合、拠出した掛金全額は、小規模企業共済等掛金控除として税額控除の対象となり、所得税や住民税の負担が軽減されます。」

2．「老齢給付金は年金として受け取ることができるほか、一時金として受け取ることもできます。」

3．「国民年金の第3号被保険者である明子さんは、iDeCoに加入することができます。」

3 下記の 問1 〜 問5 について解答しなさい。

'23-5 解答・解説 p192

<設例>
川野恭平さんは株式会社RBに勤務する会社員である。恭平さんは今後の生活設計について、FPで税理士でもある青山さんに相談をした。なお、下記のデータはいずれも2023年4月1日現在のものである。

[家族構成（同居家族）]

氏名	続柄	生年月日	年齢	職業
川野　恭平	本人	1988年　3月10日	35歳	会社員
亜美	妻	1988年　4月11日	34歳	会社員
潤	長女	2019年11月　3日	3歳	

[保有財産（時価）]　　　　　　　　　（単位：万円）

金融資産	
普通預金	120
定期預金	100
投資信託	40
上場株式	110
生命保険（解約返戻金相当額）	15
不動産（自宅マンション）	3,500

[負債残高]
住宅ローン（自宅マンション）：3,400万円（債務者は恭平さん、団体信用生命保険付き）

[その他]
上記以外については、各設問において特に指定のない限り一切考慮しないものとする。

問1　Check ☐☐☐

　FPの青山さんは、川野家のバランスシートを作成した。下表の空欄（ア）にあてはまる金額として、正しいものはどれか。なお、<設例>に記載のあるデータに基づいて解答することとする。

<川野家のバランスシート＞　　　　　　　　　　　　　　　（単位：万円）

[資産]	×××	[負債]	×××
		負債合計	×××
		[純資産]	（ ア ）
資産合計	×××	負債・純資産合計	×××

1. 370（万円）
2. 470（万円）
3. 485（万円）

問2　Check ☐☐☐

　　恭平さんと亜美さんは、今後10年間で毎年24万円ずつ積立貯蓄をして、潤さんの教育資金を準備したいと考えている。積立期間中に年利1.0%で複利運用できるものとした場合、10年後の 積立金額として、正しいものはどれか。なお、下記＜資料＞の3つの係数の中から最も適切な係数を選択して計算し、解答に当たっては万円未満を切り捨てること。また、税金や記載のない事項については一切考慮しないこととする。

＜資料：係数早見表（年利1.0%）＞

	終価係数	年金現価係数	年金終価係数
10年	1.105	9.471	10.462

＊記載されている数値は正しいものとする。

1. 265万円
2. 251万円
3. 227万円

問③

恭平さんは、会社の定期健康診断で異常を指摘され、2023年3月に3週間ほど入院をして治療を受けた。その際病院への支払いが高額であったため、恭平さんは健康保険の高額療養費制度によって払い戻しを受けたいと考え、FPの青山さんに相談をした。恭平さんの2023年3月の保険診療に係る総医療費が80万円であった場合、高額療養費制度により払い戻しを受けることができる金額として、正しいものはどれか。なお、恭平さんは全国健康保険協会管掌健康保険（協会けんぽ）の被保険者で、標準報酬月額は「38万円」である。また、恭平さんは限度額適用認定証を病院に提出していないものとする。

＜70歳未満の者：医療費の自己負担限度額（1ヵ月当たり）＞

標準報酬月額	医療費の自己負担限度額
83万円以上	252,600円＋（総医療費－842,000円）×1％
53万～79万円	167,400円＋（総医療費－558,000円）×1％
28万～50万円	80,100円＋（総医療費－267,000円）×1％
26万円以下	57,600円
市町村民税非課税者等	35,400円

※高額療養費の多数該当および世帯合算については考慮しないものとする。

1. 　85,430円
2. 　154,570円
3. 　714,570円

問④

亜美さんは、間もなく第二子を出産予定で、出産後は子が1歳になるまで育児休業を取得しようと思っている。育児休業期間中の健康保険および厚生年金保険の保険料の免除に関する次の記述のうち、最も適切なものはどれか。なお、亜美さんは全国健康保険協会管掌健康保険（協会けんぽ）の被保険者であり、かつ厚生年金保険の被保険者である。

1．事業主の申出により、被保険者負担分のみ免除される。

2．事業主の申出により、事業主負担分のみ免除される。

3．事業主の申出により、被保険者および事業主負担分が免除される。

問5 Check □□□

恭平さんが保有する投資信託は、投資信託①と投資信託②であり、5年前にそれぞれ15万円ずつ合計30万円を購入したものである。恭平さんは「リバランス」に興味をもち、FPの青山さんに質問をした。下記の空欄（ア）～（ウ）にあてはまる語句に関する次の記述のうち、最も不適切なものはどれか。なお、手数料は考慮しないものとする。

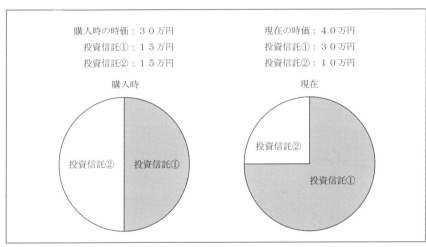

<青山さんの説明>

リバランスとは、時間の経過とともに運用当初に決めた（　ア　）がずれて、当初目的とした投資効果が薄れてしまうことを回避する方法の一つです。恭平さんが資金の追加や削減を行わない場合、投資信託①を（　イ　）して、投資信託②を（　ウ　）すると、運用当初の（　ア　）になります。

1．（ア）にあてはまる語句は、「配分比率」である。

2．（イ）にあてはまる語句は、「15万円分売却」である。

3．（ウ）にあてはまる語句は、「10万円分購入」である。

実技　複合問題

解答・解説　編

実技 複合問題（資産設計提案業務）

1 問1 **正解 ▶ 2**

<有馬家のバランスシート>　　　　　　　　　　　　　　　（単位：万円）

[資産]		[負債]	
金融資産		住宅ローン	240
普通預金	370		
定期預金	800		
財形年金貯蓄	280	負債合計	240
投資信託	450		
上場株式	320		
生命保険（解約返戻金相当額）	125	[純資産]	（ア：6,005）
不動産（自宅マンション）	3,900		
資産合計	6,245	負債・純資産合計	6,245

1 問2 **正解 ▶ 2**

　元金を一定の利率で複利運用しながら取り崩した場合、毎年取り崩すことができる最大金額を求めたいときは、資本回収係数を用いる。

　毎年取り崩すことができる最大金額＝元になる金額×資本回収係数

　＝ 500 万円× 0.20604 ＝ **1,030,200 円**

① 問3 正解 ▶ 2

　退職により健康保険の被保険者資格を喪失した場合、被保険者資格喪失日の前日までに継続して2ヵ月以上被保険者であり、被保険者でなくなった日から20日以内に申出を行うことで、最長2年間、任意継続被保険者となることができる。

> 　被保険者の資格喪失日から（**ア：20日**）以内に申出をすることにより、最長で（**イ：2年間**）、任意継続被保険者となることができる。なお、任意継続被保険者となるためには、資格喪失日の前日まで継続して2ヵ月以上被保険者であったことが必要である。また、任意継続被保険者は、一定の親族を被扶養者とすること（**ウ：ができる**）。

① 問4 正解 ▶ 1

1. 最も不適切。

　1962年4月2日以降生まれの者が老齢基礎年金の繰上げ受給をした場合、年金額は繰上げ**月数1ヵ月当たり0.4%**の割合で減額される。

2. 適切。

🔴 ココが不適切

　老齢基礎年金を繰上げ受給した場合の年金額の減額は、一生涯続く。

3. 適切。

　老齢基礎年金を繰上げ受給する場合は、老齢厚生年金も同時に繰上げ受給しなければならない。なお、繰下げ受給の申出をする場合は、老齢厚生年金と同時に行う必要はない。

2 問1 正解 ▶ 3

＜安藤家のバランスシート＞ (単位：万円)

[資産]		[負債]	
金融資産		住宅ローン	2,800
普通預金	230		
定期預金	200		
投資信託	180	負債合計	2,800
財形年金貯蓄	150		
上場株式	270		
生命保険（解約返戻金相当額）	35	[純資産]	（ア：1,465）
不動産（自宅マンション）	3,200		
資産合計	4,265	負債・純資産合計	4,265

2 問2 正解 ▶ 3

　今ある年金原資から、所定の期間、複利運用しながら取り崩しをする場合の、毎年の取り崩し額を求めたい場合は、資本回収係数を使って計算をする。計算の方は、元となる数値に対応する係数を乗じて行う。

　600万円× 0.21216（資本回収係数：5年・2.0%）＝ **1,272,960円**

2 問3 正解 ▶ 3

1. 適切。

　繰上げ支給の請求は、老齢基礎年金と老齢厚生年金を同時に行わなければならない。

2. 適切。

　問題文のとおり。

3. 最も不適切。

　いったん、繰上げ支給の請求を行うと、**途中で取り消しや変更をすることはできない。**

❗ ココが不適切

② **問4** **正解** ▶ **2**

　パートタイマーなど短時間労働者において、常時使用関係が認められれば厚生年金保険の被保険者となる。基準としては、所定労働時間および所定労働日数の両方が、正規労働者の4分の3以上となっている。また、2022年10月からは、社会保険に加入する者が常時100人超の事業所（特定適用事業所）を対象とし、次のすべてに該当する場合、厚生年金保険の被保険者となる。

① 　月額賃金が88,000円以上

② 　**1週間の所定労働時間が20時間以上**

③ 　2ヵ月を超えて雇用が見込まれる

④ 　学生でない

　明子さんの場合、「週25時間、月給12万円、雇用期間の定めなし」という条件なので、上記要件を満たしている。したがって厚生年金保険の被保険者となり、国民年金の第2号被保険者となる。

　選択肢**2.** が最も適切。

② **問5** **正解** ▶ **1**

1. 最も不適切。

　　iDeCoに拠出した掛金は、小規模企業共済等掛金控除として「所得控除」の対象となる。**税額控除ではない。** 　❗ ココが不適切

2. 適切。

　　iDeCoの老齢給付金は、年金だけではなく一時金として受け取ることも可能である。この場合は、所得税の退職所得となる。

3. 適切。

　　以前は、国民年金第3号被保険者はiDeCoへの加入対象ではなかったが、現在においては加入対象となっている。

3 問1 正解 ▶ 3

<川野家のバランスシート> （単位：万円）

[資産]		[負債]	
金融資産		住宅ローン	3,400
普通預金	120		
定期預金	100		
投資信託	40	負債合計	3,400
上場株式	110		
生命保険（解約返戻金相当額）	15	[純資産]	（ア：485）
不動産（自宅マンション）	3,500		
資産合計	3,885	負債・純資産合計	3,885

3 問2 正解 ▶ 2

　毎年一定金額を一定利率で複利運用しながら積み立てた場合の、将来のある時点での元利合計額を求めたい場合は、年金終価係数を用いる。「元の数値×対応する係数」の計算式で計算する。

・毎年24万円を年利1.0％で複利運用しながら10年間積み立てた場合の、10年後の元利合計額

　24万円×10.462（年金終価係数）≒**251万円**（万円未満切捨て）

3 問3 正解 ▶ 2

・高額療養費における自己負担限度額を求める

　80,100円＋（80万円－267,000円）×1％＝85,430円

・恭平さんの総医療費に対する自己負担額を求める

　80万円×3割＝240,000円

・高額療養費（自己負担額と自己負担限度額の差額）

　240,000円－85,430円＝**154,570円**

③ **問4** **正解 ▶ 3**

　育児休業期間中および産前産後休業中の健康保険および厚生年金保険の保険料は、**申出**をすることにより、**被保険者および事業主負担ともに免除**される。したがって、選択肢**3**．が最も適切である。

③ **問5** **正解 ▶ 2**

1．**適切**。（ア）にあてはまる語句は、「**配分比率**」である。

2．**最も不適切**。（イ）にあてはまる語句は、「**10万円分売却**」である。

3．**適切**。（ウ）にあてはまる語句は、「**10万円分購入**」である。

＜青山さんの説明＞

> リバランスとは、時間の経過とともに運用当初に決めた（**ア：配分比率**）がずれて、当初目的とした投資効果が薄れてしまうことを回避する方法の一つです。恭平さんが資金の追加や削減を行わない場合、投資信託①を（**イ：10万円分売却**）して、投資信託②を（**ウ：10万円分購入**）すると、運用当初の（**ア：配分比率**）になります。

🔆 **試験のツボ**

👧 「複合問題って、いろんな分野から出るの？！むずかしそう（泣）」

👨 「でも、ある程度パターン化されてますから、対策を立てることは可能です」

👧 「たとえば？」

👨 「『ライフプランニングと資金計画』のバランスシートと係数の問題は、ほぼ必ず出題されます。あとは『リスク管理』『タックスプランニング』から数問出題されることが多いので、準備しておきましょう」

楽しく学ぼう！ FP3級

お金やこれからの生活のこと。目標をもって、余裕をもって、楽しく暮らしていくために、必ず役立つお金の知識。
ファイナンシャルプランナーとして活躍中の菱田先生・横山先生と一緒に楽しく学んでみませんか。

菱田 雅生 講師　Masao Hishida

1969年東京生まれ。早稲田大学法学部卒業後、山一證券株式会社を経て独立系FPに。2008年にライフアセットコンサルティング株式会社を設立。現在は、相談業務や原稿執筆、セミナー講師などに従事するとともに、TVやラジオ出演などもこなす。

FP学習法とアドバイス／ 金融資産運用は、特に債券や株式、投資信託などの商品について、興味を持って商品の仕組みやマーケットの特徴などをしっかり覚えることが重要です。可能であれば、自分のお金でそれらの商品を買ってみることでより興味がわくと思います。自分の資産運用のためだと思って、実践しながら覚えていくのが早道でしょう。

横山 延男 講師　Nobuo Yokoyama

保険業界を経てFPとして独立。個人向け相談業務を中心に企業セミナーやFP資格学校、大学、ビジネス専門学校等で数多く講師を務める。また、新聞、マネー誌等執筆活動も広く行い、ライフプラン総合アプリケーションの監修をするなど活動は多方面に渡る。

FP学習法とアドバイス／ FPの学習で大切なのは、「横断的学習をすること」です。便宜上縦割りの課目になっていますが、学習すればわかるとおり、全て関連性があるもの。暗記ではなく、横断的に学習をして関連性を確認することで「理解」が進みます。また、インプット学習に時間を割きすぎず、問題演習など数多くこなすことがより効率のよい学習に繋がります。

◇講義はこんな風に進むよ！

講義のポイントをまずは確認！

1 はじめに

2 講義では

表にまとめて説明したり大切なことは文字でも表示！

識・経験豊富な講師が担当する魅力ある講義は
じめて**FP**を学ぶ方にもおススメ！
要ポイントを意識しながら学べる講義内容や
識整理のための確認テスト、講義最後のアドバイスは
格への確実なステップアップになります。

理解度を確認するテストがあるよ！間違えても気にしないでね！

3 問題にチャレンジ

各回講義の最後に合格へ向けた鋭いアドバイス！

4 まとめ

おめでとう！

■ 著者略歴
菱田雅生
ＣＦＰ®。１級ファイナンシャル・プランニング技能士。１級DCプランナー。住宅ローンアドバイザー。早稲田大学法学部卒業後、山一證券株式会社に入社し営業業務に携わる。山一證券自主廃業後、独立系ＦＰになる。2008年ライフアセットコンサルティング（株）設立。一般顧客向け相談業務や年間200回前後の講演業務に従事している。

横山延男
ＣＦＰ®。１級ファイナンシャル・プランニング技能士。（株）ＵＦＰＦ。保険業界を経て1999年にＦＰとして独立。ＦＰコンサルティング業務と並行し、約15年にわたり、多くの資格スクールや大学等でのＦＰ資格取得講座、企業セミナーや社員研修、一般向けセミナーなどを行う。わかりやすい講義と定評がある。

【正誤等に関するお問合せについて】

　本書の記載内容に万一、誤り等が疑われる箇所がございましたら、**郵送・ＦＡＸ・メール等の書面**にて以下の連絡先までお問合せください。その際には、お問合せされる方のお名前・連絡先等を必ず明記してください。また、お問合せの受付け後、回答には時間を要しますので、あらかじめご了承いただきますよう、お願い申し上げます。

　なお、**正誤等に関するお問合せ以外のご質問、受験指導**および**相談等はお受けできません**。そのようなお問合せにはご回答いたしかねますので、あらかじめご了承ください。

お電話によるお問合せは、お受けできません

[郵送先]　下記住所「ＦＰ攻略本 3級　'24－'25年版」正誤問合せ係
[FAX]　03-3987-3256
[メールアドレス]　seigo@mx1.ksknet.co.jp

【本書の法改正・正誤等について】

　本書の発行後に発生しました法改正・正誤情報等は、ホームページ内でご覧いただけます。

　なおホームページへの掲載は、本書の販売終了ないし改訂版が発行されるまでとなりますので予めご了承ください。

https://www.kskpub.com　➡　訂正・追録

＊装　　丁／齋藤　知恵子（sacco）
＊イラスト／天條　織

ＦＰ攻略本 3級　'24－'25年版

2024年7月30日　初版第1刷発行
共　著　菱田雅生、横山延男
監　修　日建学院
発行人　馬場 栄一
発行所　株式会社建築資料研究社
　　　　〒171-0014　東京都豊島区池袋2-38-1
　　　　　　　　　　日建学院ビル3階
　　　　TEL：03-3986-3239
　　　　FAX：03-3987-3256
印刷所　株式会社ワコー